교과서포럼 지음

한국 현대사

기파랑

한국 현대사

일러두기

● 본문에 나오는 인물, 단체, 사건 등의 이름이나 관련 연도는 ( ) 속에 표기한다.

● 책, 소설, 시집, 신문은 《 》로, 논문, 수필, 시, 노래, 영화, 연극 등은 〈 〉로 표기한다.

● 책, 신문, 선박 등의 로마자 이름은 이탤릭체로 표기한다.

● 인명은 처음 나올 때만 괄호 속에 한자나 로마자를 표기한다.

● 로마자 이름의 middle name은 머리글자만 표기한다.

● 인용문은 " "로, 인용구나 인용어는 ' '로 표기한다. 인용어가 반복될 경우는 ' '를 생략할 수 있다.

● 월일로 명명하는 역사적 사건의 표기는 '6 ·25전쟁' 처럼 가운뎃점으로 월과 일을 구분한다.

● 가격과 소득은 별도의 주기가 없는 한 당해 연도의 시가에 기준한다.

● 국제기구는 처음 나올 때, 국제통화기구(International Monetary Fund, IMF)처럼 한글명과 괄호 속에 로마자 이름과 그 약칭을 표기하고
　그다음부터는 약칭만 사용한다.

대한민국 현대사를 바로 쓰다

역사는 과거에 일어난 사건이라기보다 그 사건에 대한 사람들의 기억이라고 하는 편이 더 옳은 듯하다. 기억은 사건을 대하는 입장에 따라 선별적으로 이루어지기 십상이다. 역사에 대한 사람들의 집단적 기억도 마찬가지이다. 역사의 본질이 이러하기 때문에 역사적 사건에 대한 해석은 언제나 다양할 수밖에 없다. 다양한 해석이 각기 제 나름의 권리를 가지고 병존할 수 있다면, 그것이 진정한 민주주의라고 하겠다.

그렇다고 역사에는 어떠한 객관도 있을 수 없다는 식의 상대주의에 마냥 안주해서도 곤란할 것이다. 그것은 무책임한 짓이다. 어느 사회에든 사회의 안정적 통합과 발전을 책임지는 도덕적 규범이 있게 마련이다. 역사를 해석함에 있어서도 마찬가지이다. 여기서도 사회의 통합과 발전을 건전하게 이끄는 도덕적 규범이 있을 수 있고, 또 필요하다고 생각한다.

역사의 해석에서 도덕적 규범이 특히 문제가 되는 장소는 다름 아닌 공교육의 현장이라고 할 수 있다. 한 나라가 자신의 역사를 자라나는 세대에게 어떻게 가르치는 것이 좋은가 하는 문제만큼 역사가 사이의 심한 논쟁거리는 없을 것이다. 그러나 여러 선진국의 경험에서 최소한의 해답을 찾기는 어렵지 않다. 우리가 보기에 그것은 "헌법적 가치에 기초한 애국심과 시민정신의 함양"이 아닐까 싶다.

2008년 3월 교과서포럼이 출간한 《대안교과서 한국 근·현대사》의 기본 시각도 그러하였다. 이 책에서 우리는 오늘날 한국인의 삶의 터전을 이루는 대한민국의 기초 이념이라 할 자유와 인권의 역사적 기원은 어디에 있으며, 그러한 이념에 따라 자유민주주의와 시장경제체제로 나라를 세우고자 애썼던 정치 세력은 어떻게 생겨났으며, 나라를 세운 후 어려운 내외 여건에서도 민주주의와 경제발전을 함께 성취해 온 역사적 과정은 어떠했는지를 이야기하고 싶었다. 우리는 한국의 역사교육이 이러한 식의 계발적 문제의식에 입각하면 우리 젊은 세대들이 나라의 역사에 자부심을 갖고, 나라가 세워짐에 도움을 주었던 국제세력에 감사할 줄 알고, 역사의 아픔에 대해서는 남을 탓하기보다 그것을 내면적 성찰의 소재로 승화시킬 수 있는 지식인으로 성숙해 가리라고 기대하였다. 우리는 그 길이 한국사회가 선진화함에 피할 수 없는 진정한 도전이라고 믿었다.

책이 나온 뒤 사회 각층으로부터 적지 않은 반응이 있었다. 긍정적인 환호도 부정적인 비판도 있었다. 전술한 대로 역사적 기억은 본래 여러 갈래이기에 그러한 상반된 반응은 당연한 현상이며, 크게 보아 한국 사회가 민주주의적으로 성숙하는 과정의 한 표현이라고도 할 수 있다. 올해가 건국 60주년이어서 그런지 특히 해방 후 현대사에 관한 반응이 컸다. 현대사를 긍정과 희망의 역사로 쓴 것은 아마도 우리 책이 처음일 거라는 고무적인 지적도 있었다. 이참에 우리 현대사 서술을 좀 더 많은 사람이 널리 읽을 수 있도록 별책으로 출간할 필요가 있다는 충고도 많았다. 포럼은 이러한 충고를 진지하게 검토하여 수용하기로 결정하였다. 다만 원 책에는 없는 '현대세계의 이해'라는 부를 신설하여 20세기 후반의 세계사를 압축적으로 소개함이 한국 현대사를 이해하기 위한 전제로서 긴요하다고 판단하여 그 부분을 가필하기로 하였다. 이 책의 출간 경위와 취지를 이렇게 밝히는 것은 이 책과 더불어 포럼이 기왕에 출간한 《대안교과서 한국 근·현대사》도 여전히 굳건하게 유효함을 분명히 해두기 위해서이다.

1945년 이후의 현대사만으로는 1948년 8월 15일에 세워진 대한민국이란 나라의 문명사적 원류를 알기 어렵다. 그에 대해 우리는 대안교과서에서 "이 나라는 갑자기 솟아난 것이 아니다. 개화기 이래 수많은 선각자가 기울였던 애타는 노력의 소중한 결실로 태어난 나라이다. 전통 문명에 뿌리를 두면서 이식된 근대 문명을 배우고 익힌 수많은 한국인의 피와 땀으로 세워진 나라이다"라고 하였다(6쪽). 관심 있는 독자들은 이 책의 저본이라 할 그 책까지 같이 읽어주시길 부탁드린다.

2008년 11월

교과서포럼 일동

차례

해방과 건국 이후의 대한민국 현대사는 동시대 세계 현대사와 밀접한 연관하에서 전개되었다. 대한민국의 발전은 세계 현대사의 주류를 이룬 자유와 시장의 발전에 적극적으로 대응한 결과였다.
대한민국의 선진화도 세계와의 국제주의적 협력으로 이루어질 수밖에 없다.

1945

1960

1945
제2차대전
종전,
IMF, IBRD
창설

1947
트루먼독트린,
1947 인도,
파키스탄 독립,
GATT 출범

1949
중국 공산화 통일

1950
6·25전쟁

1955
바르샤바조약,
아시아아프리카회의(반둥회의)

1960년대 중엽 아시아 신흥공업국(NICS) 부상

1961
제1회 비동맹회의

1962
쿠바위기

1964
미국의 베트남전 개입

1966
중국 문화혁명 개시

1972
닉슨 중국 방문

1974
제1차오일쇼크

197
베트남전 종전, 헬싱키협정

현대 세계의 이해

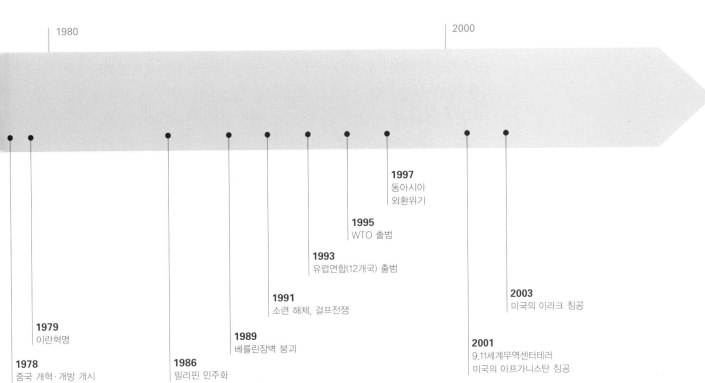

1980

2000

1997
동아시아
외환위기

1995
WTO 출범

1993
유럽연합(12개국) 출범

1991
소련 해체, 걸프전쟁

2003
미국의 이라크 침공

1989
베를린장벽 붕괴

1979
이란혁명

2001
9.11세계무역센터테러
미국의 아프가니스탄 침공

1978
중국 개혁·개방 개시

1986
필리핀 민주화

1. 현대 세계의 이해

❶ 동서냉전

냉전의 도래

'철의 장막'을 풍자한 만화

　제2차 세계대전에서 연합군으로 함께 싸운 미국, 영국과 소련은 전쟁이 막바지에 이르자 전후 처리 문제를 둘러싸고 갈등을 빚기 시작하였다. 1945년 2월 얄타회담에서 소련은 동유럽 점령지에서 자유선거를 실시하기로 미국과 영국에 약속하였다. 그러나 소련은 같은 해 7월 포츠담회담에서 이 약속을 취소하였다. 양측의 갈등은 같은 해 9월 런던에서 열린 전승국 외상회담에서 지중해에 군항을 설치하고 일본의 점령에 참여하겠다는 소련의 요구를 미국이 거절함으로써 심화되었다. 그에 따라 소련은 동유럽과 북한 등의 점령지에서 공산주의체제 국가를 건설하는 데 박차를 가하였다. 양측의 갈등은 1946년 3월 영국의 처칠(Winston Churchill) 수상이 동유럽에 '철의 장막'이 드리워졌다고 소련을 비난함으로써 국제적으로 노골화하였다.

　1917년 공산주의 혁명에 성공한 소련은 인간의 의식은 사회적 계급에 의해 결정되며, 역사는 계급투쟁에 의해 발전한다는 철학과 역사관을 가졌다. 이에 사유재산에 기반을 둔 자본–임노동 계급관계를 폐지하면 사회적 생산력이 발전하고 인간 해방이 성취되어 능력에 따라 노동하고 필요에 따라 분배를 받는 이상적인 공산사회를 이룰 수 있다고 믿었다. 소련은 이러한 공산주의 이념에 기초하여 공산주의 세계혁명을 추구하였다. 소련의 공산주의 이념은 자본주의 국가

얄타회담의 세 주역 영국의 처칠, 미국의 루스벨트, 소련의 스탈린

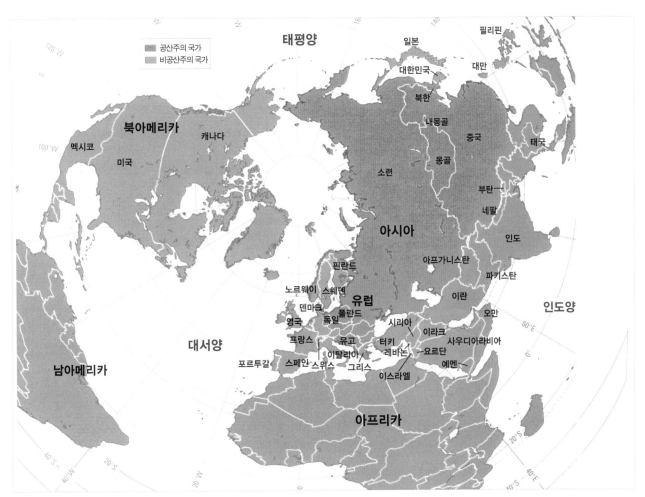

동서냉전: 서에 의한 동의 봉쇄

의 제국주의 지배를 받던 식민지 민족에게 큰 호소력을 지녔다. 제2차 세계대전 후 제국주의 세계체제가 해체되는 데에는 소련이 주도한 공산주의 혁명운동이 큰 영향을 미쳤다.

　다른 한편, 미국은 개인의 자유가 엄격히 보장되면 다양성과 관용의 미덕을 통해 개인 사이에 충돌하는 권리가 합리적으로 조정되고, 법치 질서가 성숙하며, 사회가 활력을 유지하는 가운데 발전을 지속한다는 강한 신념을 품은 나라였다. 그러한 미국의 관점에서 공산주의는 사회 모순을 치유하는 방법으로 인간의 비이성적인 면에 호소하여 계급독재라는 집단폭력을 정당화하는 악(惡)의 이념으로 여겨졌다. 공산주의는 개인주의에 바탕을 둔 자유사회와는 양립할 수 없을 뿐 아니라, 자유사회를 위협하는 체제로 비쳤다.

　1947년 3월 미국의 트루먼(Harry S. Truman) 대통령은 그리스와 터키로 진출하려는 소련을 봉쇄하기 위한 군사원조를 의회에 요청하였다. 이 연설에서 트루먼은 공산주의체제를 현재 국경선에서 봉쇄하겠다는 정책을 발표하였다(트루먼독트린Truman Doctrine). 이로써 동서냉전은 공식화하였다. 트루먼독트

트루먼(1884~1972)
미국 제33대 대통령. 미주리주에서 농부의 아들로 태어나 판사를 거쳐 1934년 미주리주 연방 상원의원으로 선출되었다. 1944년 루스벨트(Franklin D. Roosevelt)의 러닝메이트로 부통령이 되었으며 1945년 루스벨트의 급서로 대통령직을 승계하였다. 반소·반공주의에 입각해 서유럽을 원조하는 마셜플랜을 실시하고 북대서양조약기구를 창설하고 소련의 서베를린 봉쇄에 대항하여 물자를 공수하는 등, 냉전시대 미국 외교정책의 기조를 확립하였다. 1950년 6·25전쟁이 일어나자 지체없이 미국군을 주축으로 한 유엔군을 파견하여 대한민국을 수호하였다.

마오쩌둥(1893~1976)
중국의 공산주의 혁명가, 정치가. 1922년 중국공산당 창설에 참가하였으며, 1927년 징강산(井岡山)에 들어가 농촌 근거지를 확보하고 주더(朱德) 군대와 합류하였다. 1935년 대장정 도중 쭌이(遵義)회의에서 중국공산당의 실권을 장악하였다. 이후 국공합작을 성공시켜 항일민족통일전선을 이끌었다. 일본과의 전쟁 후 국민당 정부와의 내전에서 승리하여 1949년 중화인민공화국을 수립하고 국가주석에 취임하였다. 그의 저작 《모순론》(1937)과 《신민주주의론》(1940) 등은 한국 등 주변 민족의 공산주의 운동에 큰 영향을 미쳤다. 1976년 사망하기까지 대약진운동과 문화혁명을 무리하게 추진하였다.

린의 봉쇄정책은 이후 40년간이나 지속된 동서냉전에서 미국이 추구한 대외정책의 변함없는 기조를 이루었다.

중국대륙의 공산화

1937년 제국주의 일본이 중국대륙을 전면적으로 침입하자(중일전쟁), 장제스(蔣介石)의 국민당 정부와 마오쩌둥(毛澤東)의 공산당 정부는 내전을 멈추고 합작하여 일본군에 대항하였다. 1945년 8월 일본군이 패퇴하자 국민당 정부와 공산당 정부는 다시 내전을 시작하였다. 미국은 국민당 정부를 지원하였고, 소련은 공산당 정부를 지원하였다. 국민당 군대는 병력과 장비에서 절대 우세했으나 내전에서 패배하였다. 군(軍) 내부의 부정부패가 심하고 국민당 정부가 실정(失政)으로 민심을 얻지 못했기 때문이다.

1949년 10월 중화인민공화국(中華人民共和國)이 성립함으로써 중국대륙은 공산화되었다. 1950년 2월 중국은 소련과 상호우호동맹조약 체결하였다. 뒤이어 한반도에서 6·25전쟁이 일어나자 마오쩌둥은 중공군(中共軍)을 파견하여 북한을 지원하였다. 1953년 마오쩌둥은 중국대륙의 공산주의 개혁에 박차를 가하였다. 1954년부터 전국의 농촌이 인민공사(人民公社)라는 집단농장체제로 편성되었다. 인민공사에서 중국인들은 공동노동, 공동취사, 공동취침, 공동양육의 생활을 하였다. 1958년부터는 급속히 공업화를 달성하고자 중국 전통기술과 대규모 노동력 동원에 바탕을 둔 대약진운동을 벌였다. 이 운동은 실패하였다. 농업과 공업 생산이 늘지 않았고 농촌사회는 잦은 기근의 위협에 시달렸다. 1961년의 흉년에는 전국적으로 2,000만여 명이 사망하였다. 1966년 마오쩌둥은 또 한차례 급진적인 개혁으로 문화혁명을 일으켰다. 홍위병들은 봉건주의와 자본주의

적기를 들고 행진하는 홍위병들

잔재를 타파하자는 구호 아래 실용주의적 공산당 간부와 자유주의적 지식인 계층을 공격하였다. 이후 10년간 중국은 깊은 혼란에 빠졌다.

세 차례 열전

냉전은 다양한 양상으로 전개되었다. 미국과 소련은 자기 진영에 속한 국가들과 집단 군사동맹을 맺었다. 두 나라는 제2차 세계대전 후에 생겨난 많은 신생국을 자기 진영으로 끌어들이고자 경쟁적으로 군사원조와 경제원조를 제공하였다. 자기 진영에 속한 나라에 적대적인 정부가 들어서면 정치공작을 벌여 무너뜨리기도 했으며, 직접 군대를 파견하여 진압하기도 하였다. 그 과정에서 미국과 소련은 세 차례나 국지적인 열전을 벌였다.

소련의 스탈린(Joseph V. Stalin)은 1949년 중국대륙에 공산주의 정권이 들어서는 유리한 조건이 형성되자 동아시아에서 미국의 봉쇄정책을 돌파할 목적으로 북한의 김일성이 38도선을 넘어 남침하겠다는 건의를 받아들였다. 전쟁을 계획하는 과정에서 스탈린은 마오쩌둥과 긴밀히 협의하였다. 소련과 중국의

스탈린(1879~1953)

소련의 공산주의 혁명가. 1917년 볼셰비키 혁명에 참여. 1924년 레닌이 사망하자 그의 후계자가 되어 소련공산당 서기장으로 선출되었다. 1927년부터 소련 농촌을 집단 농장체제로 편성하고 중화학공업 중심의 공업화 정책을 강력히 추진하였다. 그 과정에서 수백만 명의 반대파를 가혹하게 숙청하였다. 제2차 세계대전에서는 1941년 독일군의 소련 침공을 성공적으로 방어하여 연합국의 승리에 큰 역할을 하였다. 이를 발판으로 전쟁 후 동유럽 지역으로 공산주의체제를 확장하였으며, 이후 미국과의 냉전을 주도하였다. 1950년 북한의 김일성을 지원하여 6·25전쟁을 도발하였다. 1953년 사망 후 소련 공산당 내부에서 비판이 제기되어 독재자로 격하되었다.

동서냉전 시기 주요 분쟁 지역

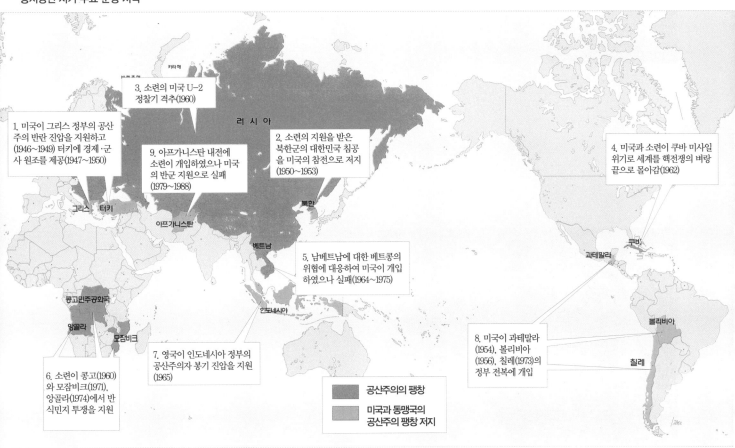

미국의 F-4C 팬텀 전투기가 베트남 북부에 집중적으로
폭탄을 투하하고 있다(1966. 8)

지원을 받은 북한군의 남침에 맞서 미국은 유엔군을 조직하여 전쟁에
개입하였다. 이로써 남한을 공산주의체제로 편입시키려던 소련과 중
국의 의도는 좌절되었다. 이 전쟁에는 미국을 도와 자유진영의 15개
국이 참전하였다.

1964년 미국은 남베트남의 친미 정권이 베트남민족해방전선(베트
콩)의 공격을 받아 위협에 처하자 군사 개입을 본격화하였다. 그렇지
만, 미국군은 열대림이라는 낯선 환경에서 소련과 중국의 지원을 받는
베트콩이 벌이는 게릴라전을 이길 수 없었다. 국제사회의 여론이 나빠
지고 미국에서 반전 여론이 형성되자 1975년 미국은 남베트남에서 철
수하였으며, 남베트남은 공산화되었다. 이 전쟁에는 한국을 위시한 7
개국이 미국을 도와 참전하였다. 베트콩을 도운 북한은 병력을 파견하
지는 않았지만, 무기를 지원하였다.

워싱턴 D.C.에서 벌어진 베트남전 반전(反戰) 시위

1979년부터 10년간 계속된 아프가니스탄 전쟁은 이를테면 소련의
베트남전쟁이었다. 1978년 아프가니스탄에서는 좌익 장교들이 쿠데타
를 일으켜 친소 정권을 세우고 사회주의개혁을 강행하였다. 그러자 반
공을 주장하는 이슬람 무장세력이 반란을 일으키며 친소 정권을 위협
하였다. 소련은 3만 병력을 아프가니스탄에 투입하였고, 그에 맞서 미
국은 1980년 모스크바 올림픽 참가를 거부하였다. 이슬람 반군은 게릴
라전으로 소련군에 대항하였다. 미국은 반군에 미사일을 제공하는 등
군사적으로 지원하였다. 소련은 미국의 지원을 받는 반군을 제압할 수
없었으며 결국 1988년 아프가니스탄에서 철수하였다.

아프가니스탄 반군(탈레반)

아프가니스탄 카불 시내에 늘어선 소련 탱크들(1981. 1)

공존 속의 대립

미국과 소련의 냉전은 1962년 쿠바 위기에서 절정에 달했다. 1959년 쿠바에서 공산혁명이 일어났다. 소련은 쿠바 혁명을 지원하면서 쿠바에 핵미사일 기지를 설치하였다. 미국은 쿠바 해역을 봉쇄하고 핵미사일의 철수를 요구하였다. 전면적인 핵전쟁으로까지 번질 뻔했던 쿠바 위기는 소련이 핵미사일을 철수함으로써 극적으로 해결되었다. 이후 미국과 소련은 극단적인 대립으로 공멸할 수도 있다는 위기감에서 데탕트(détente: 긴장완화) 정책을 택했다. 그 결과 1963년에는 핵실험금지조약이, 1969년에는 전략무기제한협정이 체결되었다.

데탕트 기간에도 양측은 상대방의 세력을 봉쇄하면서 자기 진영을 확장하려고 하였다. 1960년대 공산권 내에서는 소련과 중국이 국제 공산주의운동의 지도권을 두고 대립하였다. 1972년 미국은 중국에 접근하여 양국 관계를 정상화하면서 동아시아에서 소련에 대한 봉쇄망을 강화하였다. 라틴아메리카에서는 쿠바 혁명의 영향과 소련의 지원으로 공산주의세력이 강화되었다. 1970년 칠레에서 사회당과 공산당이 내세운 아옌데(Salvador Allende)가 대통령에 당선되었다. 아옌데 정권은 주요 광산과 미국계 대기업을 국유화하는 등 사회주의개혁을 추진하였다. 그에 맞서 미국은 칠레 군부를 지원하여 쿠데타를 일으켜 아옌데 정권을 붕괴시켰다.

1968년 체코슬로바키아에서 자유화의 바람이 불자 소련군이 중심이 된 바르샤바 조약군이 체코슬로바키아를 침공하였다. 소련은 동유럽에 대한 기득권을 인정받고 서유럽과 경제협력을 강화할 목적에서 유럽안보협력회의(Conference on Security and Cooperation in Europe)를 제안하였다. 그 결과, 1975년 핀란드 헬싱키에서 미국, 캐나다, 소련 등 35개 국가가 참여한 다자간 협정이 체결되었다(헬싱키협정, Helsinki Accords). 이 협정에서 자유진영은 군사적 안보를 약속하고 경제협력을 제공하는 대신, 공산진영의 열악한 인권상황을 개선

쿠바 미사일 위기 상황에서 미군 장교들을 만난 케네디(John F. Kennedy) 대통령(1962. 10)

쿠데타에 성공한 칠레 군부. 왼쪽에서 두 번째가 피노체트(Pinochet, 1973. 9)

체코 프라하 거리를 장악한 소련군 탱크들(1968. 8)

헬싱키협정 조인식(1975. 8)

해야 한다는 조건을 제시하여 소련의 약속을 받아냈다. 협정 체결이 알려지자 공산진영의 많은 지식인이 자유진영의 관심과 지원하에 인권운동을 벌이기 시작하였다. 헬싱키협정은 완강해 보이던 공산주의체제가 내부에서부터 허물어지기 시작하는 계기가 되었다.

냉전의 종식

소련경제는 창조적 노동을 촉발할 유인의 결여와 계획경제의 비효율성 때문에 오래전부터 정체를 거듭하였다. 이미 1960년대 초에 생산성이 미국의 40%에 불과했던 소련경제는 1980년대 이후 더욱 침체하였다. 소련의 억압적인 정치체제는 국민의 자유로운 발언과 정치참여를 허락하지 않았다. 자유와 인권을 열망하는 저항적 지식인들은 강제노동수용소에 갇히거나 정신병원에 격리되었다. 동베를린에 세워진 장벽은 동독 시민이 서방으로 탈출하는 것을 막기 위한 것이었다.

소련의 강제노동수용소

그토록 견고해 보이던 국제 공산주의체제는 1980년대 말에 갑자기 해체되었다. 1981년 미국 대통령에 취임한 레이건(Ronald W. Reagan)은 공산주의체제를 해체하고 냉전을 종식시키는 데 크게 공헌하였다. 그는 인간의 자유와 인권을 억압하는 공산주의체제는 해체되어야 하고, 그런 체제와 타협하는 데탕트 정책은 도덕적으로 부당하다는 종교적 신념을 가졌다. 그는 대통령에 취임하자 미국의 국방비를 두 배 이상 늘렸고 서유럽 우방에 전략핵무기를 배치하여 소련을 긴장하게 하였다. 그는 사우디아라비아와 공모하여 국제 석유가격을 대폭 떨어뜨려 석유를 수출하는 소련경제에 타격을 주었다. 소련은 레이건의 전략방위계획(Strategic Defence Initiative)에 크게 당황하였다. 미국과 경쟁할 수 없다고 판단한 소련의 고르바초프(Mikhail S. Gorbachev) 서기장은 점진적인 체제개혁에 착수했지만, 소련은 오히려 깊은 혼란에 빠지고 말았다.

레이건(1911~2004)

미국 제40, 41대 대통령. 영화배우 출신. 1966년 공화당 소속으로 캘리포니아 주지사에 당선되어 정계로 진출하였다. 1980년 자유롭고 풍요로운 미국을 재건하자는 구호로 대통령에 당선되었다. 자유주의 철학의 신봉자로서 영국의 대처(Margaret H. Thatcher) 총리와 더불어 1980년대 신자유주의 풍조의 세계적 확산을 이끌었다. 재임 중 감세와 재정지출 삭감을 통해 기업가 활동을 촉진하는 공급중시 경제정책을 펼쳐 장기침체에 빠져 있던 미국경제에 활력을 불어넣었다. 대외적으로는 소련에 대해 공격적인 외교, 군사정책을 펼쳐 냉전을 조기에 종식시키는 업적을 남겼다. 낙천적 성격과 풍부한 유머로 미국 국민의 사랑을 받았다.

1989년 6월 폴란드에서 상·하원 자유선거가 치러졌다. 이 선거에서 자유노조원이 대거 당선된 반면, 공산당원은 한 명도 당선되지 못했다. 그럼에도 불구하고 소련은 이전의 헝가리와 체코슬로바키아에서처럼 무력으로 개입하지 않았다. 이후 동독, 체코슬로바키아, 헝가리, 루마니아, 불가리아에서 시민의 봉기가 일어나 공산당 정권이 붕괴되었다. 11월에는 동서냉전의 상징이었던 베를린장벽이 무너졌다. 드디어 1989년 12월 미국의 부시(George Herbert W. Bush) 대통령과 소련의 고르바초프 서기장은 남지중해의 몰타에서 만나 냉전이 종결되

1961년 8월 12일 설치되었던 베를린 장벽은 동서 냉전의 상징이었다. 1989년 동독 공산당의 강경파 지도부가 해체되면서 11월 9일 베를린장벽은 28년 만에 무너졌다.

었음을 선언하였다.

소련에서는 고르바초프의 개혁에 불만을 품은 공산당의 강경파가 1991년 8월 쿠데타를 일으켰으나 러시아공화국 대통령인 옐친(Boris N. Yeltsin)의 용감한 저항으로 좌절되었다. 같은 해 11월 소비에트연방에 속한 15개국 가운데 발트 3국이 독립했으며, 나머지 12개국이 독립국가연합(Commonwealth of Independent States, CIS)의 창설에 합의하였다. 이로써 1917년 러시아혁명으로 출발한 공산주의 실험은 74년 만에 실패로 끝났다.

몰타회담에서 소련의 고르바초프 서기장과 미국의 조지 부시 대통령

강경파 쿠데타에 맞서 탱크 위에 올라 시민의 저항을 호소하는 옐친 대통령

❷ 식민지의 독립

제국주의의 해체

제2차 세계대전 이전의 세계는 제국주의 시대였다. 대부분의 후진 지역은 영국을 위시한 서유럽 7개국과 미국, 일본의 식민지였다. 그러나 세계대전의 종식과 함께 제국주의 시대도 막을 내리기 시작하였다. 거기에는 여러 가지 원인이 있었다. 제국주의 지배를 받으면서 식민지 민중도 점차 자유와 인권의 개념을 터득하게 되었다. 그에 따라 제국주의에 대한 식민지의 저항도 거세져 갔다. 제국주의 국가들은 통치비용이 증대하자 식민지를 계속 유지한다는 사실에 회의를 느끼기 시작하였다. 실제로 그들은 전쟁 중에 많은 해외자산을 처분했기에 식민지를 운영할 능력을 잃어버렸다. 영국은 인도의 청년들을 강제로 전쟁에 동원하면서 더 많은 정치적 자유를 약속하였다. 1941년 8월 미국과 영국은 세계대전이 끝나면 후진 지역의 정치적 자결을 존중하고 국제적 평화를 항구적으로 보장하는 질서를 세운다는 취지의 대서양헌장(Atlantic Charter)을 발표하였다. 대서양헌장은 연합국의 전쟁 지침이 되었으며, 그에 따라 제국주의의 해체는 점차 기정사실화하였다.

전쟁이 끝나자 1946년 필리핀이 제일 먼저 미국으로부터 독립하였다. 뒤이어 1947년 인도가 영국으로부터 독립하여 세계에서 가장 큰 민주주의 국가가 되

신생 독립국 분포

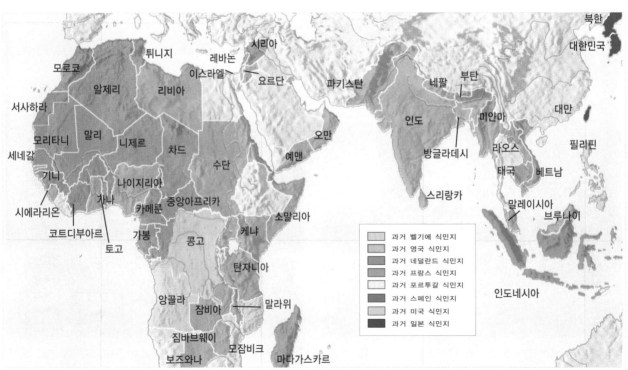

22

었다. 1948년에는 버마(1988년 미얀마로 개칭)가 독립하였다. 같은 해 미국이 점령한 한반도 남부에서 대한민국이 성립하였다. 소련이 점령한 한반도 북부에 서는 조선민주주의인민공화국이 성립하였다. 인도네시아의 경우 구종주국 네덜 란드가 식민지 지배체제의 복구를 시도했지만 미국과 유엔의 협력 거부로 실패 하였다. 그 결과로 1949년 인도네시아가 독립하였다. 이처럼, 1949년까지 주로 아시아 지역에서 14개국이 독립하였다.

● 대서양헌장과 유엔

대서양헌장 발표

제2차 세계대전 중인 1941년 8월 미국 루스벨트대통령과 영국 처칠 수상은 대서양 해상의 영국 군함에서 회담한 뒤 전후의 세계질서에 관한 양국의 기본 구상을 발표하였는데 이를 대서양헌장이라 한다. 주요 내용을 보면 양국은 영 토의 확대를 추구하지 않고 관계 주민이 정치체제를 선택할 권리를 존중하며 강탈된 주권과 자치가 회복되기를 희망하며 나치스의 폭정을 해체한 후 인류 평화를 확립하는 안전보장제도를 설립한다는 것이었다. 대서양헌장은 1942년 연합국 26개국 대표가 모여 결의한 연합국공동선언(Joint Declaration by the United Nations)으로 이어져 연합국이 공동으로 수행하는 전쟁의 목표 가 되었다.

이에 기초하여 1945년 6월 미국 샌프란시스코에서 50개국 대표가 모여 국 제연합(United Nations, UN)의 헌장에 서명하였다. 유엔의 본부는 미국 뉴욕 시에 설치되었다. 유엔은 평화유지, 군비축소, 국제협력을 주요 활동으로 하며 이를 위한 주요기구로서 총회, 안전보장이사회, 경제사회이사회, 신탁통치이 사회, 국제사법재판소, 사무국 등을 두었다. 이외 ILO(국제노동기구), IMF(국 제통화기금)와 같은 18개의 전문기구가 있다. 한국은 동서냉전이 끝난 1991년 에 북한과 동시에 유엔에 가입하였다. 유엔 사무총장은 전통적으로 개발도상 국 정치지도자가 담당해 왔는데, 2007년에는 한국인 반기문(潘基文)이 사무총 장에 취임하여 한국의 국제적 위상을 드높였다.

미국 뉴욕시에 있는 유엔본부 건물

취임선서를 하는 반기문 신임 유엔사무총장 (2006. 12)

뒤이어 아프리카 대륙에서 독립의 물결이 일었다. 1951년 리비아를 필두로 하여 1964년까지 35개의 신생국이 성립하였다. 1960년에는 16개국이 한꺼번에 독립하여 '아프리카의 해'를 이루었다. 1962년 알제리의 독립은 제국주의가 해체되는 마지막 진통이었다. 프랑스의 식민지였던 알제리에는 식민지기에 프랑스인이 대량으로 이주하여 인구의 10% 정도를 차지하였다. 이 때문에 프랑스는 알제리의 독립을 거부하고 1950년대에 걸쳐 알제리의 독립운동을 가혹하게 탄압하였다. 그렇지만 알제리 민중의 끈질긴 투쟁과 국제여론의 압력으로 프랑스는 결국 알제리로부터 철수하였다. 제국주의 시대는 1974년 포르투갈이 그의 오랜 식민지 앙골라에서 물러남으로써 마침내 막을 내렸다.

제3세계의 성립

1954년 한반도와 인도차이나반도의 평화 문제를 논의하는 국제회의가 스위스 제네바에서 열렸다. 이 회의에서 중국은 베트남 민족의 권리로서 주권, 독립, 통일, 영토보전에 관한 국제적 합의를 이끌어내는 데 큰 역할을 하였다. 제네바 회의의 결과는 이후 신생국들의 독립에 중요한 영향을 미쳤다. 1955년 아시아와 아프리카 29개 신생국이 인도네시아의 반둥에서 제1회 아시아·아프리카회의를 개최하였다. 이들 신생국은 모든 나라의 주권과 영토의 보전을 존중하고 국제분쟁을 평화적으로 해결하며 동서냉전의 어느 진영에도 가담하지 않는다는 내용의 10개 원칙을 발표하였다. 1961년에는 유고슬라비아 베오그라드에서 제1회 비동맹국회의가 소집되어 유고슬라비아, 인도, 이집트 등 25개국 정상이 참가하였다. 이들 국가는 반식민주의, 반제국주의, 평화공존을 내세우며 냉전의 어느 진영에도 참가하지 않는다는 비동맹 원칙을 선언하였다. 자유진영에 속한 한국은 이 두 회의에 참가하지 않았지만, 북한은 1975년 비동맹회의에 가입하였다.

이러한 일련의 국제회의를 거치면서 유엔을 무대로 한 국제정치에서 미국과

제네바회의(1954)

반둥회의에서 중국의 저우언라이와 이집트의 나세르(1955)

비동맹국회의(1961)에서 네루(인도), 은크루마(가나), 나세르(이집트), 수카르노(인도네시아), 티토(유고슬라비아)

소련에 맞서 공동의 이해관계를 추구하는 이른바 제3세계가 성립하였다. 오랫동안 제국주의의 식민지였던 약소국가들이 국제정치에서 독자적 정치 세력으로 결속하여 강대국 중심의 국제질서를 비판하기 시작한 것의 역사적 의의는 결코 작지 않았다. 그렇지만 제3세계 비동맹회의 크게 발전하지 못하였다. 각국의 역사적 배경과 국내 상황이 너무 달랐기에 동맹관계를 실질적으로 발전시키기 어려웠기 때문이다. 제3세계는 경제개발을 위한 독자적 모델을 모색하는 데 실패하였다. 그에 비해 1960년대 중반 이후 자유진영에 속한 한국, 대만, 홍콩, 싱가포르 등 신생국이 신흥공업국(Newly Industrialized Countries, NICS)으로 부상하였다. 그러자 제3세계 비동맹회의는 점차 약화되었다.

신생국의 도전과 시련

제국주의 굴레에서 벗어난 신생국들은 정치적 독립과 경제적 자립을 위해 많은 노력을 기울였지만, 대체로 그 성과는 좋지 않았다. 제국주의 시대 이전에 후진 지역이 경험한 국가적 통합의 역사는 그리 풍부하지 않았다. 그로 인해 신생국에서 국가적 통합은 일반적으로 낮은 수준이었다. 후진 지역의 여러 부족과 종교적 공동체는 함께 제국주의 지배를 받았지만, 신생국으로 독립하자 서로 대립하고 갈등하였다. 1947년 영국으로부터 독립하는 과정에서 힌두교를 믿는 인도와 이슬람교를 믿는 파키스탄이 분리 독립하였다. 뒤이어 방글라데시가 동파키스탄에서 분리되었다. 아프리카 신생국들에서는 부족 간 대립으로 내전이 발생하고 대량의 인명이 학살되는 비극이 빚어지기도 하였다. 아프리카 대륙에서 신생국 간의 국경은 제국주의 국가가 자의적으로 설정한 경우가 많았다. 그에 따라 신생국 내 부족 간의 갈등이 증폭되었다.

역사상 처음 투표하는 콩고 주민(1960. 11)

또한, 신생국의 정치 지도자들은 쉽게 독재자가 되거나 부패하였다. 필리핀의 마르코스(Ferdinand E. Marcos) 대통령은 1965년부터 20년간 집권하면서 국고에서 수억 달러의 돈을 빼내어 스위스 은행계좌에 예치한 혐의를 받고 있다. 인도네시아에서는 군부 쿠데타로 집권한 수하르토(Suharto) 대통령의 부정부패, 뇌물, 학살의 정치가 1965년부터 32년간 이어졌다. 버마에서도 1962년 군부가 쿠데타를 일으켜 아직도 집권하고 있다. 아프리카에서도 신생국 정치 지도자들은 쉽사리 황제와 같은 존재로 군림하며 부패를 일삼았다. 이처럼, 신생국이 유능하고 청렴한 정치적 리더십을 확보하기란 쉬운 일이 아니었다.

탕가니카의 완전한 자주독립을 축하하는 니에레레(Julius K. Nyerere) 당시 총리(1961. 12)

신생국의 경제발전도 대부분 순탄하지 않았다. 제국주의 지배가 남긴 왜곡된 경제구조는 경제발전의 장애가 되었다. 신생국은 풍부한 자연자원을

대학살에 희생된 르완다 투치족의 유골

보유하였지만, 경제개발에 큰 도움이 되지 못했다. 세계대전 이후 선진국들은 자국의 농산물 증산에 힘써 식량의 국제가격은 계속해서 하락하였다. 선진국에서 이루어진 급속한 기술혁신의 결과, 합성섬유·합성고무·플라스틱과 같은 인공소재가 풍부하게 개발되었다. 그에 따라 후진국이 보유한 공업 원자재의 국제가격은 계속해서 하락하였다. 따라서 식량과 자원을 팔아 벌어들인 외화로 국내공업을 일으키겠다는 신생국의 개발계획은 성과를 거두기 어려웠다.

❸ 자본주의의 번영

자본주의 세계경제의 재건

세계대전 이후 미국은 자본주의 세계경제의 유일 중심국이 되었다. 영국과 프랑스 등 주요 자본주의 국가들이 전쟁으로 황폐해진 반면, 미국은 전쟁 기간 중 1929년에 발생한 대공황의 깊은 늪에서 성공적으로 빠져나왔다. 전쟁 후 미국은 세계 각국 정부가 보유한 모든 금의 70%를 확보하고 있었다. 1948년 미국의 광공업생산은 세계 광공업생산의 53%에 달하였다. 미국은 막강한 경제력을 바탕으로 대공황과 세계대전으로 허물어진 자본주의 세계경제를 재건하기 시작하였다.

전쟁이 끝나기 전 1944년 44개 연합국 대표가 미국 브레튼우즈(Bretton Woods)에 모여 안정적인 국제통화금융체제를 만들고자 국제통화기금(International Monetary Fund, IMF)과 국제부흥개발은행(International Bank for Reconstruction and Development, IBRD)을 창설하기로 합의하였다. 1947년 미국 주도로 제네바에서 23개국 대표가 모여 관세무역일반협정(General Agreement on Tariff and Trade, GATT)에 조인하였다. 이 협정의 목적은 국제간 자유무역의 촉진을 위해 각종 무역장벽을 해소하고 관세를 크게 인하하는 데 있었다.

뒤이어 미국은 1948~1951년 유럽부흥계획(일명 마샬플랜)에 따라 영국에 27억 달러, 프랑스에 23억 달러, 서독에 12억 달러 등 도합 112억 달러의 원조를 서유럽 각국에 제공하였다. 미국은 한국에도 1953~1960년 20억 달러 이상의 경제원조를 제공하였다. 1950년대 세계의 많은 나라가 미국 원조로 자국의 경제를 재건하였다. 1950년대 후반이 되면 주요 자본주의 국가들은 미국과 자유무역을 해도 좋을 정도의 경쟁력을 갖추게 되었다.

고도성장의 경주

1950년대 이후 세계경제는 인류 역사상 전례 없는 급속한 성장을 이루었다.

1950~1998년 세계 총생산은 1990년 가격으로 5조 3,000억 달러에서 33조 7,000억 달러로 6.4배나 증가하였다. 같은 기간 세계 인구는 25억에서 59억으로 2.4배 증가하였다. 그에 따라 세계의 1인당 실질소득이 2,100달러에서 5,700달러로 2.7배 증가하였다. 급속한 경제성장의 중심은 자본주의 세계경제였다. 상대적으로 공산진영의 경제는 정체하였다. 자유진영의 급속한 경제성장은 자유진영이 동서냉전에서 승리하는 원동력으로 작용하였다.

세계경제가 급속히 성장한 데에는 GATT[1995년 이후 세계무역기구(World Trade Organization, WTO)]를 중심으로 한 자유무역의 발전이 큰 역할을 하였다. 1950~1998년 세계경제는 연간 3.9%의 성장률을 보였는데, 같은 기간 세계무역은 연간 6.5%나 성장하였다. 세계경제가 고도성장을 지속한 또 하나의 원인은 급속한 기술혁신이었다. 이 시기에 세계는 광범하고 급속한 기술혁신을 경험하였다. 컴퓨터의 보급을 기반으로 한 정보·통신혁명은 전통산업을 변화시키고 새로운 산업을 일으켰을 뿐 아니라, 사람들의 사회관계와 문화생활에 큰 영향을 미쳤다. 아울러 자본주의 내부구조가 변모하여 자본가와 노동자의 계급관계가 종래의 분배지향적 갈등관계에서 생산지향적 협조관계로 변모한 것도 세계경제가 순조롭게 발전한 주요 원인이었다. 이는 자본주의 각국에서 산업민주주의가 성숙하여 노동계급의 권리가 존중되었기에 가능한 일이었다.

세계 자본이 집중하는 뉴욕증권거래소

세계경제의 분화

20세기 후반 세계경제가 급속히 성장하였지만, 세계의 모든 나라가 골고루 성장한 것은 아니었다. 세계경제는 선진국 상호간의 지역통합이나 자유무역을 토대로 급속히 성장하였다. 선진국과 후진국과의 무역은 점차 줄어들었다. 1948~2005년 세계 총 수출에서 중남미의 비중은 12.3%에서 3.5%로, 아프리카의 비중은 7.3%에서 2.9%로 줄어들었다. 중남미와 아프리카는 자원이 풍부함에도 세계경제에서 점점 소외당하는 처지가 되었다. 이는 선진국에서 식량이 증산되고 급격한 기술혁신으로 각종 인공소재가 풍부하게 개발되었기 때문이다.

그리하여 세계의 빈부 격차는 더욱 확대되어 왔다. 1970년 세계 187개 국가 가운데 하위 20%와 상위 20% 국가의 1인당 소득은 33배의 차이를 보였다. 2006년이 되면 그 차이는 113배로 확대되었다. 2006년 현재 세계 210개 국가 가운데 58개 국가가 1인당 연소득이 1,000달러 미만으로 최소한의 기초적 수요도 충족하기 어려운 빈곤에 허덕이고 있다. 그것은 경제성

기아에 허덕이는 방글라데시 주민

나이지리아 빈민촌

싱가포르의 멀리언 공원 뒤로 보이는 중심가

한국의 현대 자동차 생산 라인

덩샤오핑(1904~1997)

중국의 공산주의 혁명가, 정치가. 프랑스 유학파. 1927년부터 중국 공산주의운동에 참가하였다. 군사전략가로서 항일전쟁 후 국공내전에서 공산당정부의 승리에 공을 세웠다. 국가 주석 류사오치(劉少奇)와 함께 경제발전에서 개인의 물질적 보상을 중시하는 실용주의 노선을 추구하였다. 이로 인해 마오쩌둥과 대립하고 문화혁명 때에 주자파로 몰려 실각하였다. 마오쩌둥 사후에 복권되어 1981년 중앙군사위 주석으로서 실권을 장악하였다. 이후 중국의 개혁·개방 노선을 강력히 추구하여 중국경제가 고도성장할 수 있는 길을 열었다. 1989년 민주화를 요구하는 톈안먼(天安門) 광장에서의 시위를 군대를 동원하여 진압하였다.

장에 필요한 시장경제제도와 사회간접자본과 인적자본이 이들 나라에 결여되었기 때문이다. 세계 선진국들은 유엔의 권고에 따라 이러한 빈곤 국가들에 공공개발원조(Official Development Assistance, ODA)를 제공하고 있지만, 그 효과는 그리 크지 않은 실정이다.

그에 비해 1960년대 중반부터 동아시아의 한국, 대만, 홍콩, 싱가포르가 신흥공업국으로 부상하였다. 자유진영에 속한 이들 나라는 선진국과의 자유무역을 경제성장의 동력으로 삼았다. 자원이 빈약한 한국과 대만은 국내의 풍부한 저임금 노동력을 이용하여 노동집약적 공산품을 선진국에 수출함으로써 공업화의 길에 성공적으로 접어들었다. 신흥공업국의 대외개방적인 수출주도형 성장전략은 1980년대 이후 동남아의 여러 나라와 인도로 확산되어 이들의 경제성장을 이끌었다. 한국, 대만과 달리 동남아와 인도의 경제성장에는 일본을 위시한 선진국의 자본이 중요한 역할을 하였다.

❹ 세계화의 물결

중국의 개혁·개방

1976년 중국에서 급진적 공산혁명을 주도해 온 마오쩌둥이 사망하였다. 이후 덩샤오핑(鄧小平)이 중심이 된 실용주의적 정권이 들어서서 중국의 개혁·개방을 추진하였다. 농촌의 인민공사는 정부와 청부계약을 맺고 자율적으로 농산물을 생산하기 시작하였다. 인민공사는 1984년 완전히 해체되어 개별 소농체제로 전환하였다. 이후 중국의 농업생산은 급속히 증가하여 중국정부가 개혁·개방을 추진할 수 있는 안정적 기반을 제공하였다. 공업 부문에서도 종래 국유기업 외에 향진(鄕鎭)기업, 개인기업, 외국인기업과 같은 다양한 소유형태의 기업

호화로운 상하이 야경   고층 아파트와 빌딩이 들어선 선전(深川) 경제자유구역

이 등장하여 공업의 급속한 발전을 이끌었다.

중국의 실용주의 정부는 사회주의 정치체제에서도 시장경제의 발전이 가능하다는 이론을 정립하였다. 중국정부는 개인과 회사의 재산권을 보호하고, 은행·거래소와 같은 금융시장을 정비함으로써 대량의 외국 자본과 기업을 끌어들였다. 중국의 경제발전에는 외국 자본과 기업의 역할이 컸다. 세계인구 4분의 1을 차지하는 중국의 경제가 급속히 성장하자 세계 각국의 경제가 큰 영향을 받았다. 2003~2007년 세계경제가 연평균 4.8%라는 전례 없는 고도성장을 이룬 것도 팽창하는 중국경제에 힘입은 바가 크다.

민주주의의 확산

20세기 후반 컴퓨터의 확대 보급을 통한 정보·통신·교통혁명으로 세계는 점점 하나의 지구촌으로 변해갔다. 세계화의 물결은 1980년대 이후 중국의 개혁·개방이 이루어지고 동서냉전이 종식되어 구(舊)공산진영이 세계시장에 참여함에 따라 더욱 거세게 일었다. 세계경제는 국가 간의 빈부격차가 확대되는 문제점을 안은 채 점점 더 긴밀히 협조하고 의존하는 공동체로 변해 갔다. 문화적 교류도 활발하여 할리우드 영화와 맥도날드 햄버거 등이 상징하는 미국문화가

지구촌 삶을 혁신한 정보통신 혁명

전 세계 어디에서나 볼 수 있는 맥도널드 햄버거   할리우드 배우 사진을 파는 모스크바의 가판대

텐안먼 사태 당시 줄지어 선 탱크 앞에 홀로 선 한 중국인의 모습이 카메라에 포착되어 전 세계의 주목을 받았다.

역사상 최초로 흑인의 참정권이 인정된 선거에서 투표하기 위해 길게 줄을 서 있는 남아프리카공화국 흑인 유권자들(1994. 5)

지구촌 곳곳에 널리 확산되었다.

　세계화의 물결에 따라 민주주의의 가치와 정치제도도 세계적으로 확산되었다. 구공산진영에 속한 러시아와 동유럽 각국에서도 자유·보통선거가 시행되어 민주적 정부가 들어섰다. 중국에서도 자유화의 바람이 불었다. 1989년 베이징의 텐안먼 광장에서 정치적 자유를 요구하는 시위가 벌어졌다. 정치적 혼란을 두려워한 덩샤오핑의 실용주의 정부는 군대를 동원하여 시위대를 가혹하게 진압하였다. 지금까지 중국은 경제적인 개혁·개방에도 불구하고 정치적으로는 공산당 일당 독재의 원칙을 고수하고 있다.

　1980년대 이후 동남아, 인도, 아프리카, 남미 여러 후진국에서도 만성적인 내전과 쿠데타가 종식되고 민주주의가 실질적으로 정착하는 긍정적인 변화가 일어났다. 남아프리카공화국에서는 악명 높은 인종차별 정책이 종식되고 흑인이 참여한 자유선거가 실시되어 만델라(Nelson R. Mandela)가 대통령으로 선출되었다. 백인 정부가 27년간이나 감금했던 만델라는 풀려나자 백인들에게 관용을 베풀고 인종 간의 화합을 추진하여 전 세계에 깊은 인상을 주었다. 남미 칠레에서는 군사 정부에 의한 고문과 학살의 실태가 폭로되어 전임 대통령이 재판에 회부되었다. 정치지도자의 암살 등으로 혼란을 거듭해 온 인도도 1990년대 이후 정치적 안정을 찾으며 세계화의 물결에 편승하여 순조로운 경제성장을 이루고 있다.

넬슨 만델라(1918~)
남아프리카 공화국의 흑인 민권운동가, 최초의 흑인 대통령. 대학에서 법학을 전공하고 변호사 생활을 하다가 1944년부터 흑인해방을 추구하는 아프리카 민족회의(ANC)에 참여했다. 1948년 이후 백인정권의 흑백인종차별 정책에 대항하다가 종신형을 선고받고 1962년부터 약 27년을 감옥에서 보냈다. 1990년 석방된 후 ANC의 부의장, 의장으로서 백인정권과의 협조 하에 인종차별을 철폐하는 새로운 체제를 수립하여 1994년 4월 대통령에 당선되었다. 그후 흑인 인권의 보장, 흑인 생활수준의 향상, 민주헌법의 제정에 힘썼다. 흑인민권해방에 대한 공로를 인정받아 1993년 노벨평화상을 수상하였다.

미얀마의 아웅 산 수지(Aung San Suu Kyi)는 민주주의와 인권회복을 위한 비폭력 투쟁을 전개한 공로로 1991년 노벨평화상을 수상했다.

동남아의 필리핀과 인도네시아에서도 독재자가 추방되고 국민의 자유선거에 의한 민주 정부가 들어섰다. 1961년 이후 군부 출신 정치가에 의한 권위주의 정치가 지속되었던 한국에서도 1987년 이후 민주화 시대가 열렸다.

이슬람 종교혁명

세계의 모든 지역과 민족이 세계화의 물결에 휩쓸린 것은 아니었다. 아프리카에서 중동 및 인도 대륙을 거쳐 필리핀에 이르는 이슬람 종교권의 일부는 미국 중심의 세계화 물결을 거부하고 저항하였다. 온건 보수주의 수니파(派)와 달리 근본주의적 종교개혁을 추구하는 시아파는 제2차 세계대전 후 팔레스타인 지역에 성립한 이스라엘 문제를 둘러싸고 미국과 심각하게 대립하였다. 1970년대 석유 가격이 크게 오르자 중동지역의 경제가 부흥하고 이슬람 교세가 확장되기 시작하였다. 그 영향으로 1979년 이란에서 종교혁명이 일어나 시아파 지도자 호메이니(Ayatollah R. Khomeini)가 정권을 잡았다. 그는 미국을 이란에서 추방하였으며, 이슬람공화국의 수립을 선포하고 이슬람 원리에 따른 종교개혁에 착수하였다. 그는 왕정 시대 관리들을 처형하고 종교개혁에 저항하는 소수 인종과 다른 교파를 탄압하였다. 그러자 1980년 이라크와 전쟁이 벌어져 8년간이나 이어졌다. 이란의 종교혁명은 아프가니스탄으로 번져 내전과 뒤이은 혼란을 야기하였다.

이슬람권의 맹주를 자처한 이라크의 후세인(Saddam Hussein) 대통령은 이란과의 전쟁이 끝나자 1990년 미국 영향권에 있는 쿠웨이트를 침공하였다. 1991년 미국은 다국적군을 조직하여 쿠웨이트에서 이라크군을 격퇴하였다(걸프전쟁). 이후 이슬람의 근본주의세력과 미국의 대립은 더욱 깊어졌다. 2001년 9월 11일 알카에다라는 근본주의 무장 세력이 미국에서 여객기를 공중 납치하여 뉴욕 세계무역센터 빌딩에 충돌한 대형 테러 사건이 발생하였다. 미국은 알카에다를 보호하고 있는 아프가니스탄을 침공하여 탈레반정부를 무너뜨렸다. 2003년 미국은 다시 이라크와 전쟁을 벌여 후세인정부를 무너뜨리고(제2차 걸프전쟁), 후세인 대통령을 폭정, 학살, 전범의 죄목으로 재판에 회부하여 처형하였다. '문명의 충돌'로 불리기도 하는 영미 기독교권과 중동 이슬람권과의 대립은 현대 세계의 가장 심각한 국제적 분쟁이다.

지구환경 문제

현대 세계는 최빈국의 기아와 질병, 국제적 테러 문제 외에도 지구환경의 위기라는 공동의 과제를 안고 있다. 열대우림, 특히 브라질의 열대우림

망명지 프랑스에서 돌아온 호메이니에 열광하는 테헤란 시민들(1979. 2)

화염에 휩싸인 세계무역센터(2001. 9)

이라크에서 후세인 동상을 철거하는 미군 병사들 (2003. 4)

심각하게 훼손된 브라질 열대우림

2004년 쓰나미로 초토화한 인도네시아의 멜라보 지역

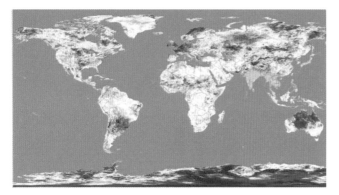

인공위성을 통해 지구의 온도를 측정한 바에 따르면 붉은색 지역은 6년 전보다 10도 이상 상승한 것으로 나타났다.

은 상업적 목적에 따른 무분별한 벌채로 20세기에 16억 헥타르에서 11억 헥타르로 면적이 줄었다. 그로 인해 토양이 침식되고 지구 대기에 나쁜 영향이 미쳐 대규모 홍수와 가뭄이 자주 발생하였다. 열대우림에는 1980년대까지 약 3,000만 종의 곤충이 살고 있었는데, 무분별한 벌채로 현재 한 시간에 여섯 종씩 멸종하고 있다.

석유와 같은 화석연료의 대량 연소도 지구환경을 심각하게 위협하고 있다. 대량 배출된 이산화탄소는 태양열을 가두는 온실효과를 일으켜 여름을 더욱 덥게, 겨울을 더욱 온난하게 만들어 격렬한 폭풍과 홍수와 가뭄의 원인이 되었다. 냉장고, 에어컨 등에 사용된 프레온가스는 인체에 유해한 자외선을 차단하는 지구의 오존층을 파괴하고 있다.

지구환경의 위기에 공동대처하고자 1986년 환경과 개발에 관한 세계위원회가 소집되어 '지속 가능한 개발'을 지구촌의 공동 과제로 제시하였다. 1992년 브라질의 리우데자네이루에서 유엔환경개발회의라는 대규모 국제회의가 개최되어 이를 위한 구체적인 방안을 모색하였다. 1995년 일본 교토에서 38개국이 참가하여 2012년까지 이산화탄소 등을 1990년 수준보다 평균 5.2% 감축하자는 협정을 맺었다(교토의정서, Kyoto Protocol). 각국은 에너지를 다량 소비하는 철강과 전력 등의 산업을 규제하거나 대체 에너지를 개발할 필요에 직면하였다. 이 협정은 2001년 전 세계 이산화탄소 배출량의 약 30%를 차지하는 미국이 자국 산업의 보호를 위해 협정의 준수를 거부하여 위기에 봉착하였다. 2007년 미국은 태도를 바꾸어 2013년부터 이를 준수할 새로운 국제회의를 열자고 제안하였다. 이 회의에는 한국도 초청되어 한국경제도 장차 큰 영향을 받을 전망이다.

❺ 현대세계 속의 한국

　1945년 이후 지금까지의 한국 현대사는 이상과 같은 세계 현대사와 깊이 연관되어 있다. 해방 후 좌우 대립과 남북 분단, 대한민국의 건국과 6·25전쟁 등은 철저하게 동서냉전이 규정한 사건들이었다. 그뿐만 아니라 이후 전개된 자립적 국가경제의 건설과 자유민주주의의 성취를 위한 한국 정부와 한국인들의 모든 노력은 한국이 속한 자유진영의 국제정치와 국제경제의 동향과 깊은 연관을 맺었다. 한국이 이룩한 경제개발의 큰 성취는 한국인들의 우수한 자질과 특별한 노력의 결과이지만, 한국경제가 세계경제의 큰 흐름에 민첩하고 효율적으로 적응했기에 가능했던 것이기도 하다. 한국의 민주주의도 한국인만의 힘으로 성취된 것이 아니라, 이를 지원하고 감시한 국제적 노력이 뒷받침한 바가 컸다. 한국 현대사는 이와 같은 개방적인 국제적 시각에서 바라볼 때 비로소 그 전체적인 모습을 올바로 이해할 수 있다.

　세계 현대사는 지난 60년간 세계의 정치·경제·문화를 발전적으로 이끌어온 기본 동력이 개인의 자유와 인권을 다른 무엇보다 존중하는 자유주의 이념이었음을 잘 보여주고 있다. 한국은 그러한 이념을 신봉하는 진영에 속하였기에 1945년 이후 생겨난 수많은 신생국 사이에서 남다른 성취를 이룰 수 있었다. 한국 현대사는 그러한 이념이 국가의 기초 이념으로 도입되고 정착하는 과정이었다. 여러 차례의 굴곡과 후퇴의 국면도 있었지만, 전체적으로 개인의 자유와 인권을 존중하는 이념이 정치와 경제와 문화에서 성숙하는 전진의 역사였다. 한국 현대사는 이 같은 자유주의적 시각에서 긍정적으로 재해석할 필요가 있다.

　또한, 세계 현대사는 세계가 실로 다양한 처지의 민족으로 이루어져 있음을 보여주고 있다. 연간 1인당 소득이 5만 달러가 넘는 부유한 나라가 있는가 하면, 고작 300달러에 불과한 가난한 나라도 있다. 게다가 둘 사이의 격차는 점점 더 벌어지고 있다. 그런 가운데 10억에 달하는 인류가 영양실조, 기아, 만성적 질병에 시달리고 있다. 급속한 정보·통신혁명으로 세계는 점점 하나의 지구촌으로 가까워지고 있지만, 서로 다른 인종과 종교와 정치이념이 갈등하고 무력적으로 충돌하는 지역도 적지 않다. 현대 세계가 안고 있는 이 같은 문제의 해결을 위해선 무엇보다도 상대적으로 좋은 처지에 있는 지역 주민들의 이해와 배려와 도움이 필요하다. 사회와 국가를 선진화하려는 한국인의 노력도 이러한 국제주의적 협력에 바탕을 두어야 한다. 이처럼, 개방적이고 자유주의적이며 국제주의적 시각에서 지난 63년에 걸친 우리 현대사를 함께 살펴보기로 하자.

개화기와 식민지 시기에 걸쳐 민족의식을 자각하고 근대 문명을 학습하고
실천해 온 민족주의적 근대화 세력과 해방 이후 미국을 따라 들어온 자유민주
주의 국제세력의 결합으로 대한민국이 성립하였다. 이후 6·25전쟁을 거쳐
4·19민주혁명에 이르는 기간은 공산주의 세력의 도전을 물리치면서 나라의
기틀을 자유민주주의체제로 확고히 하는 건국의 제1단계였다.

1945

1950

1945
해방,
모스크바 3상회의,
미군정 성립

1946
반탁운동,
미소공동위원회,
남조선과도입법의원 개원

1947
한국 문제 유엔 상정

1948
5·10총선거, 대한민국헌법 선포,
대한민국 건국,
반민특위

1950
농지개혁,
6·25전쟁

1952
발췌개헌,
한미합동경제위원회 설치

해방과 국민국가의 건설

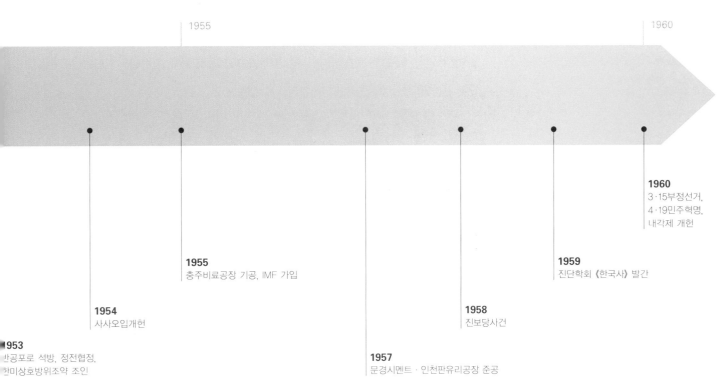

1955

1960

1960
3·15부정선거,
4·19민주혁명,
내각제 개헌

1955
충주비료공장 기공, IMF 가입

1959
진단학회 《한국사》 발간

1954
사사오입개헌

1958
진보당사건

1953
반공포로 석방, 정전협정,
한미상호방위조약 조인

1957
문경시멘트 · 인천판유리공장 준공

1. 대한민국의 성립

❶ 민족의 분단과 미군정의 전개

카이로선언과 민족 해방

제2차 세계대전이 연합국에 유리하게 전개되던 1943년 11월 미국, 영국, 중국의 정상들은 카이로에서 상호 협력 문제를 놓고 회담을 개최하였다. 이 회담에서 최초로 한국의 독립에 대한 국제적 논의가 이루어졌다. 연합국 정상들은 회담 후 선언문에서 "한국 민중의 노예 상태에 유의하여 적당한 시기에(in due course) 한국이 자유롭게 되고 독립하게 될 것을 결의한다"라고 발표하였다. 선언문의 원래 초안에는 "가능한 가장 이른 시일에(at the earliest possible moment)"라고 되어 있었지만, 영국의 요구로 '적당한 시기에' 라는 애매한 표현이 채택되었다.

카이로회담 이전부터 김구(金九) 주석이 이끄는 충칭(重慶)의 대한민국임시정부(大韓民國臨時政府)는 중국 국민당정부의 장제스(蔣介石) 총통에게 한국 독립의 필요성을 강력히 주장해 왔다. 장제스는 카이로회담에서 전쟁 이후 한국의 즉각적인 독립을 주장하였다. 반면, 전 세계에 많은 식민지를 보유한 영국은 한국의 즉각적인 독립에 반대하였다. 그런데 한국의 조기 독립에 부정적인 평가를 내리고 있었던 미국은 전쟁이 종식된 이후 한국에 대한 국제적 신탁통치(信託統治)를 실시한다는 방침을 이미 내부적으로 결정해 놓고 있었다.

김구(1876~1949)

황해 해주 출생. 호는 백범(白凡). 1893년 동학에 입교하여 접주가 되었다. 1895년 만주로 피신하여 의병에 가입하였다. 1896년 명성왕후의 원수를 갚고자 일본 상인을 군인으로 오인하여 살해하였다. 체포되어 복역 중에 탈출하였다. 1910년 신민회에 참가하고, 1911년 데라우치 총독 암살모의 사건으로 체포되어 17년형을 선고받았으나 1914년에 출옥하였다. 3·1 운동 후 상하이로 망명, 대한민국임시정부에 참여했으며, 1928년 이시영·이동녕 등과 한국독립당을 조직하였다. 1935년 한국국민당을 만들고, 1940년 대한민국 임시정부 주석에 선출되었다. 해방 후 귀국하여 신탁통치반대운동을 주도하였다. 1948년 남한만의 단독 총선거를 실시한다는 국제연합의 결의에 반대하고, 북한에 들어가 통일정부 수립을 위한 교섭을 벌였으나 실패하였다. 이후에도 대한민국의 건국에 참여하지 않았다. 1949년 6월 26일 육군 소위 안두희의 총격을 받아 사망하였다. 자신의 일대기와 독립운동사를 서술한 《백범일지(白凡逸志)》를 남겼다.

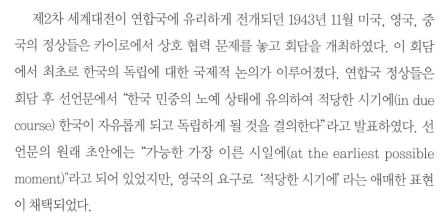

해방을 맞아 귀국한 임시정부 요인들. 앞줄 왼쪽부터 조완구, 이시영, 김구, 김규식, 조소앙, 신익희(1945. 12)

뒤이어 1945년 2월 미국, 영국, 소련 정상들이 전후 처리 방안을 놓고 얄타에서 회담을 가졌다. 거기서 연합국 정상들은 전쟁이 끝난 뒤 '적당한 시기에' 한국을 독립시키겠다는 카이로회담의 결정을 재확인하였다. 얄타회담에서 미국은 일본과의 전쟁에 참여할 것을 소련에 요청하였고, 소련은 이를 수락하였다. 미국은 1945년 8월 6일과 9일에 일본 히로시마(廣島)와 나가사키(長崎)에 원자폭탄을 투하하였다. 8월 15일 일본은 연합국에 무조건항복을 선언하였다. 이로써 8년간 지속된 아시아·태평양전쟁이 종식되었을 뿐 아니라, 35년간 일제 식민지였던 한국이 마침내 해방되었다.

원폭으로 폐허가 된 히로시마

1945년 미국은 전쟁을 빨리 끝내고자 일본의 히로시마와 나가사키에 원자폭탄을 투하했는데, 그해 말까지 사망자 수는 히로시마에서 14만 명, 나가사키에서 7만 명에 달하였다. 생존 피해자는 원폭피해자수첩 소지자 수에 따르면 1975년에 35만 7,000여 명이었다. 1930년대 후반부터 일본에 건너가 히로시마와 나가사키에 거주한 수많은 한국인이 있었다. 이에 한국인의 원폭피해도 상당하였다. 1972년 한국 원폭피해자협회의 조사에 따르면 사망자가 4만 명, 생존자가 3만 명이며, 생존자 중 귀국자는 2만 3,000명, 일본 잔류자는 7,000명 등이다. 전쟁은 전쟁에 책임이 없는 보통 사람들에게 너무 큰 희생을 강요하였다. 원폭에 희생된 히로시마의 일본인이나 한국인이나 그 점에서는 마찬가지였다.

동서냉전의 개시와 38도선의 획정(劃定)

제2차 세계대전이 연합국의 승리로 끝나자 미국을 위시한 자본주의진영과 소련을 위시한 공산주의진영 간의 갈등이 표면화하였다. 소련은 점령지에 공산주의 국가를 건설하기 시작하였다. 미국은 공산주의진영의 팽창을 막기 위해 적극적인 봉쇄정책을 펼쳤다. 열전(hot war)의 끝은 평화가 아니라 냉전(cold war)이었다. 두 진영 간의 냉전으로 독일은 분단의 아픔을 겪었고, 그리스에서는 내전이 벌어졌다. 안타깝게도 한국은 분단과 전쟁을 모두 겪는 나라가 되었다.

미국의 원자탄 투하로 일본의 패망이 분명해지자 소련은 얄타회담의 합의에 따라 서둘러 일본에 선전포고하였다. 소련군은 신속히 한반도 동북 지역으로 진입하였다. 그러자 미국은 한반도 전체가 소련군에 점령당하는 것을 막으려고 북위 38도선을 일본군 무장해제를 위한 미국군과 소련군 간의 군사분계선(軍事分界線)으로 황급히 제안하였다. 당시 소련군의 진격 속도를 볼 때 38도선은 군대가 아직 오키나와(沖繩)에 머물고 있던 미국이 소련에 강요하기 힘든 것이었다.

조선총독부 청사에 진주한 미국군

원산항에 상륙한 소련군

여운형(1886~1947)

경기 양평 출생. 한학을 공부했으나 1908년 기독교로 개종, 평양신학교에 입학했으나 중퇴하고 1913년 중국으로 건너갔다. 1918년 신한청년당을 발기, 김규식을 파리평화회의에 파견, 1919년 상하이임시정부에 참여하였다. 1920년 고려공산당에 가입, 1921년 모스크바에서 열린 원동(遠東)피압박민족대회에 참여하였다. 1929년 상하이에서 체포되어 국내로 압송, 대전형무소에서 3년간 복역하였다. 1933년에 출옥, 조선중앙일보사 사장에 취임하였다. 1944년 비밀결사인 조선건국동맹을 조직하였다. 해방을 맞아 안재홍 등과 건국준비위원회를 조직, 조선인민공화국의 성립을 선포했으나 실패하였다. 이후 좌우합작운동을 추진하던 중 1947년 암살되었다.

조선인민공화국

조선인민공화국은 1945년 9월 6일 여운형을 중심으로 한 조선건국준비위원회가 선포한 국가이다. 이날 전국인민대표자대회가 소집되어 중앙인민위원, 후보위원, 고문 등을 선출하였다. 회의가 소집되는 과정이 공개적이지 않았고, 회의 장소도 명확하게 알려지지 않아 회의의 대표성과 합법성에 처음부터 많은 의문이 있었다. 중앙인민위원회의 주석에는 미국의 이승만이 추대되었다. 중앙인민위원 48명과 후보위원 3명의 정치적 성향은 민족주의자 9명, 여운형계의 중도좌파가 10명, 그리고 3분의 2가량이 공산주의자였다. 이들이 미국군이 진입하기 전에 서둘러 조선인민공화국의 성립을 선언한 것은 좌파 정치 세력의 기득권을 확보하고, 미군정과 협상 과정에서 발언권을 확보하기 위해서였다.

그럼에도 소련의 스탈린은 전후 소련이 일본 점령에 참여할 것을 기대하여 미국의 제안을 받아들였다. 그에 따라 미국군과 소련군은 각각 38도선의 남쪽과 북쪽에 진주하여 군정(軍政)을 펼쳤다.

미국이 38도선을 경계로 한반도를 분할 점령하자고 소련에 제안하지 않았더라면 한반도 전체가 소련군에 점령되었을 것이다. 전후 동유럽의 경험에서 알 수 있듯이 소련군이 점령한 국가는 모두 공산화되고 말았다. 그와 마찬가지로 한반도 역시 공산화의 운명을 면하기 어려웠을 것이다. 그렇게 본다면 38도선은 단순히 한반도의 분단을 초래한 것이 아니라, 38도선 이남이 공산화를 면하고 자유민주주의체제를 건설하게 된 계기이기도 했다.

미군정의 성립

해방 당일인 8월 15일 오후는 의외로 조용하였다. 이튿날 건국준비위원회(建國準備委員會)가 발족했다는 전단이 서울 시내 곳곳에 나붙고, 건국준비위원회를 대표하는 여운형(呂運亨)이 총독부의 협조로 서대문과 마포형무소에 갇혀 있던 사상범들을 석방하면서 서울 거리는 축하의 플래카드 행렬과 환희의 구호로 뒤덮였다. 각종 정치단체가 속출하기 시작한 것도 이날부터였다.

해방 후 남한은 일본이 항복했으나 미국군은 아직 진주하지 않은 힘의 공백 상태에 있었다. 이러한 공백을 선점한 것은 건국준비위원회였다. 그다음으로 세력을 결집한 것은 공산주의자들이었다. 두 세력은 미국군이 진주하기 전에 조선인민공화국(朝鮮人民共和國)이라는 나라를 급조하였다. 그렇지만 9월 8일 남한에 진주한 미국군은 조선인민공화국을 비롯한 그 어떤 조직의 정부적 성격도 인정하지 않았다. 미국군은 진주 초기부터 한국을 즉각 독립시키지는 않을 것이고, 해방에서 독립에 이르는 점령 기간에 한반도의 38도선 이남에서는 미군정이 유일한 합법 정부임을 분명히 하였다.

해방을 맞아 거리로 쏟아져 나온 군중

미국군이 진주한 후 우파 정치 세력도 결집하기 시작하였다. 대표적인 것이 송진우(宋鎭禹), 김성수(金性洙) 등이 중심이 되어 결성한 한국민주당(韓國民主黨)이었다. 이즈음 해외에서 활동하던 독립운동 세력도 차례로 귀국하였다. 미국에서 외교노선의 독립운동을 펼쳤던 이승만(李承晩)은 10월 16일 귀국하여 독립촉성중앙협의회(獨立促成中央協議會)를 결성하였다. 중국에서 활동하던 대한민국임시정부의 김구 등은 1945년 11월과 12월에 나누어 귀국하였다. 이들은 정부 자격이 아니라 개인 자격으로 들어와야만 했다. 한반도의 38도선 이남 지역에서 유일한 합법 정부는 미군정밖에 없다는 미국의 방침이 이들에게도 예외 없이 적용되었기 때문이다.

경제의 혼란

해방은 일본 경제권에 깊숙이 포섭되어 있던 한국 경제에 큰 타격을 주었다. 물자와 자금의 순환이 마비됨에 따라 여러 부문에서 생산의 대폭적인 감축이 불가피하였다. 1946년 남한의 제조업 생산액은 1939년에 비해 무려 75%나 감소하였다. 더구나 남과 북이 분단되면서 경제적 혼란이 가중되었다. 식민지 시기에 일제가 건설한 공업시설은 주로 북한에 분포되어 있었다. 1940년 화학공업의 80% 이상과 발전량의 90% 이상이 북한에 분포하였다. 남한은 주로 쌀농사를 짓는 농업지대였으며 공업시설은 방직업 등의 경공업이 중심이었다. 분단은 남한의 농업·경공업과 북한의 중공업 간의 지역적 분업과 물자의 흐름을 위축시켰으며, 이로 인해 남한 경제는 더욱 심한 혼란에 빠졌다.

생산이 위축되어 물자가 부족해지자 물가가 오르기 시작하였다. 물가는 1945년 8월부터 1948년 12월까지 10배가 넘게 올랐다. 급속한 인플레이션이 일어난 또 다른 원인은 통화의 증발이었다. 생산의 마비로 조세가 걷히지 않자 미군정하의 과도정부는 부족한 재정수입을 보충하고자 통화를 남발하였다.

해방 직후 미군정은 일제의 전시통제경제를 해체하였다. 그러나 물자의 부족과 격심한 인플레이션으로 경제의 혼란이 가중되었다. 이에 미군정은 1946년 5월부터 쌀·석탄·석유와 같은 주요 물자를 대상으로 강력한 통제정책을 실시하였다. 쌀의 공출이 다시 시행되어 1946년 공출량이 총생산량의 30%에 달하였다. 시가보다 낮은 가격으로 쌀을 공출당한 농민의 불만은 적지 않았다. 1946년 10월 경북 지방에서 일어난 민중봉기는 쌀 공출에 대한 농민의 불만이 직접적인

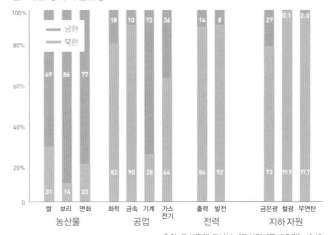

남·북한 경제의 불균형

출처: 조선은행 조사부, 《조선경제통계요람》, 1949

해방 직후 남한은 농산물의 70% 이상을 생산한 반면, 북한은 화학·금속·발전의 80% 이상을 차지하였다.

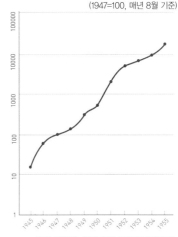

서울 소비자물가지수

(1947=100, 매년 8월 기준)

출처: 김준영, 《해방 이후 한국의 물가경제》, 성균관대학교 출판부, 2000

1947년부터 6·25전쟁이 끝난 1955년까지 서울의 물가는 100배 이상 올랐다.

우파 정치 세력의 반탁 시위

좌파 정치 세력의 찬탁 시위

원인이었다. 다른 한편, 미국은 남한 경제의 안정을 위해 점령지역구제계획(GARIOA)에 따라 원조를 제공하였는데, 1945~1948년에 총 4억 달러를 지원하였다. 그에 따라 1947년부터 경제가 다소 안정되고 생산이 회복되기 시작하였다.

신탁통치안의 대두와 좌우대립의 격화

1945년 12월 말 모스크바로부터 한반도 신탁통치안이 전해졌다. 카이로회담에서 연합국이 합의했던 '적당한 시기에'라는 표현이 모스크바에서 열린 미국·영국·소련 3국 외무장관 회담[3상회의(三相會議)]에서 신탁통치로 구체화하였다. 이 소식은 남한의 정치 상황을 커다란 소용돌이로 몰아넣었다. 임시정부, 한국민주당, 독립촉성중앙협의회 등의 우파 정치 세력은 즉각 반발하면서 반탁(反託)을 결의하였다. 조선공산당, 조선인민당 등의 좌파도 처음에는 반탁에 동조했으나 곧 입장을 바꾸어 신탁을 지지하였다.

미소공동위원회
덕수궁 회담 개최 전 담소하는 미국의 하지(John R. Hodge) 중장(왼쪽)과 소련의 스티코프(Terenty F. Shtykov) 대장(오른쪽)

모스크바 3상회의 결의의 골자는 다음과 같았다. 우선 한국에 민주적 임시정부의 수립을 돕고 그 방책을 마련하기 위해 미소공동위원회(美蘇共同委員會)를 설치한다. 미소공동위원회는 한국의 민주적인 정당·사회단체들과 협의하여 한국에 대한 미국·영국·중국·소련 4개국의 최장 5년간 신탁통치에 관한 협정 초안을 작성하여 이를 4개국 정부의 공동 심의에 회부한다.

이처럼 3상회의 결의 사항에는 일정 기한의 신탁통치를 하더라도 임시정부를 거쳐 통일된 독립국가로 나아가는 방안이 담겨 있었다. 그러나 그 방안이 현실화할 가능성은 적었다. 북한의 소련군과 공산주의 정치 세력은 독자적으로 토지를 무상으로 몰수하고 분배하는 등 공산주의체제를 지향하는 개혁을 추진하였다.

● 스탈린의 지시로 남한보다 먼저 단독정부를 수립한 북한

대한민국의 초대 대통령이 된 이승만은 1946년 6월 3일 전북 정읍에서 "이제 우리는 무기 휴회된 미소공동위원회가 재개될 기색도 보이지 않으며, 통일정부를 고대하나 여의케 되지 않으니, 우리는 남방만이라도 임시정부 혹은 위원회 같은 것을 조직하여 38이북에서 소련이 철퇴하도록 세계 공론에 호소하여야 될것이니"라고 발언하였다. 대한민국의 건국에 비판적인 정치 세력은 지금까지도 이승만의 이 발언이 남한만의 단독정부 수립과 그에 따른 남북 분단의 단서가 된 것으로 비판하고 있다. 이러한 비판의 가장 큰 문제점은 당시 사실상 단독정부를 먼저 수립하고 활동을 개시한 쪽이 북한이라는 사실을 무시하고 있다는 것이다.

1991년 구소련이 해체된 후 모스크바의 구소련 공문서관이 공개되자 이 문제와 관련된 중요 문서 하나가 발견되었다. 문서에 의하면 1945년 9월 20일 스탈린은 제1극동군 사령관에게 7개항으로 이루어진 비밀지령을 내렸다. 그 가운데 제2항은 "북한에 반일적 민주주의 정당·조직의 광범한 블록을 기초로 하는 부르주아 민주주의 정권을 확립할

것"이다. 이는 북한에서 친일 지주 계급의 토지를 몰수하는 개혁을 시행하여(이를 당시 공산주의자들은 부르주아 민주주의 개혁이라 불렀다) 민중의 광범한 지지를 받은 정권을 수립하라는 뜻이다. 이후 1945년 10월 북한에서는 이북5도행정위원회가 설치되었다. 1946년 2월에는 북조선임시인민위원회가 성립되어 이 위원회의 이름으로 토지를 무상으로 몰수하여 국유화한 다음, 농민에게 경작권을 배분하는 급진적 토지개혁을 시행하였다.

이처럼 사실상 단독정부를 먼저 수립하고 공산주의체제의 건설을 목적으로 사유재산을 몰수하는, 돌이킬 수 없는 수준의 토지개혁을 단행함으로써 남북 분단의 단초가 된 것은 북한의 소련군과 그에 협력한 공산주의자들이었다. 이승만의 정읍 발언은 국제적으로는 미국과 소련 간의 대립 갈등이 깊어지고, 국내적으로는 이미 북한에서 사실상 단독정부가 수립되어 공산주의체제를 구축하고 있는 상황에서, 남한에서도 불가피하게 그에 준하는 대응을 하여 북한을 공산주의화하고 있는 소련을 비판하지 않으면 안 된다는 뜻으로 올바로 해석할 필요가 있다.

남한 단독정부 수립을 시사한 이승만의 '정읍발언' 신문기사

그로 인해 남한과 북한의 정치 세력은 처음부터 심하게 대립하였다. 또한, 냉전에 들어간 미국과 소련 사이에도 협력의 여지는 처음부터 적었다. 1946년 3월부터 5월까지 아무런 성과 없이 끝난 제1차 미소공동위원회가 이를 말해 주었다.

좌우합작의 실패와 유엔의 개입

미소공동위원회가 아무런 성과 없이 끝나자 미군정은 온건한 중간파 세력으로서 김규식(金奎植), 여운형 등이 중심이 된 좌우합작운동을 지원하였다. 그렇지만, 현실적으로 중간파 세력이 크지 못한 상태에서 미군정의 지원만으로 합작운동이 성공하기는 어려웠다. 그런 가운데 동서냉전이 본격화하자 미국은 1947년 3월 트루만독트린을 발표하여 공산주의 세력을 세계적으로 봉쇄하는 정책을

김규식(1881~1950)

경남 동래 출생. 선교사 언더우드의 도움으로 미국에 유학하였다. 1904년 로어노크대학을 졸업하였다. 1905년 귀국하여 경신학교 교감 등을 역임, 1913년 중국으로 망명, 1919년부터 대한민국임시정부의 외무총장을 맡아 파리강화회의에 전권대사로 참석하였다. 1935년 김원봉과 민족혁명당을 조직했으며, 1940년 대한민국임시정부 부주석이 되어 김구 주석과 함께 광복군 양성에 힘썼다. 해방 후 우익 진영의 지도자가 되어 신탁통치안에 반대하였다. 1948년 국제연합에 의한 남한만의 단독 총선거에 반대하였으며, 이후 김구와 함께 북한에 가서 남북협상을 시도했으나 실패하였다. 1950년 6·25전쟁 때 납북되었다.

통일정부 수립을 논의하기 위해 38도선을 넘어 평양으로 향하는 김구 일행

5·10선거

대다수 유권자가 문맹이었기 때문에 국회의원 후보의 기호를 알기 쉽게 막대기로 표시하였다. 사진은 서울의 동대문 갑구 투표장

펼치기 시작하였다. 그에 따라 미국의 한반도 정책도 바뀌면서 미군정이 지원했던 좌우합작운동은 추진력을 잃고 말았다.

신탁통치안을 논의하고자 1947년 5월 제2차 미소공동위원회가 열렸지만, 이번에도 아무런 성과가 없었다. 미국은 소련과의 합의를 포기하고 한반도 문제를 유엔에 넘겼다. 그해 11월 유엔은 한반도에서 인구비례에 따른 총선거를 실시하여 통일정부를 수립하며, 이 선거를 감시하기 위해 유엔한국임시위원단을 파견하기로 결의하였다. 이 결의에 따라 1948년 1월 유엔한국임시위원단이 남한에 들어왔다. 소련의 거부로 위원단은 북한에 들어갈 수 없었다. 이 문제를 해결하려고 그해 2월 유엔은 "선거감시가 가능한 지역", 즉 남한에서만 총선거를 실시하기로 하였다. 미군정은 이를 받아들여 그해 5월 10일 남한에서 총선거를 실시한다고 발표하였다.

한반도 문제가 유엔으로 이관되면서 남한 내의 정치 쟁점도 신탁통치를 둘러싼 찬반에서 단독정부(단정) 수립에 대한 찬반으로 바뀌었다. 그동안 우파는 반탁으로, 좌파는 찬탁으로 양분되었으나, 단정 문제로 쟁점이 옮아가면서 우파는 분열하는 모습을 보였다. 이승만과 한국민주당은 단정 수립에 찬성이었으나, 일부 임시정부 세력은 중도파와 결합해 통일정부의 수립을 위한 운동에 나섰다. 김구와 김규식은 1948년 4월 단독선거를 막고자 평양을 방문하였다. 그러나 북한은 이미 별개의 공산주의 정부를 수립하기 위한 준비를 마친 상태였기에 이들의 노력은 아무런 성과를 거두지 못하였다.

❷ 대한민국의 탄생

5·10선거와 헌법 제정

1948년 5월 10일에 실시된 총선거는 보통·평등·비밀·직접이라는 4대 원칙이 지켜진 민주적 선거로서 역사상 한국인이 최초로 경험한 민주주의 정치제도의 실험이었다. 5·10선거는 좌파의 무장봉기로 선거가 제대로 치러지지 못한 제주도를 제외하고는 전국에서 비교적 평온한 분위기에서 순조롭게 진행되었다. 5·10선거를 통해 구성된 국회가 가장 먼저 착수한 일은 헌법을 만드는 작업이었다. 5월 31일 헌법을 만들기 위한 최초의 국회가 소집되었으며, 초대 국회의장에 이승만이 선출되었다.

제헌헌법은 7월 17일에 공포되었다. 헌법은 한성임시정부와 대한민국임시정부의 법통을 이어받아 대한민국을 주권이 국민에게 있는 민주공화국으로 규정하였다. 헌법은 모든 국민에게 평등권·자유권·재산권·교육

권 등의 기본권을 인정하였다. 헌법의 권력
구조는 내각제적 요소가 섞인 대통령제로
결정되었다. 헌법은 건국 이후의 정치 과정
을 규정한 몇 가지 중요 사항을 담았다. 헌
법은 "농지는 농민에게 분배한다"라고 규
정함으로써 농지개혁의 실시를 기정사실
화하였다. 또한, "해방 이전의 악질적인 반
민족 행위를 처벌하는 특별법을 제정할 수
있다"라고 규정함으로써 반민족행위자를
처벌할 수 있는 법적 근거를 마련하였다.

1948년 5월 31일 개원한 제헌국회

정부의 수립과 국제적 승인

헌법이 규정한 대통령·부통령의 선거
방식은 국회의 간접선거였다. 국회는 국회
의장 이승만을 초대 대통령으로 선출하였
다. 이승만 대통령은 이범석(李範奭)을 총리
로 하여 초대 내각을 구성하였다. 한국민주
당 세력은 내각 구성에서 적절한 권력을 분
배받지 못하자 야당을 자임하기 시작하였
다. 해방 이후 5·10선거와 제헌에 이르기까
지 정치적 보조를 맞추어 왔던 이승만과 한
국민주당은 내각 구성의 단계에서 이해관계
가 엇갈려 갈라섰다. 그렇게 한국 정치사에
서 여야 정당정치의 단초가 열렸다.

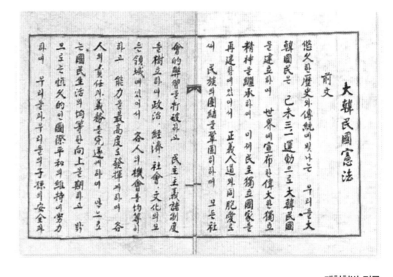

제헌헌법 전문

1948년 8월 15일 대한민국 정부가 수립
되었다. 그날 중앙청 광장에서 정부 수립을
선포하는 기념식이 열렸다. 헌법은 "대한민
국의 영토는 한반도와 그 부속도서로 한다"라고 선언함으로써 통일의 의지를 명
확히 표명하였다. 북한은 그보다 조금 뒤인 9월 9일 조선민주주의인민공화국의
수립을 선포하였다. 이승만 정부는 대한민국이 한반도에서 유일 합법정부임을
천명하고, 국제적 승인을 받기 위해 노력하였다. 같은 해 12월 제3차 유엔총회는
한국을 "선거감시가 가능했던 지역에서 합법적으로 수립된 정부"로 승인하였
다. 이 결의안 이후 1950년 3월까지 미국을 비롯하여 26개국이 대한민국을 승인
하였다.

○ 이승만(1875~1965)

대통령 취임 선서를 하는 이승만 (1948. 7. 24)

황해도 평산 출생. 호는 우남(雩南). 1894년 과거제가 폐지되자 배재학당에 입학하여 개화사상을 접하였다. 독립협회에서 활동하다 1899년 고종(高宗) 폐위 음모에 연루되어 5년 7개월간 한성감옥에 갇혔다. 이때 기독교로 개종하였다. 1904년 출옥한 뒤 민영환(閔泳煥) 등의 주선으로 도미(渡美), 루스벨트 대통령에게 독립을 호소했으나 실패하였다. 이후 하버드대학과 프린스턴대학에서 국제정치학을 전공했으며, 프린스턴대학에서 박사학위를 취득하였다. 1910년 귀국하여 서울 YMCA를 중심으로 활동하였다. 105인 사건으로 체포될 위기에 처하자 미국으로 망명하였다. 3·1운동 후 한성임시정부의 집정관총재로 추대되었으며, 뒤이어 상하이 대한민국임시정부의 임시대통령으로 추대되었다. 1925년 반(反)이승만 세력이 우세했던 임시의정원에 의해 탄핵, 면직되었다. 이후 미국 망명생활에서 부단하게 한국 독립의 당위성을 주장하였다.

1945년 해방 후 귀국하여 우익 자유주의진영의 지도자로 활동하였다. 공산주의 정치 세력과 일체의 타협을 거부하였으며, 미군정이 추진한 좌우합작운동에도 반대하였다. 1946년 2월 북한에서 공산주의체제의 국가를 건설하려는 움직임이 가시화하자 같은 해 6월 남한만의 단독정부 수립을 주장하였다. 1948년 대한민국 초대 대통령으로 당선되었다. 6·25전쟁이 발발하자 미국과 유엔의 도움으로 공산군을 격퇴하였다. 1952년 자유당을 창당하고 제2대 대통령에 당선되었다. 1953년 반공포로의 석방을 단행하였으며, 한미상호방위조약의 체결을 이끌어냈다. 1956년 제3대 대통령에 당선되었다. 1960년 3월 제4대 대통령에 당선되었으나, 그가 이끈 자유당에 의해 자행된 부정선거에 항의하는 4·19민주혁명을 맞아 대통령직을 사임하였다. 이후 미국 하와이로 떠나 1965년 그곳에서 서거하였다.

이승만의 정치이념과 정책은 자유민주주의, 반공주의, 반일정책, 북진통일로 요약된다. 자유민주주의의 확고한 신봉자로서 그는 철저한 반공주의자였다. 그 때문에 그는 공산주의에 반대하는 국내외 여러 정치 세력으로부터 헌신적 지지를 확보하였다. 이 점은 그가 대한민국임시정부의 대통령으로 추대되었던 경력과 더불어 그를 초대 대통령으로 만든 중요한 정치적 자산이었다. 그의 반공주의는 건국 당시 공산주의의 북한 지배가 현실이 된 상황에서 남한만의 단독정부 수립이라는 단정론(單政論)으로 나타났다. 정부 수립 이후 그의 단정론은 북진통일론(北進統一論)으로 바뀌었다. 결국 그는 선건국(先建國), 후통일(後統一)의 2단계로 국민국가의 건설을 구상하였다.

이승만의 북진통일론은 6·25전쟁의 정전(停戰)을 추구한 미국의 정책과 충돌하였다. 그러나 미국은 반공주의와 북진통일론처럼 단순명쾌한 논리로 국민을 통합할 능력을 지닌 이승만 이외의 다른 대안을 찾을 수 없었다. 이승만은 미국이 냉전의 전초기지로 대한민국에 걸고 있는 이해관계를 지렛대로 삼아 미국을 제어하는 데 당대의 어느 정치가보다도 탁월한 수완을 발휘하였다. 그의 북진통일론에 밀려 미국은 애초에 체결할 의사가 없던 한국과의 상호방위조약을 체결하였다.

제2차 세계대전 후 등장한 많은 후진국 지도자 가운데 이승만처럼 자유민주주의의 확고한 신봉자는 찾기 어렵다. 그의 비타협적 반공주의는 신생 대한민국을 정치적으로 안정시키는 데 크게 기여하였다. 그렇지만 반공의 이름으로 반대파가 탄압을 당하거나 인권이 유린되는 부작용을 피할 수 없었다. 그럼에도 불구하고 그는 제2차 세계대전 후 유라시아 대륙의 대부분을 석권한 공산주의 국제세력으로부터 대한민국을 방어하고, 대한민국의 기틀을 자유민주주의와 시장경제체제로 확립하는 데 동시대 누구와도 비견할 수 없는 큰 공훈을 세웠다.

한성감옥 복역 시절의 이승만

1948년 8월 15일 중앙청 광장에서 열린 정부 수립 선포식

● 제헌의회 의원들의 출신을 통해 본 대한민국 건국세력의 역사적 배경

5·10선거로 선출된 국회의원은 총 209명이었다(정원 200명, 보궐·재선거 9명). 이들의 경력은 대한민국의 건국에 참여한 중심 세력이 역사적으로 어떻게 형성되었는지를 상징적으로 보여 준다. 이들의 평균연령은 46세로서 비교적 젊은 편이었다. 학력은 대학과 전문학교 등 고등교육을 받은 사람이 전체의 60% 이상이었으며 대학 출신은 거의 전원이, 전문학교 출신은 절반 이상이 해외에, 특히 일본에서 유학하였다.

이들이 해방 이전에 종사한 직업은 기업 경영이 37명(17.7%)으로 가장 많았다. 그다음이 공무원 32명(15.3%)과 교육 27명(12.9%)으로 주로 면장, 읍·면 직원, 읍·면협의회 의원과 중등학교 교원, 사립학교 교장 출신이었다. 이들은 해방 전에 총독부에 협력하는 위치에 있었던 사람들이지만 대부분 비정치적인 기술자형의 하급직에 불과하였다. 직업이 '농업'으로 분류된 사람은 22명이었는데, 대개 지주 계층으로 보인다. 그다음이 신문기자나 출판업 17명, 의사와 변호사 16명, 종교인 10명 등이었다. 대한민국임시정부에 참여했던 독립운동가 출신은 14명이었다.

전체 209명 가운데 민족운동에 참여한 경험이 있는 사람은 68명이었다. 3·1운동이 35명으로 가장 많았고, 신간회가 14명,

만주독립군과 동북항일연군이 10명, 학생운동·청년운동·노농운동이 20명이었다. 조선공산당 5명 등과 같이 좌익운동에 참여한 사람도 있으나 그 수가 많지는 않았다.

이처럼 대한민국의 건국에 참여했던 정치 세력은 식민지 시기에 고등교육을 받고 상공업자, 지주, 하급관료, 교원, 의사, 변호사와 같은 전문직업인으로 성장해 온 사람이 대부분이며, 그들의 정신세계는 민족운동 참여 경력이 이야기하듯이 민족주의적 성향을 띠었다.

건국 과정에서 일제에 적극적으로 협력했던 친일파는 모두 배제되었다. 5·10선거에서 만 25세 이상의 모든 국민은 피선거권을 가졌지만, 일본 정부로부터 작위를 받은 자, 제국의회 의원, 관리로서 판임관(判任官) 이상 직위자, 경찰관·헌병·헌병보로서 고등관 이상 직위자, 훈(勳) 7등 이상을 받은 자, 중추원의 부의장·고문·참의 등에게는 피선거권이 인정되지 않았다.

한편, 이들 209명이 속한 가문의 조선왕조 시대의 신분은 향리 등의 중간 신분이 대부분이었다. 요컨대 대한민국의 건국세력은 크게 보아 개화기 이래 구래의 중간 신분으로서 개화사상을 체득하고 근대적 문물을 수용하면서 전문적 직업 능력을 키워온 민족주의자들이었다.

❸ 건국 초기의 시련과 과제

좌파 세력의 반란

남조선노동당(南朝鮮勞動黨, 남로당)을 중심으로 한 좌파 정치 세력은 대한민국의 성립에 저항하였다. 1948년 4월 3일 단정 수립 반대와 미군의 철수를 주장하는 제주도의 공산주의자와 일부 주민들이 무장폭동을 일으켜 도내의 관공서와 경찰지서를 습격하였다(제주4·3사건). 이 사건은 8월 정부 수립 이후까지도 이어졌다. 10월에는 제주도 4·3사건의 진압을 위해 출동명령을 받고 전남 여수와 순천에 주둔 중이던 국군 제14연대에서 남로당에 포섭된 장교와 하사관들이 반란을 일으켰다. 이 반란은 곧바로 진압되었으나, 잔여 세력의 일부는 지리산으로 들어가 빨치산 활동을 계속하였다. 이 같은 무장반란과 사회 각층에 광범히 침투한 좌파 정치 세력에 대처하고자 정부는 1948년 12월 국가보안법을 제정하였다.

남한과 북한에 별개의 정부가 들어선 후 북한의 김일성은 "북한에 먼저 민주적인 정권을 수립하고" 그것을 '민주기지'로 삼아 "남한을 미국의 지배에서 해방시켜 국토를 완정하겠다"라는 국토완정론(國土完整論)을 주장하였다. 김일성의 '국토완정론'은 처음에는 남한 내부에서의 공작이나 무장봉기를 통해 이승만 정부를 무너뜨리려는 노력으로 나타났다. 여수·순천의 국군 제14연대 반란, 빨치산 활동 등은 이 노선에 따라 일어난 것이었다. 이승만 정부의 강력한 진압으로 무장반란이 실패로 돌아가자, 김일성은 국토완정의 다른 방안으로 남진통일, 즉 무력에 의한 남침을 통해 공산주의 통일국가를 수립하려고 하였다. 이것이 현실화된 것이 1950년 6월 25일에 시작된 전쟁이었다.

제주 4·3사건

해방 후의 혼란을 틈타 남로당은 제주도에 지하조직을 구축하고 제주인민해방군까지 조직하였다. 그들은 전쟁 말기 일본군이 풍부하게 비축한 무기와 화약으로 무장하고 유격전 훈련을 하였다. 이러한 상황에서 외지인인 서북 출신의 경찰관들이 제주도에 파견되어 제주도민과 충돌하는 일이 잦았다. 이를 계기로 제주도 남로당 세력은 1948년 4월 3일 남한만의 단독선거 반대, 반미·반경찰·반서북청년단 등의 구호를 외치며 민중봉기를 주도하고 유격전을 벌였다. 사태가 악화되자 미군정청은 군대를 제주도에 투입했는데, 군은 유격대가 은신한 제주도 산간지대를 대상으로 가혹한 진압작전을 펼쳤다. 그 과정에서 수많은 이재민과 인명 피해가 발생하였다. 이 사건은 1949년 5월에 일단 종결되었으나, 봉기의 여세는 6·25전쟁을 거쳐 1954년에야 완전히 진압되었다. 사진은 봉기에 가담한 혐의로 체포된 제주도 주민들

반민족행위자 처벌

건국 초기에 해결해야 할 또 하나의 어려운 과제는 친일 반민족행위자를 처벌하는 일이었다. 국회는 헌법에 근거하여 1948년 9월 반민족행위처벌법을 만들고, 그에 의거하여 반민족행위특별조사위원회(반민특위)를 설치했다. 반민특위는 1949년 1월부터 친일 혐의자에 대한 조사 활동을 시작하여 같은 해 8월까지 559명을 특별검찰에 송치하였다. 그런데 반민특위의 활동은 처음부터 순조롭지 못하였다. 이승만 대통령을 위시한 우파 집권세력은 좌파 공산주의자들이 끊임없이 체제를 위협하는 상황에서 반민족행위자 청산보다 내부 단결과 반공 태세의 확립이 더 급하다고 생각하였다.

1949년 6월 반민특위가 경찰 간부 세 명을 체포하자 경찰부대가 반민특위의 사무실을 습격하여 위원회의 요원들을 연행하는 폭력사태가 발생하였다. 이러한 분위기에서 국회는 반민족행위처벌법의 공소시효를 1949년 8월 31일로 제한하는 법을 통과시켰다. 이로써 반민특위의 활동은 8월 말로 끝을 맺었다. 그 사이에 221명이 기소되었으며, 38명에 대한 재판이 종결되었는데, 재판 결과는 체형 12명, 공민권 정지 18명, 무죄 또는 형 면제 8명이었다.

반민특위 조사위원들
반민특위의 재판에 회부된 최남선은 "까마득하던 조국의 광복이 뜻밖에 얼른 실현하여 이제 민족정기의 호령이 꾕꽝히 이 강산을 뒤흔드니 (중략) 오직 공손히 법의 처단에 모든 것을 맡기고 그 채찍을 감수함으로써 조그만치라도 국민 대중 앞에 참회의 표시를 삼는 것 외에 다른 것이 없다"라고 참회하였다. 반면에 이광수는 "나는 민족을 위해 친일하였소. 내가 걸은 길이 정경대로(正經大路)는 아니오마는, 그런 길을 걸어 민족을 위하는 일도 있다는 것을 알아주오"라고 변명하였다. 오늘날 이광수의 이 같은 변명은 '친일내셔널리즘'이라는 역설로 규정되고 있다.

지가증권
농지개혁 당시 정부에 의해 농지를 매수
당한 지주들에게 그 대가로 지가증권이
지급되었다.

농지개혁과 그 역사적 의의

해방 당시 남한 인구의 7할 이상은 농업에 종사하였다. 농민 가운데 순수 자작농은 14%에 불과했고, 자소작과 순소작으로서 소작농이 83%의 절대다수를 차지하였다. 전체 농지 가운데서도 자작지는 37%에 불과했고, 나머지 63%는 소작지였다. 지주와 소작인의 관계는 형식적으로는 평등한 계약 관계지만, 실질적으로는 불평등한 지배와 예속의 관계였다. 인구의 다수가 예속적인 생산 관계에 매여 있어서는 온전한 형태의 근대국가라고 말하기 어려웠다. 이에 제헌헌법은 "농지는 농민에게 분배한다"라는 규정을 두어 농지개혁의 법적 근거를 마련하였다.

정부가 수립되자 국회는 법 제정에 착수하여 마침내 1950년 3월 농지개혁법을 통과시켰다. 이 법에 따라 같은 해 3월부터 5월 사이에 분배 대상 농지의 70~80% 정도가 소작농에게 유상으로 분배되었다. 분배 조건은 분배 농지에서 나오는 연간 소출량의 150%를 5년간 분할상환하는 것이었다. 단기간에 농지의 분배가 신속하고 순조롭게 이루어진 것은 이승만 대통령이 개혁을 기정사실화하여 이미 1949년부터 농지를 분배할 준비를 마쳤기 때문이다.

농지개혁은 한국의 정치·경제·사회 발전에 지대한 영향을 미쳤다. 우선 농지개혁은 신생 한국이 정치적으로 안정을 찾는 데 크게 이바지하였다. 당시 정치적 갈등의 핵심은 농지 문제였고, 좌파 정치 세력은 '무상몰수·무상분배'의 토지개혁을 주장하였다. 북한이 실시한 토지분배는 무상이기는 하나 소유권의 분배가 아니라 경작권의 분배에 불과하였다. 그 점에서 한국의 농지개혁이 유상이기는 하나 소유권 자체를 분배한 것과 큰 차이가 있었다. 대부분 농민은 그러한 차이를 이해하지 못하였기에, 무상으로 분배한다는 좌파의 주장은 상당히 그럴듯하게 들렸다. 그렇지만, 이승만 정부가 농지를 서둘러 분배한 덕분에 자신의 농지를 갖게 된 농민들은 6·25전쟁 이후 북한의 선전 공세에도 불구하고 대

귀속농지는 일본인 지주의 소유지로서 미군정이 신한공사의 재산으로 접수, 관리하다가 연고 소작농에게 분배한 토지를 말한다. 표에서 보듯이 정부가 직접 분배한 농지는 30만 2,000정보에 불과하고, 지주의 임의 처분이 71만 3,000정보로서 훨씬 많다. 이를 근거로 종래 농지개혁이 불완전했고 실패했다는 주장이 있었다. 그러나 세밀한 조사에 의하면, 당시 지주가 소작농에게 판 토지가격은 이후 정부가 정한 수매가격보다 높지 않았다. 개혁이 기정사실화하자 지주들이 정부가 정한 가격으로 직접 소작농에게 토지를 처분한 셈이다. 따라서 이 역시 농지개혁의 일부분으로 보아야 한다는 견해가 널리 인정되었다.

농지개혁 전후 소작지의 변동과 사유　　　　　　단위: 1,000정보

구 분	농지면적			소작지의 자작지화 면적			
	계	자작지	소작지	계	귀속농지 처분면적	정부매수 분배면적	지주의 임의처분
1945년 말	2,226	779	1,447	·			
1947년 말	2,193	868	1,325	122	·	·	122
1949년 6월	2,071	1,400	671	654	199	·	455
1951년 말	1,958	1,800	158	512	74	302	136

출처: 김성호 외, 《농지개혁사연구》, 한국농촌경제연구원, 1989

한민국의 국민으로 충실히 남아 있었다.

농지개혁은 조선왕조 시대를 거쳐 식민지 시기까지 내려온 지주제를 해체하였다. 농촌 사회를 지배해 온 지주계급은 농지개혁으로 완전히 해체되었다. 인구의 대부분을 이루던 소작농은 역사상 처음으로 자기 농지를 소유한 자작농으로 변신하였다. 그에 따라 농민들의 생산의욕이 북돋아져 전쟁의 혼란이 어느 정도 수습된 이후 농업생산이 크게 늘기 시작하였다. 농지개혁으로 대다수 농민이 자유롭고 자립적인 경제주체로 성립하였다. 그에 따라 경제적으로 시장경제가 발전하고 정치적으로도 자유민주주의가 성숙할 수 있는
토양이 마련되었다.

귀속재산 불하

미군정은 일본인이 남기고 간 공장·회사·금융기관·농지·광산 등의 재산을 미군정의 소유로 귀속시켰다. 미군정은 대한민국 정부가 수립되기 이전에 귀속재산(歸屬財産) 일부를 처분하였다. 1947년 신한공사(新韓公社)가 관리하던 농지를 연고 소작농에게 불하한 것이 그것이다. 농지 이외 대부분 귀속재산은 1948년 10월 미군정으로부터 대한민국 정부로 이관되었다. 당시 귀속재산의 순자산가치는 연간 정부예산의 10배에 달하는 3,000억 원 이상의 큰 규모였다.

정부는 1949년 11월 귀속재산처리법을 제정하고 귀속재산을 민간 기업가에 불하하기 시작하였다. 불하 작업은 6·25전쟁으로 잠시 중단되었다가, 1951년부터 재개되어 1963년에 완료되었다. 그 사이에 총 30만 건 이상의 귀속재산이 불하되었다. 제헌헌법은 당시 자본주의 주요 국가에서 전개된 수정자본주의의 풍조를 반영하여 주요 자원과 산업을 국영 또는 공영으로 관리한다고 규정하였다. 그럼에도 이승만 정부는 대한석탄공사, 대한조선공사와 같은 소수 대기업을 제외한 대부분 귀속재산을 민간기업에 불하하였다. 불하 대금의 납부는 동산은 일시불, 부동산은 15년 분할납부 방식이었다. 전쟁으로 인해 인플레이션이 급격히 진행 중이던 당시에, 장기 분할납부는 커다란 특혜였다. 이로 인해 한국 자본주의의 구조적 특질인 정부와 민간기업 사이의 유착 관계가 생겼다. 그렇지만, 초대 정부가 행한 귀속재산의 과감한 불하는 국·공영 부문을 대신하여 사영 민간기업이 시장경제의 주체로 자리 잡는 데 크게 공헌하였다.

기타 3.1%
상업 8.8%
토건업 1.7%
운수창고업 2.3%
금융보험업 0.6%
농림수산업 5.1%
광업 8.9%
제조업 69.5%

1948년

귀속재산의 구성
1948년 10월 정부가 미군정으로부터 인계받은 귀속재산은 회사와 공장 등 업체의 수가 총 3,555개에 달하였다. 실제로는 이보다 훨씬 많은 업체가 있었으나 해방 후 혼란기에 관리 소홀로 없어졌다. 전체 3,555개 귀속업체 가운데 가장 큰 비중을 차지한 것은 2,469개(69.5%)의 제조업이었다. 그다음이 그림에서와 같이 광업과 상업이었다.

출처: 이대근, 《해방후·1950년대의 경제》,
삼성경제연구소, 2002

❹ 대한민국 성립의 역사적 의의

자유민주주의와 시장경제의 선택

대한민국은 자유민주주의 정치체제로서 민주공화국으로 성립하였다. 대한민국은 국민의 재산권과 경제활동의 자유를 보장하는 시장경제체제로 출발하였다. 이 같은 건국의 방향을 둘러싸고 당시 한국인의 생각이 모두 같지는 않았다. 공동소유와 공동노동의 공산주의가 더 훌륭한 체제라고 믿는 사람도 적지 않았다. 자유민주주의보다 노동자계급의 이익을 중시하는 프롤레타리아독재(dictatorship of the proletariat) 노선이 더욱 우월한 정치체제라고 주장하는 사람도 많았다. 자유민주주의와 시장경제를 신봉하는 사람들은 대한민국 건국에 적극적으로 참여하였다. 반면에 계급독재와 공산주의가 옳다고 믿는 사람들은 북한 건국에 참여하였다. 민족의 분단은 건국의 방향에 대한 사람들의 생각이 달랐기 때문에 일어난 일이기도 하였다.

건국 이후 60년의 역사가 흐른 오늘날, 어떤 선택이 정당했는가를 판정하기는 어려운 일이 아니다. 지난 60년간 세계사는 개인의 자유와 재산권을 존중하고, 그것을 국가체제의 기본 원리로 채택한 자유민주주의와 시장경제의 체제가 인간의 물질적 복지와 정신적 행복을 증진하는 올바른 방향이었음을 보여 주었다. 모두가 골고루 잘산다는 공산주의 이상은 자유와 합리적 이기심이라는 인간의 본성에 맞지 않았다. 계급, 당, 국가를 우선하는 전체주의적 지배체제하에서 개인의 자유로운 정신과 창의성은 억압되었으며, 결과적으로 모두가 빈곤해지고 말았다. 공산주의체제는 1980년대 이후 소련·중국과 같은 주요 공산주의 국가들이 시장경제체제로 전환함에 따라 해체되고 말았다. 그러나 북한은 아직도 공산주의체제를 고수하고 있으며, 그에 따라 정치적 억압과 경제적 빈곤이 계속되고 있다.

대한민국은 혼란 속에서 어렵게 출발했지만 지금까지 세계가 주목하는 물질적, 정신적 발전을 성취하였다. 정치적으로는 국민의 기본권이 확고히 정착되고, 보통선거로 정권을 평화롭게 교체하는, 세계에서 몇 안되는 민주주의국가에 속하게 되었다. 경제적으로는 세계 최빈국 수준에서 1995년 선진국 클럽인 경제협력개발기구(OECD)에 가입하는 성과를 거두었다. 대한민국의 이 같은 발전은 1948년의 제헌헌법에 담긴 건국의 이념과 방향이 정당했기 때문에 가능한 것이었다. 건국 이후에도 적지 않은 시련과 도전이 있었지만, 대한민국은 민주주의와 시장경제라는 건국의 기초 이념을 충실히 발전시킴으로써 오늘날과 같은 안정과 번영을 이루었다.

OECD

시장경제와 민주주의라는 가치관을 공유하는 국가 간의 경제·사회정책 협의체로서, 공통의 현안에 대한 공동의 정책을 모색하여 안정과 번영을 목적으로 하는 경제협력기구이다. 제2차 세계대전 후 미국이 마셜플랜으로 서유럽에 제공한 원조를 집행하기 위해, 서유럽 16개국을 회원국으로 발족한 유럽경제협력기구(OEEC)에서 출발하였다. 이후 1961년 20개국을 회원국으로 한 선진국 간의 국제협력기구로 발전하였다. 1990년대 이후 한국, 그리스, 멕시코, 헝가리, 폴란드, 슬로바키아까지 회원국으로 가입하여 2002년 현재 회원은 30개국이다.

문명의 융합과 전통의 계승

세계사적으로 볼 때 자유민주주의와 시장경제는 16세기 이후 서양에서 발생한 문명이다. 1876년 개항 이후 1945년 일제의 억압에서 해방되기까지 한국 근대사는 크게 보면 서양 기원의 근대 문명이 이식되고 정착하는 과정이었다. 식민지 시기에는 일본에서부터 사유재산제도가 도입되고 시장경제가 발전하였다. 그러나 식민지 시기는 자유민주주의 정치제도와 무관하였다. 민주주의 정치제도가 한국에 이식된 것은 해방 후 남한에 진주한 미국을 통해서였다. 그보다 일찍 대한민국 임시정부의 헌법은 민주공화국임을 선포하였다. 그렇지만, 당시는 자국의 영토와 국민을 확보한 독립국가가 아니었다. 한국사에서 민주주의 정치제도가 성립하는 것은 미국과 유엔의 지원으로 성립한 대한민국의 건국을 통해서였다.

개항 이후 경제적으로나 정치적으로 서양 기원의 외래 문명이 훌륭하게 정착할 수 있었던 것은 한국의 전통 문명이 우수하였기 때문이다. 17~19세기 한국의 전통 사회는 사실상의 사유재산제도를 발전시켰으며, 초보적 형태로나마 시장경제의 성립을 보았으며, 관료제적 지배와 통합의 전통을 성숙시켰다. 무엇보다 합리적인 경제의지를 갖는 개별 인간의 전반적 성립은 전통 사회가 남긴 가장 값진 유산이었다. 이러한 전통으로부터의 대응이 있었기에, 외래 문명으로서 민주주의와 시장경제는 단기간에 한국 나름의 형태로 정착할 수 있었다. 그 점에서 1876년 개항 이후 한국의 근·현대사는 전통 문명과 외래 문명이 대립하면서도 융합(fusion)하는 과정이었다. 세계사적으로 보아 그것은 오랫동안 중화제국이 중심을 이루었던 대륙문명권으로부터 서양이 중심이 된 해양문명권으로 이동하는 문명사의 대전환 과정이기도 하였다.

문명사의 융합과 전환을 이끌어 온 정치 세력은 개항을 전후하여 전통 사회 내부에서 자발적으로 성립한 개화파가 그 선구였다. 이승만 초대 대통령은 대한제국 시기의 독립협회와 만민공동회 운동에 참여함으로써 박규수, 김옥균, 서재필, 박영효, 윤치호 등으로 이어져 온 개화파를 계승하였다. 이동휘, 이상재, 안창호, 김구, 김규식, 박용만, 박은식, 신채호, 김성수 등 식민지 시기에 국내외에서 민족의 독립과 실력 양성을 추구한 수많은 독립운동가, 사상가, 실업가 등이 이 노선에 참여하였다. 대한민국의 건국은 역사적으로 발전해 온 개화파에 의해 주도되었다. 그 점에서 대한민국은 긴 한국사에서 전통 문명을 발전적으로 계승하는 역사적 계보에 서 있다.

반면에 북한은 일제가 부식(扶植)했다는 이유로 인간의 인격권과 재산권을 보장한 근대적 민법을 폐지하였다. 사유재산제도가 폐지된 공산주의체제에서 사람들은 자유로운 인격의 주체로서 자립할 수 없었다. 그 결과 정치적 억압과 경제적 빈곤이 점점 심화되는 비극의 역사가 펼쳐졌다. 북한 현대사는 전통 문명과 외래 문명의 융합이라는 한국 근·현대사의 주류로부터의 이탈이었다.

2. 6·25전쟁

❶ 북한의 남침

전쟁 직전의 동북아 정세

대한민국이 건국되자 미군은 1949년 6월 말 500여 명의 군사고문단을 남기고 남한에서 완전히 철수하였다. 미군의 철수 이후 38도선에서 북한의 군사적 도발이 자주 일어났다. 북한이 남침해 올 것을 우려한 이승만 대통령은 미국에 상호방위조약 체결을 요청하였다. 그러나 동북아 지역에서 한국의 군사전략적 중요성을 낮게 평가한 미국은 한국의 요구에 응하지 않았다. 그 대신 한국군의 전투력을 강화하고자 한미군사원조협정을 체결하고 군사원조를 제공하였다. 그럼에도 6·25전쟁은 한국이 북한의 남침에 대응할 수 있는 군사력을 거의 갖추지 못한 상태에서 발발하였다.

북한은 1948년 2월, 정부 수립 7개월 전에 조선인민군을 창설하였다. 1949년 3월 김일성은 소련을 방문하여 스탈린에게 남침 지원 가능성을 타진하였다. 스탈린은 김일성의 남침 제의를 거부하고, 그 대신 대규모 군사원조를 약속하였다. 같은 해 10월 중국 대륙에서 마오쩌둥의 공산당 정부가 장제스의 국민당 정부와의 내전에서 승리하였다. 이후 동북아 지역의 국제정세가 급변하였다. 중국은 북한의 요청에 따라 내전기에 중공군(中共軍) 점령지역에 있는 한국인들을 징모하여 편성한 3개 사단, 약 5만 명을 북한으로 보냈다. 중국의 공산혁명 이후 김일성은 스탈린에게 남침 지원을 여러 차례 요청하였다.

북한, 소련, 중국의 전쟁 모의

1950년 1월 스탈린은 기존의 유보적인 입장을 바꾸어 김일성의 남침 계획을 승인하였다. 1949년 8월 소련은 핵실험에 성공했으며, 이로써 미국의 핵 독점체제가 무너졌다. 그해 10월 중국 대륙에서 공산혁명이 성공하면서 스탈린은 동북아 지역 정세가 공산주의 국제세력에 유리하게 전개되고 있다고 판단했다. 1950년 1월 미국 국무장관 애치슨(Dean G. Acheson)은 한국과 대만이 미국의 태평양 방위선에 포함되지 않는다고 밝혔다. 애치슨의 연설은 김일성, 스탈린 등이 정세를 오판하여 전쟁을 일으키는 데 일조하였다. 같은 해 2월 소련과 중국은 상

6·25전쟁 관련 문서 공개

1994년 6월 2일 크렘린궁에서 한국의 김영삼 대통령과 정상회담을 마친 러시아의 옐친 대통령이 김영삼 대통령에게 검은 서류상자 하나를 건넸다. 6·25전쟁을 전후하여 김일성이 스탈린에게 보낸 여러 문서의 사본이다. 거기에는 김일성이 남침 계획을 스탈린에 건의하고, 유엔군의 인천상륙작전으로 북한군이 궤멸될 때 소련군과 중공군의 즉각 개입을 간절히 요청하는 내용 등이 포함되어 있다. 이 문서는 현재 서울의 외교사료관에 보관 중이다.

호우호동맹조약을 체결했다. 이 같은 국제정세의 변화를 배경으로 스탈린은 김일성의 남침이 미국과의 냉전에서 소련이 결정적인 승기를 잡는 기회가 될 것으로 판단하였다. 김일성의 남침 지원 요청을 수락하면서 스탈린은 중국의 마오쩌둥과 협의하고 도움을 받도록 지시하였다. 같은 해 5월 김일성과의 회담에서 마오쩌둥은 미국이 전쟁에 개입할 경우 중국도 전쟁에 참여할 것을 약속하였다. 이후 전쟁이 발발하기까지 소련은 북한에 신형 소련제 탱크를 비롯하여 대규모 군사원조를 제공하였다.

애치슨라인
미국 국무장관 애치슨이 밝힌 미국의 태평양 방위선. 일명 애치슨라인이라고도 한다.

전쟁의 발발

1950년 6월 25일 새벽, 대규모 포사격을 시작으로 북한의 기습 남침이 시작되었다. 북한이 소련 군사고문단의 도움으로 작성한 선제타격작전계획은 전쟁을 3단계로 나누었다. 제1단계는 방어선을 돌파하고 주력군을 섬멸하면서 서울~원주~삼척을 연결하는 선까지 진출하고, 제2단계는 전과를 확대하고 예비대를 섬멸하면서 군산~대구~포항을 연결하는 선까지 진출하며, 제3단계는 소탕작전으로서 부산~여수~목포를 연결하는 선까지 진출한다는 계획이었다. 북한은 최신 소련제 무기로 무장한 10개 사단을 남침에 투입하였다. 국군은 8개 사단을 전후방에 배치하고 있었다. 북한은 국군보다 병력이나 장비 면에서 월등히 우세하였다.

북한군은 최신 소련제 T-34탱크를 242대나 보유하였다. 그에 비해 국군은 전차를 파괴할 아무런 무기도 없었다. 국군은 육탄으로 적의 탱크에 맞서 싸웠지만 역부족이었다. 북한군은 작전계획대로 서울을 3일 만에 점령하였다. 6월 29일 도쿄(東京)에 있는 미국의 연합군 최고사령관 맥아더(Douglas MacArthur) 장군은 한강 이남의 전황을 시찰하고 일본으로 돌아가면서 한국의 공산화를 막기 위한 미국의 군사 지원을 워싱턴에 긴급히 요청하였다. 북한군은 남침을 계속하여 7월 20일에는 대전을 함락했으며, 7월 말에는 낙동강까지 진출하였다.

인공기를 앞세우고 대전 시내로 진주해 들어오는 북한군 제3사단(1950. 7)

유엔군의 참전

북한의 남침을 맞아 미국은 유엔을 통해 한국을 군사적으로 지원하기로 결정하였다. 6월 25일 유엔의 안전보장이사회는 북한이 한국에 대한 적대행위를 즉각 중지하고 38도선 이북으로 군대를 철수할 것을 촉구하는 결의문을 채택하였다. 그러나 북한이 유엔 결의안을 무시하고 남침을 계속하자 안전

38선을 돌파한 제1군단장 김백일 준장이 말뚝에 '아아, 감격의 38선 돌파'라는 문구를 새겨넣고 있다(1950. 10).

● 6·25전쟁 원인을 둘러싼 정통설과 수정설의 논쟁

6·25전쟁은 북한의 김일성이 남한을 공산화하기 위해 소련과 중국의 지원을 받아 남침을 감행함으로써 일어난 전쟁이다. 대한민국은 전쟁 원인에 관해 공식적으로 이 같은 입장을 취하고 있으며, 이를 정통설이라 한다. 1981년 미국의 커밍스(Bruce Cumings)가 《한국전쟁의 기원(*The Origins of the Korean War* Vol. Ⅰ: *Liberation and the Emergence of Separate Regimes, 1945-1947*)》(사진) 이라는 책을 출간하여 이 같은 정통설을 비판하기 시작하였다. 이후 한국에도 그에 동조하는 연구자들이 나타났다. 이들의 주장을 수정설이라 한다.

수정설에 의하면, 6·25전쟁은 미국과 그에 협조한 남한 정치 세력의 모순 때문에 발생한 것이었다. 우선, 미군정은 해방 후 남한 민중의 급진적 개혁 요구를 억압하고, 식민지 시기의 관료, 경찰, 지주 세력 등을 협력자로 선택했으며, 그로 인해 미군정에 대한 민중의 혁명적 저항이 발생하여 사실상 내전과 같은 충돌이 곳곳에서 빚어졌다는 것이다. 사실상의 내전은 남한 곳곳에서 벌어진 빨치산 활동이나 38도선을 둘러싼 남·북한 간의 크고 작은 군사적 충돌로 이어졌는데, 그것이 끝내 전면적인 무력충돌로 터진 것이 6·25전쟁이라는 것이다. 또한, 수정설은 전쟁의 외적 요인으로 미국이 의도적으로 태평양 방위선에서 한국을 제외함으로써 북한이 오판하여 남침하도록 유인했다고 주장하고

있다. 이 같은 내용의 수정설은 지난 20년간 한국의 지식인 사회에 적지 않은 영향을 미쳤다.

수정설은 많은 문제점을 안고 있다. 미군정하에서 민중이 제기한 급진적인 개혁 요구라 하지만, 실제로는 공산주의 혁명을 지향한 남로당 세력의 정치적 선동과 폭력적 투쟁에 불과하였다. 미군정과 그에 협력한 정치 세력은 공산주의에 저항했다는 점에서 자유, 인권, 사유재산과 같은 가치를 신봉하였다. 그들과 남한의 일반 민중 사이에 내전과 유사한 물리적 충돌이 벌어진 적은 없다. 무엇보다 수정설은 당시 북한에서 자유민주주의자들이 어떻게 혹독하게 탄압을 받고, 일반 민중이 무기력하게 전체주의적 동원 체제에 포섭되어 갔는지에 대해서는 눈을 감고 있다. 38도선을 둘러싼 군사적 충돌도 1949년 10월 이후 스탈린의 지시로 더 이상 일어나지 않았다.

무엇보다 1991년 소련이 붕괴한 후, 전쟁을 전후하여 김일성과 스탈린 사이에 오간 몇 통의 기밀문서가 공개되었다. 그에 의하면 전쟁은 명백히 김일성의 수차례 제의와 그에 대한 스탈린의 최종 승인과 마오쩌둥의 지원 약속으로 주도면밀하게 계획되고 실천된 것이었다. 이 같은 사실이 문서의 형태로 명확해지자 수정설의 실증적 근거가 거의 없어지게 되었다. 이후 수정설은 급격히 설득력을 잃었다.

안전보장이사회 유엔군 파견 결의
이 결의에 따라 한국에 전투병을 파견한 나라는 미국, 영국, 오스트레일리아, 네덜란드, 캐나다, 뉴질랜드, 프랑스, 터키, 그리스, 필리핀, 태국, 남아프리카공화국, 벨기에, 룩셈부르크, 콜롬비아, 에티오피아 등 16개국이다. 덴마크, 노르웨이, 스웨덴, 이탈리아, 인도는 의료진을 파견하였다.

보장이사회는 회원국들이 국제평화와 안전의 회복을 위해 한국에 필요한 원조를 제공할 것을 권고하였다. 이들 결의안은 안전보장이사회의 상임이사국으로서 거부권을 갖고 있던 소련이 회의에 불참하여 무난히 통과되었다.

이어 유엔은 미국이 임명한 유엔군 사령관이 참전 국가들의 국기와 함께 유엔기를 사용하는 것을 승인했다. 그렇게 6·25전쟁은 유엔의 깃발 아래 유엔군 사령부가 구성되어 침략자를 저지하려고 나선 최초의 사례로 기록되었다. 유엔 회원국으로서 한국을 도우러 참전한 국가는 16개국에 달했다. 이승만 대통령은 전쟁을 효율적으로 수행하고자 국군의 작전지휘권을 맥아더 유엔군 사령관에게 이양하였다. 국군과 유엔군은 연합작전을 통해 북한군에 대한 반격에 나섰다.

❷ 인천상륙작전과 중국의 개입

인천상륙작전

　　1950년 8월 초 국군과 유엔군은 북한군의 남침을 저지하고 반격의 발판을 마련하기 위한 최후 방어선을 구축하는 데 성공하였다. 이 방어선은 남해안 마산에서 시작하여 북으로 낙동강을 따라 경북 왜관의 낙동리에 도달한 다음, 거기서 동해안까지 연결하는 선으로 펼쳐졌다. 이후 공군력의 우위를 확보한 유엔군은 북한군에 심각한 타격을 가하기 시작하였다. 북한군에 대한 일대 반격은 인천상륙작전으로 시작되었다. 유엔군 사령관 맥아더 장군의 구상에 따라 1950년 9월 15일 새벽에 실시된 인천상륙작전은 북한군의 별다른 저항 없이 성공적으로 진행되었다. 인천상륙작전의 성공과 동시에 낙동강 방어선을 지키던 국군과 유엔군의 북진이 시작되었다. 전세는 일거에 국군과 유엔군에 유리해졌다.

　　인천에 상륙한 국군과 유엔군은 9월 28일 서울을 수복하였다. 9월 29일 중앙청 광장에서 서울 수복 기념식이 열렸다. 이 자리에서 이승만 대통령은 맥아더 장군에게 태극무공훈장을 수여하였다. 이승만 대통령은 국군이 단독으로 38도선을 돌파하라고 지시했다. 10월 1일 국군 제3사단이 최초로 38도선을 돌파했고, 10월 9일 유엔군이 뒤따랐다. 10월 19일에는 국군 제1사단이 평양을 점령하였다. 10월 26일 국군의 선봉부대는 압록강변의 초산까지 진격했으며, 동쪽으로는 유엔군이 함경북도 청진까지 점령하였다. 10월 30일 이승만 대통령은 주민의 환영을 받으며 평양에 입성하였다.

미국 육군참모총장으로부터 유엔기를 전달받는 맥아더 유엔군 사령관(1950. 7)

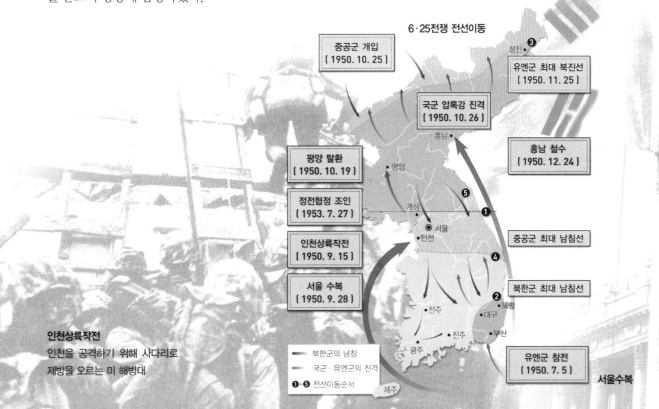

인천상륙작전
인천을 공격하기 위해 사다리로
제방을 오르는 미 해병대

6·25전쟁 전선이동

- 중공군 개입 [1950. 10. 25]
- 유엔군 최대 북진선 [1950. 11. 25]
- 국군 압록강 진격 [1950. 10. 26]
- 흥남 철수 [1950. 12. 24]
- 평양 탈환 [1950. 10. 19]
- 정전협정 조인 [1953. 7. 27]
- 인천상륙작전 [1950. 9. 15]
- 중공군 최대 남침선
- 서울 수복 [1950. 9. 28]
- 북한군 최대 남침선
- 유엔군 참전 [1950. 7. 5]
- 서울수복

　북한군의 남침
　국군·유엔군의 진격
❶-❺ 전선이동순서

중화인민공화국의 개입

국군과 유엔군이 38도선을 넘어 북한으로 진격하자 중국의 마오쩌둥은 "입술이 없으면 이가 시리다(脣亡齒寒)"라고 하면서 중공군을 한반도로 출동시켰다. 국군이 평양을 점령한 그날 밤, 대규모 중공군은 이미 압록강을 건너 북한의 산악지역에 잠복하였다. 10월 말 중공군은 1차 공세를 펼친 후 또다시 산으로 숨었다. 이때만 해도 유엔군은 중공군이 개입했는지조차 정확하게 파악하지 못했다. 11월 말부터 시작된 중공군 2차 공세에 유엔군은 또다시 심각한 타격을 입었다. 1951년 1월부터 시작된 중공군의 3차 공세에 밀려 유엔군은 서울을 다시 적에게 내주었다. 그사이 흥남에서는 10만 명이 넘는 병력과 10만여 명의 민간인을 남으로 철수시키는 흥남철수작전이 펼쳐졌다.

땅굴 안에서 작전회의를 하는 중공군

흥남 철수
중공군의 공격으로 북한 청진까지 진격했던 국군과 유엔군은 흥남에 집결하여 해상으로 철수하였다. 이때 약 10만 명의 북한 동포도 함께 남으로 내려왔다. 이 과정에서 7,800t 수송선 1척에 1만 4,000명이 올라타는 진기록이 세워졌다.

한강 이남으로 진격하면서 중공군의 보급선이 길어졌다. 만주에서 출발하는 중공군의 긴 보급선은 유엔군의 우월한 공군력에 의해 파괴되었다. 공군력의 열세를 만회하고자 소련의 전투기와 조종사들이 전쟁에 참여하였다. 이 사실은 제3차 세계대전의 발발을 우려한 미국과 소련에 의해 철저하게 비밀에 부쳐졌다. 전력을 재정비한 유엔군과 국군은 중공군의 공세를 막아낸 다음, 서울을 다시 탈환하고 38도선을 중심으로 전선을 고착시키는 데 성공하였다. 1951년 7월 초 유엔군과 공산 측은 정전회담 개최에 합의했으며, 이후 전쟁은 지구전의 양상을 띠게 되었다.

❸ 정전과 한미상호방위조약의 성립

정전회담

1951년 7월 10일 판문점에서 시작된 정전회담에서는 1953년 7월 27일 정전협정이 체결될 때까지 모두 159회의 본회담과 765회의 부속회담이 열렸다. 회담에서는 군사분계선 설정, 외국 군대의 철수, 정전감시위원회 설치, 포로송환의 방식 등이 주요 쟁점으로 부각되었다. 양측은 현 전선을 군사분계선으로 정하는 데 합의하였다. 공산 측은 외국 군대의 즉각적인 철수를 주장했으나, 이 문제는 정전협정 체결 후에 개최될 정치회담에서 다루기로 하였다. 양측은 비무장지대에서 군사활동을 감시할 군사정전위원회 설치에 합의하였다. 비무장지대는 군사분계선에서 남방경계선과 북방경계선을 각각 2㎞로 정하여 4㎞ 폭으로 설정되었다. 양측은 정전협정의 준수 여부를 감시할 중립국감시위원단을 스위스, 스웨덴, 체코슬로바키아, 폴란드의 4개 국가로 구성하였다. 정전회담에서 양측의 의견이 첨예하게 대립한 것은 포로송환 문제였다. 이 문제로 정전협정은 예상보다 1년이나 넘게 시간을 끌었다.

제1차 정전회담(1951. 7 판문점)

반공포로 석방

6·25전쟁은 자유주의진영과 공산주의진영 간의 치열한 이념 전쟁이기도 하였다. 양측의 이념 대결은 포로 처리를 둘러싼 협상 과정에서 명확하게 드러났다. 유엔군의 포로가 된 사람 가운데 북한이나 중국으로 돌아가기를 거부하고 한국이나 대만 등 자유세계에 남기를 희망하는 사람들이 있었는데, 이들을 반공포로라 불렀다. 반공포로 가운데는 남한 출신으로 강제로 북한군에 편입됐다가 포로가 된 사람이 많았다.

● 정전협정과 한국

정전협정은 북한의 남침에 의해 6·25전쟁이 발발한 이후 계속되어 온 군사적 적대행위을 중지시키기 위해 체결된 협정이다. 이 협정에는 유엔군 총사령관 클라크(Mark Clark), 북한군 최고사령관 김일성, 중공군 사령관 펑더화이(彭德懷)가 서명했다. 한국은 이승만 대통령이 정전에 반대했기 때문에 정전협정에 서명하지 않았다. 1974년 북한은 정전협정을 평화협정으로 바꾸자고 제안하면서, 한국이 정전협정에 서명하지 않았기 때문에 평화협정 역시 미국과 체결해야 한다고 주장하였다. 북한의 잘못된 주장은 전쟁의 '교전 당사국'과 정전협정의 '서명자'를 제대로 구분하지 못한 데서 비롯되었다. 정전협정에 서명한 3인은 서로 싸운 국가들, 즉 교전 당사국을 대표하여 정전협정에 서명한 것이다. 6·25전쟁에서 교전 당사국은 한국, 유엔 참전 16개국, 북한, 중국이다. 유엔군 총사령관 클라크는 한국과 참전 16개국을 대표하여 정전협정에 서명한 것이다. 따라서 한국은 주요 교전국으로서 엄연히 정전협정의 당사국이다.

1991년 3월 한국군 장성이 군사정전위원회 수석대표로 임명되고, 이듬해 4월과 12월에 북한과 중국이 군사정전위원회에서 철수하였다. 이로서 정전협정 체제는 사실상 해체되었다. 이에 정전협정 대신 평화협정을 체결해야 한다는 공감대가 형성되어 1997년 스위스 제네바에서 교전 당사국인 한국, 북한, 미국, 중국 대표들이 모여 4자회담을 열었으나 성과가 없었다. 결과적으로 정전협정은 체결된 지 55년이 되도록 이어지고 있는데, 이는 국제 관례에서 매우 희귀한 사례이다. 그만큼 남한과 북한의 관계는 국제사회의 정상적 상식으로는 설명할 수 없는 모순으로 가득 찬 가운데 경직되어 왔다.

판문점 공동경비구역(JSA)

● 거제도 포로수용소

기습적인 인천상륙작전으로 수많은 북한군이 포로가 되었다. 유엔군은 이들을 부산과 경북 등지에 분산 수용했으나 시설이 부족하여, 1950년 11월 경남 거제도의 고현·수월·양정·상동·용산·해명·저산 지구에 360만 평의 대규모 수용소를 설치하였다. 이 시설에 북한군 15만 명, 중공군 2만 명, 여자 포로와 의용군 3,000명 등 최대 17만 3,000명이 수용되었다. 수용소 안에서는 반공포로와 공산포로 간의 반목이 극심했다. 중공군포로 간에도 반공포로와 공산포로의 대립이 있었다. 정전협정이 체결되자 포로수용소는 폐쇄되었다. 지금은 당시의 모습을 일부 복원한 기념관이 설치되어 전쟁의 상처를 관광객에게 전하고 있다.

거제도 포로수용소(위). 아래는 마지막으로 석방되는 반공포로들이 이승만 대통령의 사진을 앞세우고 행진하는 모습(1954. 1)

유엔군은 포로가 돌아갈 국가를 스스로 선택하는 자발적 송환 원칙을 주장하였다. 그와 반대로 공산 측은 포로의 의사와 상관없이 본국으로 돌려보내야 한다는 강제적 송환 원칙을 내세웠다. 장기간 대립 끝에 포로송환 문제는 귀환을 거부하는 포로를 중립국송환위원회가 심사하여 송환국을 결정하기로 합의하였다. 그럴 경우 일부 반공포로가 자유진영에 남지 못하게 될 우려가 있었다. 그러자 이승만 대통령은 1953년 6월 18일, 미국과 유엔군의 동의 없이 2만 7,000여 명의 반공포로를 전격 석방하였다. 전 세계가 이승만 대통령의 조치에 경악하였다.

한미군사동맹의 성립

정전협상이 막바지에 접어들면서 이승만 대통령은 상호방위조약 체결을 미국에 요구하였다. 이승만 대통령은 미국이 상호방위조약 체결에 성의를 보이지 않는다면 정전협정 또한 순조롭게 진행되지 않으리라고 경고하였다. 실제로 그는 미국과 상의 없이 반공포로를 전격적으로 석방하였다. 이승만 대통령의 단호한 자세에 놀란 미국은 한국인을 안심시키고 한국 정부를 미국과 협조 관계로 묶

어두고자, 상호방위조약을 체결하기로 결정하였다.

이승만 대통령은 한국이 침략을 받을 경우 미국이 자동적으로 전쟁에 개입한다는 내용을 상호방위조약에 포함할 것을 요구하였다. 미국은 상호방위조약에 자동개입 조항이 포함되면 상원의 비준을 받기 어렵다는 이유를 내세워 한국 정부를 설득하였다. 한미상호방위조약은 1953년 10월 1일 워싱턴에서 양국 정부에 의해 조인되었다. 미국은 한국의 방위를 위해 2개 사단을 주둔시키기로 결정하였다. 이로써 6·25전쟁 직전에 한국에서 철수했던 미국군이 한국에 다시 주둔하게 되었다. 미국은 조약에서 자동개입 조항이 빠진 데 대한 한국 정부의 우려를 고려하여 2개 사단을 서울과 휴전선 사이 서부전선에 배치하였다. 이로써 북한이 남침할 경우 휴전선에 배치된 미국군과 바로 충돌함으로써 미국이 전쟁에 자동개입하는 효과가 보장되었다. 한미상호방위조약은 지금까지 한반도와 동북아 지역의 군사적 안정은 물론, 경제발전 등에 크게 이바지하였다.

● 한미상호방위조약

한미상호방위조약에 서명하는 변영태 한국 외무부 장관과 덜레스
(John F. Dulles) 미국 국무부 장관

본 조약의 당사국은 모든 국민과 모든 정부와 평화적으로 생활하고자 하는 희망을 재인식하고, 또한 태평양 지역에 있어서의 평화기구를 공고히 할 것을 희망하고, 당사국 중 어느 일방이 태평양 지역에 있어서 고립하여 있다는 환각을 어떠한 잠재적 침략자도 가지지 않도록 외부로부터의 무력공격에 대하여 그들 자신을 방위하고자 하는 공통의 결의를 공공연히 또한 정식으로 선언할 것을 희망하고, 또한 태평양 지역에 있어서 더욱 포괄적이고 효과적인 지역적 안전보장조직이 발달될 때까지 평화와 안전을 유지하고자 집단적 방위를 위한 노력을 공고히 할 것을 희망하여, 다음과 같이 합의한다.

제1조 당사국은 관련될지도 모르는 어떠한 국제적 분쟁이라도 국제적 평화와 안전과 정의를 위태롭게 하지 않는 방법으로 평화적 수단에 의하여 해결하고, 또한 국제 관계에 있어서 국제연합의 목적이나 당사국이 국제연합에 대하여 부담한 의무에 배치되는 방법으로 무력에 의한 위협이나 무력의 행사를 삼갈 것을 약속한다.

제2조 당사국 중 어느 일방의 정치적 독립 또는 안정이 외부로부터의 무력침공에 의하여 위협을 받고 있다고 어느 당사국이든지 인정할 때에는 언제든지 당사국은 서로 협의한다. 당사국은 단독적으로나 공동으로나 자조와 상호 원조에 의하여 무력공격을 방지하기 위한 적절한 수단을 지속하여 강화시킬 것이며, 본 조약을 실행하고 그 목적을 추진할 적절한 조치를 협의와 합의하에 취할 것이다.

제3조 각 당사국은 타 당사국의 행정관리하에 있는 영토, 또한 금후 각 당사국이 타 당사국의 행정관리하에 합법적으로 들어갔다고 인정하는 영토에 있어서, 타 당사국에 대한 태평양 지역에 있어서의 무력공격을 자국의 평화와 안전을 위태롭게 하는 것이라고 인정하고, 공통한 위험에 대처하기 위하여 각자의 헌법상의 수속에 따라 행동할 것을 선언한다.

제4조 상호 합의에 의하여 결정된 바에 따라 미합중국의 육군, 해군과 공군을 대한민국의 영토 내와 그 주변에 배치하는 권리를 대한민국은 이를 허여하고, 미합중국은 이를 수락한다.

제5조 본 조약은 대한민국과 미합중국에 의하여 각자의 헌법상의 절차에 따라 비준되어야 하며, 그 비준서가 양국에 의하여 워싱턴에서 교환되었을 때에 효력을 발생한다.

제6조 본 조약은 무기한으로 유효하다. 어느 당사국이든지 타 당사국에 통고한 일 년 후에 본 조약을 종지시킬 수 있다.

❹ 6·25전쟁의 영향

자료출처	구분	군 인		민간인		기 타	
		한 국	북 한	한 국	북 한	유엔군	중공군
한국정부발표	사망	147,000	520,000	244,663	·	35,000	·
	부상	709,000	406,000	229,625	·	115,000	·
	행방불명	131,000	·	330,312	·	1,500	·
	계	987,000	926,000	804,600	200,200	151,500	900,000
통일조선신문	사망	227,748	294,151	373,599	406,000	36,813	184,128
	부상	717,083	225,849	229,652	1,594,000	114,816	715,872
	행방불명	43,572	91,206	387,744	680,000	6,198	21,836
	계	988,403	611,206	990,995	2,680,000	157,827	921,836

6·25전쟁으로 인한 인명 피해 (단위: 명)

출처: 백종천·윤종원, 《6·25전쟁에 관한 연구》,
《국사관논총》 제28집, 국사편찬위원회, 1991

전쟁의 피해

6·25전쟁은 한국 국민이 미국을 비롯한 국제사회의 도움을 받아 공산주의 국제세력의 공세로부터 자유를 지켜낸 전쟁이었다. 전쟁은 한국을 공산권으로 편입하려는 소련의 기도에 대해 미국이 유엔의 승인하에 강력하게 대응함으로써 세계 자유주의진영과 공산주의진영 사이의 극한적 대결로 전개되었다. 6·25전쟁의 이러한 국제적 성격으로 인해 남·북한은 모두 엄청난 피해를 입었다. 한국 정부의 발표에 따르면 남한 측 군인의 사망·부상·행방불명 피해자는 98만 7,000명, 유엔군 피해자는 15만 1,500명이었다. 민간인 피해는 사망·부상·행방불명을 포함하여 총 80만 4,600명에 달하였다. 북한의 피해도 이에 못지않았다.

전쟁은 인간의 내면에 잠재해 있는 야만적 폭력성을 여지없이 드러냈다. 북한군은 점령지에서 인민재판을 통해 지주와 공무원을 인민의 적으로 몰아 살해하였다. 인천상륙작전 이후 후퇴하던 북한군은 대전교도소에서 6,000명, 전주교도소에서 1,000명의 민간인을 학살하였다. 또한, 북한군은 전쟁 기간에 9만 6,000여 명의 한국 국민을 북한으로 납치하였다. 한국의 경찰과 군도 민간인을 학살하였다. 1950년 6월 말경, 북한군의 기습 남침을 받아 퇴각하던 경찰과 군은 정부 수립 이전에 남로당에 가입했거나 동조했다가 전향한 사람들을 대량 학

전쟁으로 폐허가 된 서울

살하였다(보도연맹사건). 1951년 2월에는 빨치산을 토벌 중이던 국군이 경남 거창군 신원면에서 빨치산과 내통했다는 이유로 무고한 양민 653명을 살해하는 거창양민학살사건이 발생하였다. 전쟁이 발발하자 충청·전라 지역을 중심으로 여러 마을에서 민간인끼리 이념 대립만이 아니라 가문 간의 경쟁심과 개인 간의 원한 등으로 상대방을 학살하는 사건이 발생하였다. 물적 피해도 엄청났다. 남한의

풀뿌리라도 먹어야 산다
전쟁통에 사람들은 풀뿌리라도 먹어야 생존할 수 있었다. 그리고 잡초보다 끈질기게 살아남았다.

경우 금속·기계·화학·섬유·식품 등 제조업 시설의 40%가 파괴되었다. 그 밖에 주택·도로·철도·교량 등의 사회간접자본이 심한 피해를 입었다. 제공권을 미국에 빼앗긴 북한은 미 공군의 폭격을 받아 피해가 극심하였다. 전쟁은 남·북한의 사회경제적 기반을 철저하게 파괴하였다. 전쟁을 치르면서 사람들은 극도의 불안과 공포심으로 정신적 공황상태에 빠졌다.

반공주의의 강화와 사회적 이동의 활성화

전쟁의 결과로 남·북한 사이의 적대의식과 상호불신이 돌이킬 수 없을 정도로 깊어졌다. 전쟁의 여파로 남한에서는 반공주의가 극단적으로 강조되었다. 반공의식은 안보의식을 고취하여 국가안보에 기여하였다. 그러나 과도한 반공주의는 자유민주주의의 토대를 위협하였다.

공산주의자들에 대한 정치적 박해는 헌법이 보장하는 국민의 기본권을 부정하는 경우가 많았다. 공산주의자로 처벌을 받거나 월북한 사람의 가족에게는 사실상 전근대적인 연좌제를 적용하여 공무원과 군인이 될 기회를 박탈하였다. 심지어 강제로 끌려간 납북자 가족까지 차가운 편견의 사회적 폭력에 시달려야 했다. 남한의 이 같은 체제 모순은 1960년대 이후 정치와 사회가 민주화됨에 따라 점차 해소되어 갔다.

전쟁 과정에서 수많은 북한 동포가 공산주의체제의 억압을 피하여 남한으로

전쟁문학 《오발탄》
1950년대의 문학은 전쟁이 보통 사람들에게 남긴 상처와 정신적 공황을 소재로 한 전쟁문학이 주류를 이루었다. 1959년 이범선(李範宣)의 단편소설 《오발탄》은 1950년대의 전쟁문학을 대표하는 작품이다. 소설은 월남민으로 서울 해방촌에 살고 있는 송철호의 가족이 전쟁기에 겪는 육체적 고통과 정신적 방황을 그리고 있다. 전쟁통에 어머니는 정신이상이 되고, 남동생은 군대에 갔다가 상이군인이 되어 돌아와 권총강도가 되고, 여동생은 양공주가 되고, 아내는 출산 도중에 병원에서 사망한다. 송철호는 극도의 혼란에 빠져 어디로 가야 할지 갈피를 잡지 못한다. 소설 《오발탄》은 1961년에 유현목 감독의 영화로 제작되었으나, 5·16쿠데타 후 한국 사회를 지나치게 부정적으로 묘사했다는 이유로 상영이 금지되기도 하였다.

내려왔다. 북한군의 남침을 피해 남쪽 지방으로 연고를 찾아 피난살이를 떠난 사람도 많았다. 임시수도가 설치된 대구와 부산은 각지에서 몰려든 피난민으로 넘쳤다. 고향을 떠나 낯선 사람들과 함께 살아가게 된 한국인 사이에서는 식민지 시기까지도 강하게 남아 있던 양반과 상민의 신분의식이 거의 사라졌다. 그 점에서 6·25전쟁은 역설적으로 한국인을 전통 신분의식의 굴레에서 해방하고 사회를 자유롭게 활성화하는 계기가 되기도 하였다.

● 학살과 인권의 부재

6·25전쟁 중에 수많은 무고한 민간인이 살해되거나 집단학살을 당하였다. 한국군에 의한 학살도, 북한군에 의한 학살도 있었다.

1952년 《대한민국통계연감》은 전쟁 중에 살해된 남한의 민간인이 12만 2,799명이라고 하였다. 그와 별도로 1952년 공보처 통계국은 전쟁 중에 북한군과 빨치산에 의해 살해된 공무원과 민간인을 조사하여 《6·25사변 피살자 명부》를 작성하였는데, 현재 국립중앙도서관과 정부기록보존소에 보관되어 있다.

이 명부에 실린 피살자는 모두 5만 9,964명이다. 전남이 4만 3,511명(72.6%)으로 가장 많고, 그다음이 전북 5,603명, 충남 3,680명, 경기 2,536명, 서울 1,383명, 강원도 1,216명, 경남 689명, 충북 633명, 경북 628명, 제주 23명의 순서이다. 그 밖에 철도경찰 62명이 있다. 성별로는 남자가 4만 4,008명, 여자가 1만 5,956명이었다.

피해가 집중적으로 발생한 전남에서는 절반에 가까운 2만 1,225명이 영광군의 주민이었다. 영광과 이웃한 나주, 장성, 함평, 고창(전북)에서도 대량의 피해가 있었다. 전남 영암에서도 7,000명 이상의 피해가 있었다. 영광군의 피해자 가운데는 7,914명이 여자이고, 열 살 이하 어린이가 2,500명이나 되었다. 수많은 여인이 어린아이를 안고 울부짖다가 아이와 함께 살해된 것이다.

전남 영광 지역에서 대량의 피해가 발생한 것은 유엔군의 인천 상륙으로 퇴로가 막힌 수많은 북한군이 이 지역의 산간으로 숨어 들어 빨치산 활동을 했기 때문이다. 그로 인해 이 지역은 낮에는 대한민국의 군경이, 밤에는 북한군이 지배하는 세상이 되었다. 양쪽 어느 편을 가릴 것 없이 그들은 중간에 끼인 민간인의 협력을 강요했으며, 울며 겨자 먹기로 협력을 제공한 민간인들은 상대방 군인에 의해 학살되었다. 전쟁 중에 총을 잡은 군인들이 스스로 방어할 능력이 없는 민간인을, 그것도 여인과 어린아이까지 무작

위로 대량 학살했다는 점에서, 당시 피아를 막론하고 한국 민족에게 인권이란 개념이 얼마나 먼 곳에 위치하였는지를 짐작해 볼 수 있다.

학살만이 아니었다. 북한군은 9만 6,013명의 남한 국민을 북한으로 납치하였다(김명호, 〈6·25전쟁 납북자 실태의 실증적 분석에 관한 연구〉, 《한국전쟁 납북사건사료집 Ⅰ》, 한국전쟁납북사건자료원). 그 외에도 북한에서 돌아오지 못한 수많은 전쟁포로가 있다. 그럼에도 한국 정부는 마땅히 보호했어야 할 이들 수많은 국민이 돌아올 수 있도록 이제까지 북한 정부에 어떠한 요구도 한 적이 없다. 이 역시 인권이란 기초적 가치가 지난 한국사에서 얼마나 낯선 것이었던가를 뼈아프게 증언하고 있다. 납북자에 대해서는 최근 유가족들이 6·25전쟁납북인사가족협의회를 구성하여 그들의 생사 확인과 피해보상 운동을 벌이고 있다.

북한군의 민간인 학살
인천상륙작전으로 수세에 몰린 북한군은 대전교도소에서 민간인을 무자비하게 학살하여 땅에 파묻었다.

3. 국민국가의 성장

❶ 민주주의의 진통

빈약한 사회적 토대

1948년 건국 이후 역사상 처음으로 실현된 민주주의는 대다수 한국인에게 낯설고 서툰 정치제도였다. 서양에서 민주주의는 합리적 개인의 출현과 시민사회의 발달을 기초로 오랜 기간에 서서히 안정적인 정치질서로 정착하였다. 1950년대 한국에는 이 같은 민주주의의 사회적 토대가 빈약하였다.

많은 사람이 문맹자였고, 1인당 소득은 1955년 65달러로서 세계 최빈국 수준이었다. 대다수 인구를 포괄한 농촌에서 사람들의 사회생활은 친족, 마을, 장시를 기초단위로 하여 이루어졌다. 사람들이 믿고 의지하는 사회관계는 혈연의 친족관계가 기본이었다.

해방 후 일본과 만주에 거주하던 100만 명 이상의 해외 동포가 남한으로 귀국하였다. 그리고 전쟁을 거치면서 100만 명 이상의 북한 동포가 남으로 내려와 도시에 정착하였다. 그런 이유로 1950년대의 한국은 빈약한 경제 상태에도 불구하고, 도시인구가 전체의 3할이나 되는 큰 비중을 차지하였다. 상공업의 미발달로 도시에는 실업과 빈곤의 암울한 분위기가 감돌았다. 고향을 떠나 온 낯선 사람들이 신뢰하고 의지할 수 있는 도시의 시민공동체는 존재하지 않았다.

해방촌
서울 용산의 해방촌은 해방과 더불어 해외에서 돌아온 동포와 6·25전쟁 후 북한에서 월남한 동포들이 모여 살면서 만들어진 동네이다. 해방촌이란 이름은 해방으로 만들어진 촌이기 때문에 붙여진 것이다.

빈곤
1950년대의 빈곤을 소재로 한 사진 작품. 왼쪽이 임응식의 〈구직〉, 오른쪽이 미국 사진가의 〈지게꾼의 낮잠〉

권위주의 정치

발췌개헌안의 국회 통과(1952. 7)

1950년대 한국의 정치는 정치지도자들 간의 과도한 분열과 대립을 특징으로 하였다. 초대 대통령 이승만은 반대파가 다수인 국회에서 차기 대통령에 재선되기 힘든 상황이었다. 이승만은 야당의 지도자들이 지나치게 미국에 의존적이어서 민족의 지상과제인 북진통일을 수행하기에 적합하지 않다고 불신하였다. 야당의 지도자들은 미국의 협조를 얻어 정부 형태를 내각책임제로 바꾸기 위한 헌법개정을 추진하였다. 미국도 정전협정 방침에 비협조적이면서 권위주의적인 이승만을 다른 지도자로 교체할 의향이 있었다. 이러한 위기 상황에서 1952년 5월 이승만은 계엄령을 선포하고 헌병을 동원하여 다수 국회의원을 구금하였다. 이승만의 완강한 반발에 밀려 미국은 이승만과 야당의 정치적 타협을 주선하였다. 그 결과 국민이 대통령을 직선하면서 내각책임제 요소를 강화한 개헌안이 국회를 통과하였다(拔萃改憲). 국민의 절대적인 신임을 받고 있던 이승만은 그해 8월 대통령 선거에서 무난히 제2대 대통령으로 선출되었다.

이승만의 권위주의적 정치는 1954년 대통령의 연임제한 규정을 철폐하는 개헌안을 국회에서 무리하게 통과시킴으로써 더욱 강화되었다(四捨五入改憲). 1956년에 시행된 대통령과 부통령 선거에서도 이승만은 대통령에 무난히 당선되었지만, 부통령 선거에서 이변이 일어났다. 집권 자유당이 지명한 이기붕(李起鵬)이 낙선하고 야당 민주당 후보 장면(張勉)이 부통령에 당선되었다. 이로 인해 이미 나이 80세를 넘긴 대통령의 후계 구도를 둘러싸고 중앙 정치는 더욱 혼란스러워졌다.

1956년 대통령 선거에서 진보당의 당수 조봉암(曺奉岩)이 출마하여 30%의 지지를 얻었다. 그가 높은 지지를 얻게 된 것은 제1야당인 민주당의 후보 신익희(申翼熙)가 선거 전에 갑자기 사망했기 때문이다. 1958년 조봉암은 북한으로부터 자금을 받은 혐의로 재판에 회부되어 사형을 선고받았다. 미국은 조봉암의 사형집행에 반대하였다. 그럼에도 1959년 이승만 정부는 조봉암의 사형을 집행하였다. 또한, 이승만 정부는 야당과 언론에 대한 통제를 강화할 의도로 강한 반발을 무릅쓰고 1958년 12월 국회에서 국가보안법 개정안을 통과시켰다. 1959년 초에는 평소 정부에 대해 비판적인 《경향신문》을 폐간하였다. 이승만에 대한 개인숭배도 강화되었다. 초등학생들은 조회 시간에 대통령 찬가를 불렀다. 대통령의 업적을 찬양하는 편지쓰기 같은 행사가 강요되었다.

조봉암(1898~1959)

경기 강화 출생. 3·1운동에 참가했다가 1년간 복역, 이후 일본 주오(中央)대학에서 정치학을 공부하고, 사회주의사상을 수용하였다. 1925년 조선공산당에 가입했으며, 이후 ML당을 조직하여 활동하다가 7년간 복역하였다. 해방 후 조선공산당의 중앙간부로 활동하다가 1946년 공개 전향하였다. 1948년 제헌의원에 당선되고, 초대 농림부 장관이 되어 초반의 농지개혁을 주도하였다. 이후 이승만과 결별하여 1952년 제2대 대통령에, 1956년 제3대 대통령에 출마했으나 낙선하였다. 1956년 진보당을 창당하고 위원장이 되었으나 1958년 1월 국가보안법 위반으로 체포되어 대법원에서 사형을 선고받고 1959년에 형집행되었다.

자유·보통선거의 정착과 정당정치의 성장

정부 형태와 권력의 향방을 둘러싼 중앙 정치의 분열과 혼란에도 불구하고 사회가 폭력적으로 분열하거나, 국민의 기본권을 포함하여 민주주의 정치제도 자체가 유보되거나 후퇴하는 일은 없었다. 오히려 1950년대에 걸쳐 대통령과 국회의원을 선출하는 자유·보통선거가 몇 차례 반복되면서 민주주의의 제도적 기초는 점점 공고해졌다. 1952년 8월 제2대 대통령 선거는 전쟁 중에 치러졌음에도 88%의 높은 투표율을 보였다. 그러한 과정을 거치면서 민주정치의 기본 요소인 자유·보통선거는 어떠한 경우에도 치러야 한다는 정치의식이 성숙하였다.

건국 초기의 정당들은 특정 정치이념에 뿌리를 내린 집단이라기보다는 유력자를 중심으로 한 인맥 집단의 성격이 강했다. 이에 유력자를 둘러싼 정치 상황의 변동에 따라 초기의 정당들은 이합집산을 거듭하였다. 정당에 속하지 않은 무소속 국회의원이 높은 비중을 차지한 것도 정당정치의 미숙함을 반영하였다. 그러나 1952년 여당으로 자유당이 결성되고, 1955년 야당으로 민주당이 창립되면서, 한국 정치는 점차 양당 구조로 안정되기 시작하였다. 일반 국민의 정치의식도 성숙하였다. 특히 여촌야도(與村野都)라는 말이 나올 만큼 도시를 중심으로 대통령의 권위주의 정치와 집권 여당의 횡포에 대한 비판적 여론이 광범하게 형성되었다. 1958년 제4대 민의원(民議院) 선거에서는 자유당이 126석, 제1야당인 민주당이 79석을 차지하여 상호 견제가 가능한 양당 구조가 성립하였다. 중앙 정치의 중심인 서울에서는 16석 중 야당이 14석을 차지할 만큼 여당의 독재에 대한 비판적 여론이 강하였다.

❷ 경제의 재건과 자립의 모색

원조경제의 전개

6·25전쟁은 분단으로 절름발이 신세를 면치 못하게 된 한국 경제에 또 하나의 큰 타격이었다. 생산설비의 파괴로 인한 극심한 물자부족에다 전비조달을 위한 통화증발로 경제는 높은 인플레이션에 시달렸다. 물가는 1947년부터 1955년까지 100배 이상 올랐다. 정부는 인플레이션을 막고 통화가치를 안정시키고자 1953년 2월 통화개혁을 단행하였다. 그에 따라 구화폐 100원(圓)을 1환(圜)으로 교환하였다. 그렇지만, 얼마 후 통화량과 물가가 다시 상승하여 통화개혁은 기대한 효과를 거두지 못하였다.

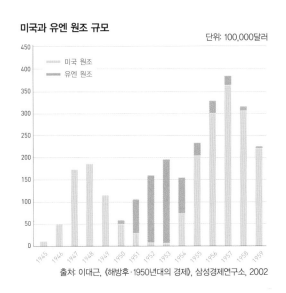

미국과 유엔 원조 규모

단위: 100,000달러

출처: 이대근, 《해방후·1950년대의 경제》, 삼성경제연구소, 2002

대충자금의 적립

미국의 원조는 현금으로 지급되지 않았다. 미국 정부는 원조 규모를 결정하여 미국 금융기관에 자금을 예치한 다음, 한국 정부가 미국이나 다른 나라에서 물자를 구매할 수 있게 하였다. 원조 규모를 통보받은 한국 정부는 민간 수입업자에게 수입물자와 규모를 정하여 원조 달러를 배정하였다. 수입업자는 배정된 달러에 상당하는 한화(韓貨)를 한국은행에 납입하고 수입허가증을 받았다. 그렇게 한국은행에 납입된 자금이 원조 달러에 상응한 대충자금이다. 대충자금은 한미합동경제위원회의 감독하에 한국 정부의 재정자금으로 집행되었다. 수입업자는 수입허가증을 미국 금융기관에 제출하고 물자를 구매, 수입하였다. 수입업자에 원조 달러가 배정될 때 시장환율보다 훨씬 낮은 공정환율(公定換率)이 적용되었기 때문에, 원조 달러의 배정은 그 자체로 큰 이권이었다.

전쟁 후 정부는 경제 재건을 최우선 목표로 삼았다. 정부는 자력으로 투자재원을 확보할 수 없었으며, 대부분 미국의 원조에 기댈 수밖에 없었다. 1952년 7월 한·미 양국은 미국의 한국에 대한 원조를 관리할 한미합동경제위원회(ROK-US Combined Economic Board)를 설치하였다. 1953년 4월에는 한국 경제의 실태를 파악하고 재건의 방안을 모색하기 위한 타스카 사절단(Tasca Mission)이 미국에서 파견되었다. 이 사절단은 한국 경제의 안정과 부흥을 위해 적극적인 경제원조를 미국 정부에 건의하였다. 그에 따라 1953~1960년 총 20억 달러 이상의 원조가 한국 정부에 제공되었다. 미국의 원조는 전쟁으로 마비 상태에 빠진 한국 경제를 재건하는 데 크게 기여하였다. 원조 달러를 민간에 판매한 대금은 한국은행에 대충자금(對充資金, counterpart fund)으로 적립되어 한국 정부의 재정수입으로 이관되었다. 총 재정수입에서 대충자금은 1953~1960년 평균 38%를 차지하여 작지 않은 비중이었으며, 1957년에는 50%를 넘기도 하였다.

한국 정부와 미국 정부는 원조의 경제적 역할에 대해 생각이 달랐다. 미국은 한국 경제의 최우선 과제를 인플레이션의 억제를 통한 경제안정이라고 생각하였다. 따라서 원조가 생활자료의 공급과 정부재정의 균형 유지에 사용되어야 한다고 주장하였다. 그에 비해 한국 정부는 조속한 시일 내에 경제를 재건하고, 나아가 자립을 달성할 목적으로, 원조를 사회 기반설비와 생산재산업에 집중적으로 투자하기를 희망하였다. 그로 인해 한·미 양국은 원조 재원의 구성 비율과 운용 방식을 두고 자주 충돌하였다.

수입대체공업화의 추진

미국은 한국의 공업화 가능성에 대해 회의적이었으며, 한국이 일본에 농산물을 수출하고 일본의 공산품을 수입해 쓰기를 희망하였다. 이승만 정부는 미국

문경시멘트공장
1955년에 착공되어 1957년에 준공되었다. 착공 직전 민간에 불하되어 현재는 쌍용양회 문경공장이다.

1955년 착공, 1962년 완공된 충주비료공장

1956년에 준공된 인천중공업

의 이 같은 방침에 반발하면서 공업화 정책을 추구하였다. 공업화의 기본 방향은 국가경제의 자립을 위해 수입 공산품을 국산제품으로 대체하기 위한 수입대체공업화(輸入代替工業化)였다. 공업화의 중심은 소비재산업이었다. 그것은 미국의 통제하에 있는 원조 물자의 구성이 주로 소비재산업 위주의 시설과 원료였기 때문이다. 그에 따라 1950년대에 면방직, 제분업, 제당업과 같은 세칭 '3백산업(三白産業)'의 소비재산업이 발전하였다.

이승만 정부가 생산재산업과 사회기반설비에 대한 투자를 포기한 것은 아니었다. 정부는 원조물자의 구성에서 될 수 있으면 생산재산업의 시설과 원료의 비중을 늘리려고 노력하였다. 미국은 이 같은 한국 정부의 요구에 대해 소극적이었으며, 그 때문에 이 부문의 건설에는 한계가 있었다. 그럼에도, 이승만 정부는 시멘트, 판유리, 철강, 비료 등과 같은 기간산업 부문에서 공장들을 건설하거나 건설에 착수하였다. 해방 이후에 중단된 철도 건설, 수리 공사, 전력 개발도 적극적으로 추진하여 적지 않은 성과를 거두었다.

일본과의 갈등

일본은 1951년 9월 미국과 강화조약(講和條約, 일명 샌프란시스코강화조약)을 체결하여 주권을 회복하였다. 이 조약은 청구권이나 어업권과 같은 한국과 일본 간의 현안에 대해 양국이 협정을 체결하도록 규정하였다. 이외에 양국 간에는 일본에 잔류한 한국인 약 60만 명의 국적과 처우를 둘러싼 문제가 있었다. 이러한 문제들을 해결하기 위해 1951년 10월 미국의 주선으로 한국과 일본의 첫 예비회담이 열렸다. 그후 1952년 1월 이승만 대통령은 '인접해양의 주권에 관한 대통령 선언'을 발포하여 이른바 '평화선'을 그었으며, 8월부터 평화선 내에 들어온 일본 어선을 나포하기 시작했다. 일본 정부는 평화선을 인정하지 않았으며, 어선의 나포에 항의하였다. 같은 해 11월에 시작된 제1차 회담에서는 이 문제를 둘러싸고 첨예한 대립이 있었으나 조정하지 못하였다. 또한, 한국 정부는 일

3백산업

면방직·제분·제당산업의 원료가 되는 면화·밀가루·설탕이 모두 백색이어서 붙여진 이름이다. 이들 원료의 도입은 업종마다 대한방직협회, 한국제분공업협회, 대한제당협회와 같은 협회가 결성되어 정부로부터 원료도입자금을 받아 산하 업체에 분배하는 방식으로 이루어졌다. 분배는 생산시설의 규모에 따라 차등을 두었기 때문에 각 업체는 경쟁적으로 시설을 확대하였다. 이에 1957~1958년경 3백산업은 때 이른 과잉투자 상황에 처했다.

평화선(1952. 1 선포), 일명 '이승만라인'이라고도 하였다.

본 정부에 대해 식민지 지배의 피해를 보상받을 청구권이 있음을 주장했으나, 일본 정부는 이를 인정하지 않았다.

1953년 4월에 제2차 회담이, 10월에는 제3차 회담이 열렸지만, 양국 간의 입장 차이는 좁혀지지 않았다. 제3차 회담에서 일본 측 대표 구보타 간이치로(久保田貫一郎)는 한국 정부의 청구권 주장에 맞서 일본 정부도 한국에 두고 온 민간인 재산에 대해 법적 청구권을 가지며, 한국이 일본의 식민지가 되지 않았으면 중국이나 러시아의 식민지가 되었을 것이라는 취지의 발언을 하였다('구보타 망언'). 구보타 망언은 한국인의 민족적 자존심에 큰 상처를 주었으며, 그로 인해 양국 관계는 더욱 험악해졌다. 1955년 8월 한국 정부는 한국인의 일본 왕래를 금지하고 일본과의 무역을 중단하였다.

이후 1957년까지 한국 정부는 평화선 내에 들어온 일본 어선 152척, 어민과 선원 2,025명을 나포하였다. 1956년 일본 정부는 구보타 대표의 발언을 취소하고, 한국에 대한 일본의 청구권을 공식적으로 포기하였다. 1958년 4월 제4차 회담이 열렸으나 양국 간의 입장 차이는 좁혀지지 않았다. 1959년 일본과 북한의 교섭이 성립하여 일본에 체류하는 일부 한국인이 북한으로 가게 되었다. 한국 정부는 이를 격렬히 비난하면서 회담을 중단하였다.

경제 위기의 도래

1955년 한국 경제는 전쟁 이전의 수준을 회복했으며, 이후에도 특히 공업 부문에서 비교적 높은 성장을 이룩하였다. 그렇지만, 한국 정부의 공업화정책은 미국의 대한(對韓)정책이 바뀌면서 위기를 맞았다. 1950년대 후반 미국의 국제수지는 자본주의진영에 대한 대규모 원조 때문에 적자로 돌아섰다. 원조를 받은 후진국의 경제 사정도 기대한 만큼 개선되지 않았다. 이에 미국은 기존의 원조정책을 근본적으로 재검토하고, 원조를 점차 차관으로 대체하기 시작하였다. 후진국이 이자와 원금을 상환할 부담이 있는 차관을 도입하여 책임을 지고 경제개발에 노력할 필요가 있다는 것이 미국의 새로운 입장이었다.

그 결과 1958년부터 미국의 원조가 줄어들기 시작하여 1957년 3억 8,000만 달러였던 원조액이 1959년에 2억 2,000만 달러로 떨어졌다. 미국 원조의 감소는 원조가 투자재원의 상당 부분을 차지하던 한국 경제에 심각한 타격을 주었다. 1957년 8.7%였던 성장률이 1959년에는 2.1%로 급락하였다. 1958~1960년 면방직업의 조업률은 65%, 제분업은 25~40%, 제당업은 25%에 불과하였다.

경제가 위기로 치닫는 상황에서 정부와 집권 자유당은 제대로 된 대응책을 내놓지 못하였다. 미국의 권유로 1956년부터 경제발전의 장기계획을 몇 차례 세웠지만, 집권자와 정부의 총체적인 정책 의지를 담지 못하였다. 정부와 자유당은 안이하였고 부패하였다. 자유당은 야당과 언론에 대해 비타협적인 강경파에 휘둘려 경제 위기에 대한 대응책을 강구하기보다 1960년에 다가올 선거에서 이길 궁리만 하였다.

새로운 엘리트 집단의 형성

집권 세력의 무능과 부패에도 불구하고 정부의 여러 부처에서는 제반 근대화 정책을 입안하고 집행할 수 있는 능력을 갖춘 엘리트 집단이 성장하고 있었다. 그들은 대체로 식민지 시기에 고등교육을 받고, 은행 등의 경제기구에서 실무경험을 축적한 다음, 건국 이후 한국 경제에 자문을 행한 미국의 전문가들로부터 훈련을 받은 젊은 관료들이었다. 1950년대 한국 경제의 발전은 상당 부분 이들 관료 집단의 능력과 헌신적 노력이 있었기에 가능했다. 그들은 한국 경제가 지속적인 발전을 이룩하기 위해서는 장기적인 개발계획이 필요하고, 그것을 추진할 강력한 기획 및 조정기구가 필수적이라고 생각하였다. 이 같은 생각은 5·16 쿠데타 이후 경제기획원(經濟企劃院)의 출범으로 구체화되었다.

군부에서도 새로운 엘리트 집단이 형성되고 있었다. 6·25전쟁을 치르면서 조직으로서 군은 비약적으로 성장하였다. 최대 30만여 명에 달했던 미국군이 1958년까지 5만 2,000명의 2개 사단을 남기고 철수하자, 한국군이 67만 명의 거대규모로 팽창하였다. 6·25전쟁 전에 설립된 육군, 해군, 공군 사관학교, 공병학교, 통신학교 등은 더 충실해진 학제과정을 통해 우수한 인력을 배출하였다. 다수 고급장교가 미국에 파견되어 군사기술과 조직 관리를 배웠다. 1950년대 한국 군대의 행정체계와 방식은 정부의 일반 부처에 비해 훨씬 선진적이었다. 그런 가운데 '조국근대화'에 강렬한 포부를 지닌 장교 집단이 한국 사회의 핵심적인 엘리트 집단으로 부상하였다.

❸ 사회·문화의 활성화

교육혁명

전쟁에 따른 혼란과 정체에도 불구하고 1950년대 한국 사회에는 1960년대 이후 본격화된 '근대화혁명'을 예비하는 긍정적인 요소들이 축적되었다. 1950년대에 국민교육이 비약적으로 보급되었다. 이전까지 한국인의 교육수준은 매우 낮았다. 1947년 15세 이상의 인구 가운데 중·고등학교 졸업자는 4.4%, 대학교 졸업자는 0.6%에 불과하였다. 이승만 정부는 '교육입국(敎育立國)'을 주창하여 초등학교의 의무교육제를 도입했으며, 정부예산의 10% 이상을 교육에 투

연 도	초등학교		중학교		고등학교		전문대학		대학(교)	
1948	3,443	2,426,113	380	278,512	·	·	·	·	·	·
1950	3,942	2,658,420	395	380,829	262	3,080	·	·	·	·
1952	3,923	2,369,861	607	312,071	342	123,041	7	·	34	31,342
1954	4,053	2,678,978	803	420,178	468	212,516	5	1,389	44	62,663
1956	4,774	2,997,813	999	458,905	597	274,383	6	2,318	46	90,358
1958	4,461	3,315,989	1,018	397,801	618	267,135	5	3,015	46	73,559
1960	4,653	3,662,685	1,053	528,593	640	273,434	11	4,889	52	92,930

출처: 통계청, 《통계로 본 대한민국 50년의 경제사회상 변화》, 1998

자하였다. 그 결과 1948~1960년 전국의 초등학교는 3,443개교에서 4,653개
교로, 중학교는 380개교에서 1,053개교로, 고등학교는 262개교(1950)에서
640개교로 크게 늘었다. 전문학교와 대학교는 해방 직후 19개교에 불과했던 것
이 1952년에 41개교, 1960년까지 63개교로 늘었고, 학생 수도 10만 명 가까이
되었다.

선진 문물을 배우려는 학생들의 해외유학도 급속히 늘었다. 1950년대 어려
운 경제현실에서도 매년 600명 이상의 학생이 미국을 비롯한 여러 선진국으로
유학을 떠났다. 1950년대에 2,400명의 공무원이 해외 연수나 시찰을 다녀왔으
며, 1961년까지 9,000명 이상의 장교가 해외에서 군사훈련을 받고 돌아왔다. 그
외에 1950년대에는 국방과학연구소(1954), 원자력연구소(1959) 등이 설립되어
과학·기술의 수준을 높이는 토대가 마련되었다.

1950년대 한국에는 '교육혁명'이라고 부를 만한 사회적 변화가 있었다. 정
부는 어려운 경제 여건에서도 교육 기회를 균등하게 제공했고, 국민은 교육만이
삶의 질을 바꿀 수 있다는 생각에서 자녀 교육에 놀라운 열정을 보여주었다.
1950년대의 '교육혁명'으로 대량 축적된 우수한 기획능력, 경영능력, 설계능력,
숙련노동은 1960년대 이후 고도 경제성장의 직접적인 토대가 되었다.

자유주의 문화의 확산

6·25전쟁은 이전까지 농촌지역을 중심으로 그런대로 강고하게 유지되어 온
전통 사회의 구조를 해체하는 계기가 되었다. 전쟁으로 인한 격심한 인구이동
과정에서 인간의 사회적 지위를 양반과 상민으로 나누던 전통적인 신분의식은
사라졌으며, 그를 대신하여 근대적인 국민의식이 자리 잡게 되었다. 국민의식의
보급에는 젊은이들에게 보편적으로 강요된 병역의무가 크게 기여하였다. 젊은
이들은 군대생활을 통해 근대적 행동규율을 몸에 익혔을 뿐 아니라, 근대적인
문물과 기술에 대한 지식을 취득하였다.

● 이승만 대통령의 원자력에 대한 선구적 이해

1950년대 한국의 객관적인 여건에서 원자력 연구는 꿈도 꾸기 힘든 실정이었다. 그럼에도 이승만 대통령의 선구적인 이해와 집착으로 1959년 원자력연구소가 문을 열었다. 이보다 앞서 1956년 한국을 방문한 미국의 전기기술 대가인 시슬러(Walker L. Cisler)는 이승만 대통령에게 에너지원으로서 원자력의 무한한 가능성과 원자력 연구기관 및 인재양성의 중요성을 깨우쳐 주었다. 그에 따라 1956년 3월 문교부 기술교육국 안에 원자력과가 설치되었으며, 4월 최초의 연구생 2명이 미국으로 유학을 떠났다. 1958년에는 원자력법이 제정되었으며, 그에 따라 1959년 1월 원자력원이 발족하고 산하에 원자력연구소가 설립되었다. 같은 해 7월에는 73만 달러를 들인 시험용 원자로가 도입되어 설치공사가 시작되었다. 이 원자로가 가동을 시작한 것은 이승만 대통령이 하야한 뒤인 1962년 3월의 일이다. 이처럼 이승만 대통령이 씨를 뿌린 한국의 원자력 연구는 1980년대에 이르러 독자 모델의 한국형 경수로를 개발하는 결실을 보았다.

원자력연구소 기공식에서 첫삽을 뜨는 이승만 대통령

1950년대까지 신문, 라디오, 텔레비전 등 대중매체의 보급은 낮은 수준이었다. 1959년 전국적으로 라디오는 30만 대, 텔레비전은 1,000대를 넘지 않았다. 라디오의 보급률은 9.1%에 불과했는데, 서울이 29.5%로 압도적으로 높았던 반면, 농촌지역은 5~7%에 지나지 않았다. 신문은 1959년 전국적으로 약 80만 부가 발행되었는데, 그중 4분의 1이 서울에 집중되었다. 낮은 수준이었지만 신문과 라디오의 전국적 보급은 중앙 정치의 뉴스를 농촌 사회 말단에까지 신속히 전파하였다. 또한, 신문과 라디오는 미국에서 들어온 대중문화 확산에 기여하였다. 대중문화의 보급에는 영화관의 역할도 컸다. 1956년 전국의 상설 영화관은 140개에 불과했으나 1960년에는 322개로 늘었다. 1960년 한 해 관람객 수는 4,500만 명을 넘었다.

《자유부인》

정비석(鄭飛石)이 1954년 1월 1일부터 8월 6일까지 《서울신문》에 연재한 장편소설이다. 이 소설은 대학교수의 부인이자 선량한 주부인 오선영이, 우연히 대학동창을 만나 남편의 제자와 춤바람이 나고 유부남과 깊은 관계에 빠지는 등 가정파탄의 위기에 처하지만, 남편의 아량과 이해로 자신의 과오를 뉘우치고 다시 가정으로 돌아간다는 내용을 담고 있다. 6·25전쟁 직후의 퇴폐풍조와 전쟁미망인의 직업전선 진출 등, 당시 사회의 단면을 파헤치고 의식을 각성시키려는 의도를 담은 소설이다. 이 소설은 1956년 한형모 감독의 영화 〈자유부인〉으로 제작되어 선풍적인 호응을 얻었다. 1950년대의 시대상을 묘사한 대표적 영화의 하나로서, 문화재적 가치를 지닌다고 평가되고 있다.

1950년대는 기독교 인구가 급속히 증가한 시기였다. 1960년대에는 그 수가 100만 명을 넘어 인구의 5%에 육박할 정도였다. 전국에 교회뿐만 아니라 기독교 계통의 학교와 방송국도 설립되었다. 교육계를 중심으로 한 기독교의 확산은 전통 사회로부터 물려받은 신분의식을 해체하고 개인의 가치를 소중히 여기는 시민의식을 조성하는 데 이바지하였다. 종교인구의 다수를 점하던 불교와 유교도 일제가 왜곡한 교단 조직을 정비하면서 새롭게 발전할 태세를 갖추었다.

1950년대는 여성해방의 시기이기도 하였다. 여성을 천시하는 유교적 가부장제 문화가 여전히 강고했지만, 의무교육의 실시로 대부분 여성이 보통교육을 받게 되었다. 여대생은 1945년에 1,086명에 지나지 않았지만, 1960년까지 1만 7,000명으로 증가하였다. 고등교육을 받은 여성의 사회적 진출도 증가하여 여성의 사회적 지위가 개선되었다.

마지막 소농사회

1950년대 말에도 전체 인구의 7할은 여전히 농민이었다. 농지개혁으로 지주제가 폐지된 결과, 농민들의 경제생활은 이전보다 많이 개선되었다. 그러나 해방과 전쟁에 따른 정치·경제의 혼란으로 수리시설의 복구가 지체되고 화학비료가 부족하여 1950년대에는 주요 농산물의 생산성이 정체하였다. 전쟁 기간에 인플레이션이 급속히 진행되자 정부는 농민들로부터 거두는 토지세와 분배농지 상환금을 현물로 받았다. 현물세 수취는 농가경제를 압박하였다.

1950년대 후반에 미국으로부터 상당량의 농산물이 도입되었다. 1957년 원조 양곡은 국내 생산의 17%에 달하였다. 원조 양곡의 대량 도입은 곡물가격을 하락시켰다. 1950년대 후반 농산물 물가지수는 일반 물가지수의 상승에 미치지 못하였다. 그로 인해 농가경제가 큰 압박을 받았다. 원조 농산물과 직접 경합하는 국내 밀·면화·담배 등의 재배도 큰 타격을 받았다.

1950년대 농가는 전반적으로 빈곤의 늪을 헤어나지 못하였다. 대다수 농민은 농지 1정보 미만의 영세한 소농들이었다. 그럼에도 자녀의 교육비와 농외지출은 증가하였다. 농가의 현금수지는 적자를 면치 못하였고, 농촌에는 식민지 시기에 사라졌던 고리대가 다시 부활하였다. 고리대에 몰린 빈농들은 토지를 처분하여 소작농으로 몰락하였다. 이에 따라 농지개혁으로 사라졌던 지주제가 부분적으로 다시 살아났다.

1950년대 농촌은 전통 소농사회의 마지막 자락에 놓여 있었다. 공업화와 도시화의 수준이 낮아, 대부분 사람은 태어난 곳에서 크게 벗어나지 않는 범위에서 살았다. 절반 이상이 결혼 상대를 같은 군내에서 찾았으며, 도의 경계를 넘는 경우는 매우 드물었다. 사람들은 친족과 마을과 5일마다 한 차례 다녀오는 장시를 일상생활권으로 하였다. 그 속에서 사람들은 더 이상 양반과 상민의 신분을 따지지는 않았지만, 그들이 원래 속했던 신분을 예민하게 의식하였다. 양반이 모여 사는 반촌(班村)은 상민이 모여 사는 민촌(民村)을 멸시했으며, 양반과 상민이 섞여 사는 촌락에는 적지 않은 내부 갈등이 있었다.

사람들은 인생의 행복과 사회적 성취를 결정하는 요소로서 교육을 가장 중요하게 여겼다. 사람들은 더 나은 삶의 질을 위하여 경제생활을 개선하려고 모든 노력을 기울였지만, 1950년대 정태적인 경제는 국민의 욕구를 충족할 수 없었다. 농민들은 관료기구의 무능력하고 무책임한 행정에 적지 않은 불만을 가졌다.

● 1950년대 농촌생활

1958년 하버드대학 옌칭연구소의 지원을 받아 고황경(高凰京) 등 한국의 대표적인 사회학자들이 농촌 주민의 가족생활 실태를 조사하였다. 그에 의하면 농촌 주민이 결혼 상대를 선택하는 데에는 여전히 양반과 상민의 신분이 중요하게 작용하였다. 양반으로 자처하는 사람들은 상민이나 서자녀(庶子女) 출신과는 좀처럼 결혼하지 않으려 하였다. 다만 며느리를 맞는 데는 상민 출신도 좋다는 정도로 배타성이 조금 완화되어 있었다. 결혼 범위는 조사 대상이 된 천안(충남), 군위(경북), 담양(전남)의 3개 마을 총 634호에서 354호(56%)가 같은 군내였고, 같은 도내는 78%에 달하였다.

1950년대 어느 농촌 마을. 헐벗은 뒷산이 보인다.

장에 가는 길
남한의 장시는 1938년에 910기였는데, 해방과 6·25전쟁의 혼란으로 감소했다가 1960년까지 990기로 증가하였다. 5일마다 열리는 장시는 자급자족경제가 여전히 큰 비중을 차지하는 소농사회에 알맞은 시장경제 형태였다. 장시는 계속 증가하여 1975년 1,047기에 달하였다. 이후 농촌에까지 경제성장의 파도가 미치자 5일장은 감소하기 시작하였다. 상설점포가 들어섰기 때문이다. 장시는 농촌 주민의 경제적 교환이 이루어지는 장소였을 뿐 아니라 사교와 오락의 문화공간이기도 하였다.

4. 4·19민주혁명과 민주당 정부의 좌절

❶ 4·19민주혁명

3·15부정선거를 보도한 《동아일보》
(1960. 3)

3·15부정선거에 항의하는 마산 시민들

3·15부정선거

1958년 이후 한국의 정치·사회·경제는 깊은 혼란에 빠졌다. 미국 원조가 줄어 불황이 닥치자 도시의 실업자가 증가하여 사회적 불안이 심화하였다. 이승만 대통령의 권위주의적 통치는 야당과 언론에 대한 무리한 탄압으로 이어졌다. 노쇠한 대통령의 후계를 노리는 자유당 강경파의 집권욕은 국내 정치의 혼란을 부채질하였다. 1960년 3월 15일에 실시된 대통령 선거에서는 야당 대통령 후보인 조병옥(趙炳玉)이 선거 직전에 갑자기 사망하였다. 이에 이승만은 어렵지 않게 유효투표의 89%를 획득하여 제4대 대통령에 당선되었다. 선거에 대한 국민의 관심은 이미 84세인 이승만의 유고 시에 대통령을 승계할 부통령 선거에 집중되었다. 그 선거에서 자유당의 이기붕 후보가 79%의 높은 득표율로 당선되었다. 그러나 대다수 국민은 선거의 결과를 인정하지 않았다. 실제로 민심의 광범한 이반으로 선거의 결과를 낙관할 수 없었던 자유당의 강경파는 조직적인 부정선거를 획책하였다. 그들은 유권자를 조작하거나 개표 결과를 조작하는 등 온갖 부정을 저질렀다. 그에 대한 국민의 분노는 부통령 선거 결과가 공고되자 폭발하였다.

학생시위와 이승만 대통령의 하야

최초의 국민적 항의는 고등학생들로부터 시작되었다. 2월 28일 대구 경북고등학교 학생들이 일요일에 학생들을 선거유세에 참여하지 못하게 등교시킨 것에 항

학생도 교수도 거리로
태극기를 들고 경무대 앞까지 진출한 학생 시위대(왼쪽). 경찰의 발포로 사태가 악화되자 각 대학 교수도 "학생의 피에 보답하라"며 거리로 나섰다(오른쪽).

의해 집단시위를 벌였다. 부정선거에 항의하는 시위는 3·15부정선거 이후 더욱 격렬해졌다. 마산에서는 시위 도중에 고등학생 김주열이 경찰이 쏜 최루탄에 맞아 사망하였다. 경찰은 김주열의 시신을 바다에 버렸다. 4월 11일 김주열의 시체가 발견되자 국민의 분노가 크게 일었다. 서울에서는 4월 18일 고려대학교 학생들의 시위가 시발점이 되어, 이튿날인 4월 19일부터 각 대학 학생들이 시위에 참여하였다. 시위대가 경무대 앞까지 진출하자 경찰이 총격을 가하여 180여 명의 학생과 시민이 사망하고 수많은 부상자가 생겼다. 4월 25일에는 대학교수까지 나서서 부정선거를 규탄하고 학생들을 지지하는 시위를 벌였다. 시위에 나선 교수들은 이승만 대통령의 하야를 요구하였다.

대통령직에서 물러나 미국으로 떠나는 이승만

정부는 시위대를 진압하고자 계엄령을 선포하고 서울 시내로 군대를 출동시켰다. 그렇지만, 군은 정치적 중립을 지키면서 시위대를 진압하지 않았다. 미국은 부정선거를 비난하고, 시위대에 대한 강경 진압을 비판하는 입장을 표명하였다. 미국은 한국의 군부에 정치적 중립을 지키라는 간접적인 신호를 보냈고, 이승만에게는 하야하라는 압력을 가하였다. 궁지에 몰린 이승만은 4월 26일 하야를 발표하고 미국 하와이로 떠났다. 정부는 외무부 장관 허정(許政)을 수반으로 하는 과도정부로 개편되었다. 과도정부하에서 권위주의적 대통령책임제를 내각책임제로 바꾸는 헌법개정이 이루어졌다.

4·19는 부정에 항거하는 학생들의 의거에 국민이 동참하여 권위주의 정부를 타도함으로써 국민주권과 대의제적 민주주의의 기본 원리를 재확인한 민주혁명이었다. 그렇지만, 국가체제의 기본 원리를 바꾸고자 한 민중혁명과 계급혁명은 아니었다. 4·19민주혁명은 민주주의의 이념과 원리를 정치만이 아니라 사회생활과 정신문화의 깊은 곳까지 정착시키는 큰 변화를 불러왔다. 1960년대 이후 한국의 민주화운동은 4·19민주혁명을 이념적 표상으로 삼았다.

민주당 정부의 성립

새 헌법에 따라 1960년 7월에 치른 제5대 국회의원 선거에서 야당인 민주당이 압승을 거두었다. 새 헌법은 지역대표성에 따라 구성된 참의원(參議院)과 인구비례에 따라 구성된 민의원의 양원제를 도입하였다. 참의원 선거의 결과는 민주당 31석, 자유당 4석, 무소속 20석이었으며,

4·19민주혁명 이후 새로 구성된 제5대 국회 개원식(1960. 8)

윤보선(1897~1990)

충남 아산 출생. 1930년 영국에 유학하였
다. 해방 후 미군정청 농상국 고문에 취
임, 정부 수립 후에는 초대 서울시장에 발
탁되었다. 이후 3·4대 국회의원에 당선
되고, 야당 지도자로서 민주당 최고위원
등을 역임하였다. 4·19민주혁명 이후 내
각책임제로 바뀐 정부에서 대통령으로 선
출되었다. 5·16쿠데타 이후에도 대통령
으로 있다가 군정 당국과의 마찰로 끝내
사임하였다. 이후 1963년과 1967년의 대
통령 선거에서 박정희(朴正熙)와 겨루었
으나 패하였다. 이후 야당의 지도자로서
박정희의 권위주의 정치에 항거하는 민주
화운동에 참여하였다.

장면(1899~1966)

경기 인천 출생. 1919년에 도미, 1925년
맨해튼 가톨릭대학을 졸업, 귀국한 뒤 교
육계에 종사하였다. 해방 후 과도정부 입
법의원 등을 역임하고, 1948년 제헌국회
의원에 당선되었다. 그해 제3차 유엔총회
에 수석대표로 참석하여 한국의 국제적
승인을 위하여 노력하였다. 1949년에는
주미대사가 되었으며, 1951년 국무총리가
되었다가 이듬해 사퇴하였다. 이후 야당
의 지도자로서 이승만 대통령과 맞섰으
며, 1956년 부통령에 당선되었다. 4·19민
주혁명 후 내각책임제 제2공화국의 국무
총리로 선출되어 정권을 장악하였다.
1961년 5·16쿠데타로 실각한 다음, 사망
하기까지 종교인으로 은둔하였다.

민의원 선거에서는 민주당이 175석, 자유당이 2석, 무소속이 49석을 차지하였다.
이승만이라는 개인의 카리스마에 의존했던 자유당은 정치적으로 소멸하였다. 사
회주의적 체제 변혁을 내세운 혁신정당도 거의 표를 얻지 못하였다.

국회에서 실시한 선거에서는 윤보선(尹潽善)이 대통령에, 장면이 국무총리에 선
출됨으로써 새로운 정부가 출범하였다. 집권 민주당은 반공주의를 확고히 하면서
경제발전을 최우선 과제로 삼겠다는 국정의 기본 방침을 발표하였다. 민주당 정부
는 장기적인 경제개발계획과 국토개발계획을 수립하였다. 그러나 4·19 이후 정치
적 갈등과 사회적 혼란이 가중되어 민주당은 애초에 의도했던 개발계획을 체계적으
로 추진할 기회가 없었다. 국민은 민주당의 집권 능력에 회의를 품고 불신하였다.

❷ 국가체제의 위기

급진 통일세력의 도전

새로운 정부가 들어서자 정치·사회의 모든 문제를 시위를 통해 해결하려는
경향이 생겼다. 초·중학교 학생뿐만 아니라 경찰까지도 시위를 벌였다. 사회적
혼란이 심화되는 가운데 대학의 학생운동이 과격해지기 시작하였다. 그들은 정
치와 사회의 민주주의적 개혁에 대한 요구를 넘어, 국가체제의 기본 이념과 밀
접한 연관을 갖는 민족통일의 문제를 제기하기 시작하였다. 학생운동은 점차 좌
파 이념정당의 영향권에 포섭되어 갔다.

사회대중당 등 좌파 이념정당들은 민족자주통일중앙협의회(民族自主統一中
央協議會)를 구성하여 반외세 민족주의, 즉각적인 남북협상, 중립화 통일을 주
장하였다. 그 같은 주장은 대학가로 전파되었다. 대학생들의 민족주의 운동조직
인 민족통일연맹(民族統一聯盟) 등은 1961년 4·19민주혁명 1주년을 맞아, 민주
당 정부를 민족통일을 기피하고 통일세력을 탄압하는 정권이라고 비난하였다.
18개 대학과 고등학교 대표까지 참여한 민족통일전국학생연맹(民族統一全國學
生聯盟)은 "가자 북으로, 오라 남으로"라는 구호를 외치며 남북학생회담의 개최
를 주장하였다. 좌파 이념의 사회운동도 기세를 부렸다. 2만여 명의 교사들은 한
국교원노동조합(韓國敎員勞動組合)을 결성하였다. 그들은 국가체제의 사회주
의적 변혁을 지향하였다. 노동자들도 노동조합을 속속 결성했으며, 그에 따라
노동쟁의가 급증하였다. 노동운동에도 좌파 이념의 영향이 깊숙이 침투하였다.
좌파 성향의 사회운동은 4·19민주혁명 이후 이완된 국가보안체제를 강화하려
는 민주당 정부의 노력에 반대하고, 미국과 불평등한 관계의 개선을 요구하는
정치운동으로 발전하였다.

정치적 혼란의 가중과 북한의 평화공세

민주당 정부는 정치적, 사회적 혼란을 제대로 수습하지 못하였다. 실질적인 집권자인 장면 총리는 교육자와 외교관 출신으로서 정치적 혼란을 수습할 수 있는 강력한 리더십을 갖추지 못하였다. 국정이 혼란을 거듭한 데에는 집권 민주당의 내부 갈등도 큰 원인이 되었다. 민주당 정부는 출범 초부터 1950년대부터 계속된 구파(舊派)와 신파(新派) 간의 파벌 대립에 휘말렸다. 신파는 장면 총리, 구파는 윤보선 대통령이 지도자였다. 신·구파는 대통령, 국무총리, 각부 장관, 도지사의 자리를 놓고 사사건건 충돌하였다. 양 파의 충돌은 민주당의 분당사태로 번졌다. 1960년 11월 윤보선 대통령과 유진산(柳珍山)을 중심으로 한 구파는 민주당에서 분리해 나와 신민당(新民黨)을 창당하였다.

당시 북한은 정치적으로 안정된 상태였고, 경제적으로도 남한보다 우위에 있었다. 북한은 식민지 시기에 일제가 북한 지역에 건설한 방대한 공업시설과 1950년대 공산주의 국제세력의 원조를 바탕으로 경제 건설에서 상당한 성과를 거두었다. 북한은 4·19 이후 정치적으로 혼란한 남한에 대해 평화공세를 강화하였다. 1960년 8월 북한 김일성은 남북연방제를 제안했으며, 11월에는 북한 중공업위원회에서 남한에 전기를 보내 주겠다고 제안하였다. 북한의 평화공세는 남한의 급진적인 통일세력이 국민의 민족주의 열정을 이용하여 적지 않은 정치적 동원력을 과시하는 데 도움을 주었다. 장면 정부는 위험수위에 도달한 급진적 운동과 시위를 규제하는 입법을 시도했으나, 급진세력의 반발에 부딪혀 포기하고 말았다.

사회 현상이 된 '데모'
교원노조의 집회(위)와 정부의 용공(容共) 태도를 규탄하며 거리로 나선 우익단체 회원들(가운데). 마침내 국민학생들까지 "데모는 그만"이라며 호소하고 나섰다(아래).

국가체제의 위기로까지 발전한 정치적 불안과 사회적 혼란에 대한 국민의 염증과 불만은 흐트러진 국가체제를 정비하고 지체된 근대화 과제를 강력히 추진할 새로운 리더십을 갖춘 정치집단이 부상하는 토양을 제공하였다. 그 같은 역사적 역할은 6·25전쟁 이후 급속히 조직을 키우면서 우수한 인재를 집중해 온 군부가 담당하였다. 1961년 5월 16일 박정희 육군 소장을 지도자로 하는 군부의 쿠데타가 일어났다.

"가자 북으로, 오라 남으로"
통일을 위한 남북회담 개최를 요구하는 급진 민족주의 세력의 시위. 혼란과 무질서의 장기화는 군부 쿠데타의 빌미를 제공했다.

5·16 이후 한국은 경제, 사회, 문화의 모든 면에서 근대화혁명이라 할 만한 급격한 변화를 겪었다. 자립적인 국가경제를 건설하였으며, 자주국방의 실력을 갖추기에 이르렀으며, 시민사회의 토대가 되는 중산층이 성숙하였다. 동시에 근대화혁명 세력의 권위주의 정치에 맞서 4·19민주혁명 이념에 근거한 민주화 세력이 정치적으로 성장한 시기였다.

1960   1965   1970   1975

1965
베트남 파병,
한일협정

1963
박정희 정부 수립

1962
제1차 경제개발5개년계획

1967
GATT 가입

1969
3선개헌

1975
인혁당사건
관련자 형집행

1973
중화학공업화 개시,
포항제철 준공

1972
새마을운동 개시,
7·4남북공동성명, 10월유신

1961
5·16쿠데타

1970
경부고속도로 개통, 전태일 분신

근대화혁명과 권위주의 정치

1980

1985

1981
전두환 정부 수립

1987
6·10민주항쟁,
6·29선언, 직선제 개헌

1980
5·18광주민주화운동,
중화학공업 투자조정

1986
서울아시안게임,
한국 최초 무역수지 흑자

1979
부마사태, 10·26사태, 12·12사태

1977
수출 100억 달러 달성,
직장의료보험제 도입

1. 5·16쿠데타

❶ 쿠데타의 배경과 의미

근대화의 지체와 군부

6·25전쟁 이후 이승만 정부는 전쟁 피해의 복구와 자립적 국가경제 건설에 노력하였다. 그렇지만, 국내 자원이 빈약하고 축적된 자본이 없는 가운데 미국 원조에 의존할 수밖에 없다는 한계가 있었다. 1958년 이후 미국 원조가 줄어들기 시작하자 경제 위기가 찾아왔다. 경제성장의 일정한 성과에도 불구하고, 1950년대 말 한국은 1인당 국민소득이 60~80달러로 세계 최빈국의 범주를 벗어나지 못하였다. 정치적으로는 민주주의가 정착할 기반으로서 시민사회가 결여된 가운데, 이승만 대통령의 권위주의적 통치와 집권 자유당의 부정부패로 혼란이 거듭되었다.

6·25전쟁을 거치면서 군부는 한국에서 다른 사회집단에 비해 가장 유능하고 잘 조직된 집단으로 성장하였다. 1950년대의 정체와 혼란 속에서 '조국 근대화'의 강렬한 포부를 지닌 젊은 장교들은 쿠데타의 기회를 모색하였다. 4·19 이후 군부에서는 영관급 장교들이 3·15부정선거에 책임이 있거나 부패하고 무능한 지도부의 퇴진을 요구한 사건이 있었다(정군운동). 요구가 거부되자 그들은 군부에서 청렴한 이미지로 명망을 얻고 있던 박정희 육군 소장을 중심으로 결집하였다. 그들의 쿠데타 계획은 4·19 이후 정치적, 사회적 혼란이 심화하자 더욱 탄력을 받았다. 1961년 5월 16일 박정희를 지도자로 하는 군부의 쿠데타는 이처럼 근대화의 지체에 따른 위기, 군부의 팽창에 따른 사회 조직의 불균형, 4·19 이후의 극심한 혼란을 배경으로 하였다.

근대화혁명의 출발점

5·16은 일부 군부 세력이 헌법 절차를 거쳐 수립된 정부를 불법적으로 전복한 쿠데타였다. 그러나 정치기능 면에서 5·16쿠데타는 근대화라는 국민적 과제를 수행할 능력이 결여된 구정치 세력과 그에 도전한 급진이념의 정치 세력 모두를 대체할 새로운 세력이 국가권력의 중심부를 장악한 일대 변혁이었다. 30~40대의 인물들로 구성된 새로운 통치 집단은 기득권 집단의 이해관계로부터 자유

정군운동

4·19 직후 5월 초에 김종필을 중심으로 한 영관급 장교 8명이 "4·19혁명 정신으로 정군(整軍)을 해야 한다"고 주장하며 3·15부정선거를 방조하고, 부정축재를 하고, 무능하고 파렴치한 군부 수뇌부의 사퇴를 촉구하는 연판장을 돌리다가 발각된 사건이 발생하였다. 사건의 주모자들은 체포되었지만 군부 내의 동정적 여론으로 심한 처벌을 받지 않았다. 이들 정군파 장교는 같은 해 8월 장면 내각이 출범하자 신임 국방부 장관을 찾아가 같은 내용의 건의를 하려 했으나 실패하였다. 이후 이들은 서울의 충무장이란 음식점에서 "정군에서 혁명으로 투쟁 방법을 바꿀 것을 결의"했는데, 이 모임이 5·16쿠데타와 관련된 첫 모임으로 알려져 있다.

로웠다. 그들은 당시 객관적인 현실에서 경제발전이야말로 가장 시급한 국민적 과제임을 잘 인식하고 있었다. 그리고 6·25 전쟁에 참전한 군인 출신으로서 그들은 성급한 통일운동의 위험성과 비현실성을 확신하였다.

그들은 합법적인 정부를 무력으로 전복했다는 점에서 이후 민주화 세력의 지속적인 도전과 비판의 대상이 되었다. 그러한 도덕적 멍에를 안은 채, 그들은 군인 특유의 추진력과 실용주의적 방식으로 경제발전을 추진하였다. 그에 따라 한국 경제는 1961년 이후 35년간 연평균 7~8%의 고도성장을 거듭하였다. 그 결과 1961년에 82달러에 불과하던 1인당 국민소득이 1987년에 3,218달러로 급성장하고, 1995년에는 1만 달러를 초과

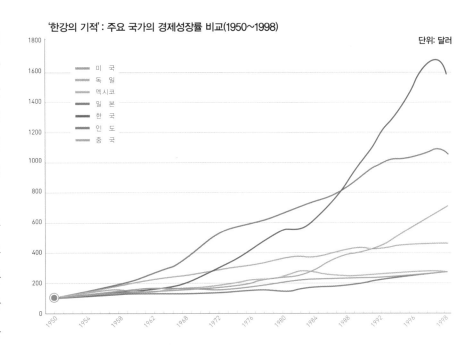

'한강의 기적' : 주요 국가의 경제성장률 비교(1950~1998)

단위: 달러

출처: Angus Maddison, *The World Economy, A Millennial Perspective*, Paris: OECD Development Centre Studies, 2001

한국과 미국, 독일, 멕시코, 일본, 인도, 중국의 1950년 1인당 실질소득을 모두 100으로 한 다음, 1999년까지 어떠한 변화가 있었는지를 비교한 그림이다. 처음부터 가장 두드러진 성장을 보인 나라는 일본이었으며, 독일이 그 다음이었다. 한국은 1965년까지 정체 상태에 있다가 이후 가속적인 성장을 시작하여 1970년대 들어서는 일본 다음으로 높은 성장률을 보였다. 1980년대 후반부터는 모든 나라 가운데 가장 급속한 성장률을 1997년 경제 위기 때까지 지속하였다. 이처럼 한국 경제는 1950~1999년 세계경제에서 1인당 실질소득의 가장 급속한 성장을 이룩하였다. 1950년 한국의 1인당 실질소득은 770달러로서(1999년 기준) 같은 후진국인 멕시코의 2,365달러의 3분의 1에 불과했지만, 1999년 한국은 1만 3,222달러로서 멕시코 6,877달러의 2배 가까이나 되었다. 같은 기간 인도는 619달러에서 1,841달러로 거의 제자리걸음이었다. 이러한 한국 경제의 성장을 두고 해외에서는 흔히들 '한강의 기적'이라 하였다.

하였다. 이는 세계 자본주의의 역사에서 전례가 드문 기적적인 성장이었다. 급격한 경제성장은 한국인의 물질생활과 정신생활에 혁명적인 변화를 초래하였다. 그 점에서 5·16쿠데타는 근대화혁명의 출발점이기도 하였다.

❷ 군사정부의 추이

쿠데타의 성공과 초기 개혁

1961년 5월 16일에 일어난 박정희 소장의 쿠데타는 사전에 계획이 노출되었음에도 불구하고, 진압 책임이 있는 제2공화국 주요 인물들의 미온적 태도와 직무유기로 성공하였다. 참모총장 장도영(張都暎)은 5월 15일 밤 쿠데타 계획을 인지했으나 진압을 위한 결정적인 조치를 취하지 않았다. 쿠데타 세력을 체포하라는 명령을 받은 헌병차감은 박정희에게 설득되어 체포를 포기하였다. 장면 총리

서울에 진입한 쿠데타군의 탱크들

5·16쿠데타 주역들. 가운데가 박정희 소장, 왼쪽이 박종규 소령, 오른쪽이 차지철 대위

는 쿠데타가 발생하자 몸을 숨긴 채 미국군에 진압을 요청했을 뿐이다. 장면 총리와 정치적으로 대립한 윤보선 대통령은 쿠데타의 지도부를 접견하여 사실상 쿠데타를 용인하였다. 이러한 상황에서 쿠데타 세력의 정권 장악은 점차 기정사실이 되었으며, 미국 정부도 이를 묵인하는 자세로 돌아섰다. 쿠데타 세력은 제2공화국의 헌법과 정부를 해체하고 국가재건최고회의(國家再建最高會議)를 설치하였다. 군사정부는 기존 정당과 사회단체를 모두 해산하고 민간인의 정치활동을 금하였다.

군사정부는 반공을 국시(國是)로 한다는 '혁명공약'을 내걸고 급진 정당과 교원노조 관계자 등 4,000여 명을 구속하였다. 군사정부는 부패와 구악을 일소한다는 공약에 따라 1만여 명의 폭력배를 구속하고 4만여 명의 부패 공직자를 파면하였다. 사치생활

정치깡패 처벌
군사정부에 의해 구속된 폭력배들이 서울 거리를 행진하고 있다. 이정재·임화수 등 정치권과 유착한 대표적 '정치깡패' 들은 처형되었다.

◉ 혁명공약

첫째   반공을 국시의 제일의(第一義)로 삼고 지금까지 형식적이고 구호에만 그친 반공체제를 재정비 강화한다.

둘째   유엔헌장을 준수하고 국제협약을 충실히 이행할 것이며 미국을 위시한 자유우방과의 유대를 더욱 견고히 한다.

셋째   이 나라 사회의 모든 부패 구악을 일소하고 퇴폐한 국민도의와 민족정기를 다시 바로잡기 위해 청신한 기풍을 진작시킨다.

넷째   절망과 기아선상에서 허덕이는 민생고를 시급히 해결하고 국가 자주경제 재건에 총력을 경주한다.

다섯째 민족적 숙원인 국토통일을 위하여 공산주의와 대결할 수 있는 실력의 배양에 전력을 집중한다.

여섯째 이와 같은 우리들의 과업이 성취되면 참신하고 양심적인 정치인에게 정권을 이양하고 우리는 본연의 임무로 복귀할 준비를 갖춘다.

1961년 5월 16일 새벽 군사혁명위원회는 KBS방송을 통해 쿠데타 소식과 더불어 위와 같은 '혁명공약'을 발표하여 잠에서 막 깨어난 전 국민에게 큰 충격을 주었다.

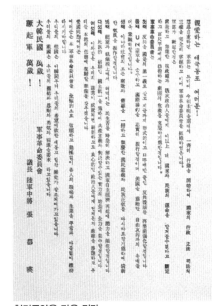

혁명공약을 담은 전단

을 금하여 밀수와 외제품 사용을 강력하게 단속했으며, 풍기문란을 이유로 무도장과 사창가를 폐쇄하였다. 군사정부의 급진적 개혁은 점차 정치·사회의 혼란에 염증을 느껴 온 국민의 지지를 받았다.

울산공업센터 기공식 (1962. 2)
경제인들의 적극적인 참여로 1968년까지 석유화학 관련 공장 13개가 들어섰다.

미숙한 경제정책

1950년대 한국의 기업가들은 기업을 확장하기 위해 정부로부터 원조 달러와 물자를 배정받았다. 그 대가로 기업가들은 집권 자유당에 정치자금을 제공하였다. 군사정부는 부정부패의 척결을 내걸고 주요 기업가 15명을 구속하였다. 뒤이어 부정축재자처리법을 개정하여 부정축재 기업가 27명에게 475억 환에 달하는 거액의 벌과금을 부과하였다. 기업가들은 정부로부터 지원을 받고도 기업 경영에 실패한 기업가는 놓아두고, 기업 경영에 성공하여 국민경제에 이바지한 기업가를 부정축재자로 모는 것은 부당하다고 반발하였다.

기업가의 구속과 처벌로 경제 사정은 오히려 악화되었다. 군사정부는 경제의 안정과 발전에 기업가의 도움이 필요함을 인식하고 부정축재자의 처벌을 완화하였다. 기업가들은 경제

고리채정리사업

1960년대 초반 농어촌에 널리 퍼진 고리채는 농어민의 생계를 심각하게 위협하였다. 이 점을 인식한 군사정부는 1961년 6월 농어촌고리채법을 제정하고 농어촌 고리채 정리사업을 시작하였다. 그에 따라 농어민이 고리채를 신고하면 채권자에게 연리 20%의 농업협동조합채권을 지급하고, 농어민에게는 농업협동조합이 대신 갚아 준 채무를 연리 12%, 2년 거치, 5년 분할의 조건으로 상환하게 하였다. 1961년 12월 말까지 모두 480억 환의 고리채가 신고되었으며, 그 가운데 293억 환이 고리채로 판명되어 농업협동조합의 융자 대상이 되었다. 그러나 농어촌 고리채 정리사업은 적지 않은 부작용을 낳았다. 농어민은 당장 채무의 중압에서 벗어났지만, 농어촌의 사금융 시장이 마비되어 급한 돈을 꾸어 쓰기가 불가능해졌다. 결과적으로 농어가의 경제는 오히려 더 큰 압박을 받았다. 정부가 민간의 사금융 시장에 무리하게 개입한 고리채 정리사업은 전반적으로 실패였다고 평가되고 있다.

농촌 고리채 정리 사업 간담회 (1961. 8)

재건촉진회(經濟再建促進會, 오늘날 전국경제인연합회의 전신)를 결성하고, 울산공업센터의 건설에 필요한 외자 도입에 나서는 등 군사정부의 개발 계획에 참여하기 시작했다.

군사정부는 1962년 6월 10일 신구 화폐를 10 대 1로 교환하는 통화개혁을 단행하였다. 그에 따라 화폐단위가 환(圜)에서 오늘날의 원(Won)으로 바뀌었다. 애초에 군사정부는 통화개혁을 통해 민간예금의 실태를 파악하고 그 일부를 동결하여 산업자금으로 돌리려고 하였다. 그러나 예상치 못한 충격으로 기업 활동이 정지되는 등 경제는 위기를 맞았으며, 이에 군사정부는 예금 동결을 해제할 수밖에 없었다. 군사정부의 초기 경제정책은 즉흥적이며 비체계적이었다. 실패를 거듭하는 과정에서 그들은 냉엄한 경제 현실을 직시하고, 그에 실용적으로 접근하는 능력을 키웠다.

❸ 민간정부로의 이행

정당정치의 회복

쿠데타로 집권한 군사정부는 존속이 한시적일 수밖에 없었다. 군사정부는 민간정부로의 이행 시기를 1963년으로 약속하였다. 미국은 경제원조를 지렛대로 하여 조속히 민간정부로 이행하도록 군사정부에 압력을 가하였다. 1962년 12월 새로운 민간정부를 수립하기 위한 헌법이 국민투표를 통해 제정되었다. 1963년부터는 민간의 정치활동이 합법화되었다.

박정희 국가재건최고회의 의장은 군인으로 복귀하겠다는 애초의 약속을 어기고 민간정부에 참여할 준비를 하였다. 박정희는 중앙정보부를 조직하고, 그 정보망을 이용하여 신·구 정치 세력을 광범하게 규합한 다음, 민주공화당을 창건하여 대통령 선거에 출마하였다. 그에 대항하여 민간 정치인들은 단일 정당으로 뭉치지 못하였다. 그들은 윤보선 전 대통령과 허정 전 국무총리를 중심으로 하는 두 세력으로 분열하였다.

박정희 정부의 출범

　1963년 10월의 대통령 선거는 종반에 접어들어 허정이 사퇴함에 따라 박정희와 윤보선 두 사람의 대결로 압축되었다. 선거유세 과정에서 앞으로 장기간 한국 정치에 큰 영향을 미칠 박정희의 정치이념이 윤곽을 드러냈다. 박정희는 구정치인들이 자유민주주의와 정치적 방종을 혼동하고, 미국에 지나치게 굴종적인 자세를 취한다고 비난하였다. 유세가 거듭됨에 따라 박정희는 '자립', '자주', '민족' 과 같은 민족주의적 용어를 자주 구사하였다. 박정희는 15만 표라는 근소한 차이로 윤보선에 승리하였다. 이어서 치러진 국회의원 선거에서는 여당인 민주공화당이 거의 3분의 2에 해당하는 의석을 차지하여 예상 밖의 대승을 거두었다. 박정희 정부는 경제개발을 강력하게 추진할 수 있는 정치적 기반을 확보하였다.

중앙정보부
1961년 6월에 창설된 중앙정보부의 기본 목적은 미국의 중앙정보국(CIA)을 본떠 국가안전보장에 관한 업무를 총괄적으로 수행하는 것이었다. 이를 위해 군을 포함한 모든 국가기구의 정보와 활동을 조정, 감독할 수 있는 권한을 부여받았다. 이 막강한 권한은 초기에는 군부 내의 반란 음모를 적발하는 데 유용하게 쓰였다. 1963년 12월에 제정된 중앙정보부법은 정보부 조직과 예산의 비공개를 보장하고, 오직 대통령에게만 책임지도록 하였다. 이후 중앙정보부는 박정희 대통령의 집권기에 걸쳐 본연의 국가안전보장에 관한 업무뿐 아니라, 정치적 반대 세력을 감시, 탄압하는 역할을 수행하는 등 사실상 제2의 권부로 군림하였다. 1980년에 국가안전기획부로, 1999년에 국가정보원으로 이름과 기능이 바뀌어 지금에 이르고 있다. 사진은 서울 남산에 위치한 중앙정보부 청사. 지금은 유스호스텔로 쓰이고 있다.

정치 세력 교체
5·16쿠데타 이틀 뒤인 5월 18일, 장면 총리가 사임을 발표하고 있다(왼쪽). 내각책임제 정부의 다른 한 축인 윤보선 대통령은 5월 19일에 한 하야 발표를 이튿날 번복했다가 이듬해 3월 결국 대통령 직에서 물러났다(위). 1963년 대통령 선거에서 승리한 박정희가 제5대 대통령 취임식을 하고 있다(아래).

박정희(1917~1979)

경북 선산의 가난한 농가에서 태어났다. 아버지 박성빈은 동학농민봉기에 참가하였다. 1937년 대구사범학교를 졸업하고, 경북 문경에서 3년간 초등학교 교사로 근무하였다. 군인이 되고픈 평소의 꿈을 실현하기 위해 1940년 만주국 군관학교에 입학하고 1942년 졸업한 다음 일본 육군사관학교에 편입하였다. 1944년 만주국 만주군 장교로 부임하여 러허성 북부 지역에서 중국군과 대치 중에 해방을 맞았다.

귀국한 뒤 국군 창설에 참가하여 1946년 조선경비사관학교(육군사관학교의 전신)를 졸업하고 대위로 임관하였다. 혼란기에 남로당의 군 조직에 가입했다가 1949년에 체포되어 위기를 맞았으나, 군 수뇌부의 도움으로 출옥하였다. 6·25전쟁 중에 현역으로 복귀한 뒤 사단장, 관구사령관, 군 부사령관 등을 역임하였다.

1961년 군사 쿠데타를 주도하여 집권에 성공했으며, 민정 이양 후 1963년 제5대, 1967년 제6대 대통령에 당선되었다. 이 기간 야당의 반대를 무릅쓰고 일본과의 국교 정상화, 베트남 파병을 결행했으며, 수출주도공업화정책을 추진하였다. 1969년 대통령 3선을 허용하는 헌법개정을 강행한 뒤, 1971년 제7대 대통령에 당선되었다. 1972년 10월 국회와 정당을 해산하고 새 헌법을 제정하는 또한 차례의 정변을 일으켰으며(10월유신), 새 헌법에 따라 통일주체국민회의에서 제8대 대통령으로 선출되었다. 이후 자주국방을 위한 중화학공업화와 새마을운동을 강력하게 추진하였다.

연설하는 박정희

1978년 통일주체국민회의에서 제9대 대통령으로 선출되었다. 이후 그의 장기집권에 대한 국민의 저항이 거세져 정치적 혼란이 가중되는 가운데 1979년 10월 측근과의 만찬 도중에 중앙정보부장 김재규(金載圭)의 저격으로 사망하였다.

두 차례의 큰 전쟁 과정에서 군인으로 교육받고 입신한 그의 정신세계는 타협과 조정의 민주주의와는 거리가 있었다. 그는 식민지로 전락한 한국 민족의 사대주의, 자주정신의 결여, 게으름, 명예심의 결여를 증오했으며, 그 결과로 빚어진 민중의 고난과 가난에 근원적으로 분노하였다. 그는 민족의 새로운 역사를 개척하는 데 소수 엘리트의 지도적 역할을 중시하였다. 그는 민주주의에 관해 개인의 이기심에 기초한 서양식 자유민주주의가 아니라, 민족과 국가에 대한 헌신에 기초한 민주주의로서 민족의 새로운 역사를 개척하는 데 도움이 되는 민족적 또는 행정적 민주주의이어야 한다고 믿었다.

이 같은 박정희의 정치사상과 통치방식은 야당의 반대에도 불구하고 그가 추진한 개발정책과 외교정책이 성과를 거두기 시작하자, 비타협적 권위주의로 바뀌어 갔다. 그의 권위주의적 통치는 한국 사회에 역사적으로 축적되어 온 성장의 잠재력을 최대로 동원하는 역설적 결과를 낳았다. 그의 집권기에 한국 경제는 고도성장의 이륙(take off)을 달성했으며, 사회는 혁명에 가까운 커다란 변화를 겪었다. 그는 부정부패에 대해 엄격했으며, 스스로 근면하고 검소하였다.

경부고속도로 개통식에서 도로에 막걸리를 뿌리는 박정희

2. 경제개발체제의 전개

❶ 경제개발체제의 모색

경제기획원의 설립

경제개발을 당면한 국가과제의 최우선 순위에 둔 군사정부는 1961년 7월 경제정책을 세우고 집행하는 주체로서 경제기획원을 설립하였다. 경제기획원과 같은 부처의 설치는 이미 이승만 정부 시기에 논의가 있었는데, 군사정부에 의해 실현되었다. 경제기획

경제기획원 청사
미국의 원조로 1961년 10월 서울 세종로에 건립되었다. 지금은 문화 관련 부처가 사용하고 있다.

원의 젊은 관료들은 경제의 단기변동이나 인·허가와 같은 일선 업무로부터 자유로운 입장에서 경제발전의 장기적 방향과 개발정책을 모색하였다. 이에 더하여 경제기획원은 정부예산을 편성하는 권한을 장악하였다. 이를 통해 이해관계가 다른 정부의 각 부처를 통제하고 조정하였다. 그뿐만 아니라 자금의 분배를 통제하였다. 군사정부는 1950년대 후반에 민영화한 은행을 다시 국영화했는데, 그에 따라 경제기획원은 은행의 금융을 통제하고 분배하였다. 정부가 외국에서 도입한 차관의 분배도 경제기획원에 의해 통제되었다. 경제기획원이 수립한 경제발전의 장기계획은 경제기획원이 장악한 예산 편성과 자금 배분의 권한을 통해 정부 각 부처와 민간에 효율적으로 전달, 집행, 조정되었다.

수출주도공업화로의 전환

1962년부터 시작된 제1차 경제개발 5개년계획은 자립적인 국가경제의 건설을 위해 농업을 발전시키고, 전력과 같은 사회간접자본을 확충하고, 시멘트·비료·정유·제철과 같은 기간공업을 육성하겠다는 목표를 세웠다. 경제개발의 기본 전략에서 제1차 5개년계획은 이승만 정부와 마찬가지로 수입대체공업화(輸入代替工業化)에 충실하였다. 제1차 5개년계획은 연간 7.1%의 성장률을 목표로 했지만, 그에 요구되는 투자자금이 확보된 것은 아니었다. 군사정부는 자금동원을 위해 화폐개혁을 무리하게 시행했으나 실패하였다. 이승만 정부와 마찬가지로 군사정부

수출진흥확대회의

1965년 2월 박충훈 상공부 장관이 "수출만이 살길이다"라고 주장하며 처음 이 회의를 유치한 이래, 그해 12월부터 월 1회로 정례화하였다. 매번 회의에 참석, 주관한 박정희는 수출산업의 세밀한 부분까지 챙겼다. 박정희의 수출제일주의는 이 회의를 통해 강력히 집행되었다. 그가 죽기 전까지 총 152회, 연평균 10회 이상 열렸다.

월간경제동향보고

경제기획원에서도 대통령이 주관하는 월 1회의 정기적인 회의인 월간경제동향보고를 유치하였다. 박정희는 이 회의에서 국가경제의 거시적 동향을 살폈다. 이 회의는 1965년 1월부터 1979년 9월까지 137회 열렸다. 수출진흥확대회의와 월간경제동향보고는 1960년대에 정부와 민간 사이에 정보를 소통시키는 역할을 훌륭하게 수행하였다.

의 개발계획도 세계경제와 유기적 관련하에서 자금, 원료, 시장의 조건을 확보한 것은 아니었다.

이 같은 제약을 극복하면서 경제개발의 기본 전략이 수출주도형(輸出主導型)으로 전환하는 계기를 맞은 것은 1963년이었다. 그해부터 예상치 않게 면직물·가발·합판 등 공업제품의 수출이 부쩍 증가하였다. 미국과 일본에서 노동집약적 경공업이 사양산업으로 바뀌자 값싸고 질 좋은 노동력이 풍부한 한국 경제가 그 부문에서 경쟁력을 갖추게 된 것이다. 박정희 정부는 경공업 제품의 1964년 수출 목표치를 대폭 올려 잡는 등 이 같은 국제시장 여건의 변화에 기민하게 대응하였다. 뒤이어 박정희 정부는 경제개발의 기본 전략을 수출주도형으로 바꾸었다. 박정희는 정부의 모든 행정능력을 수출을 촉진하는 방향으로 동원하였다. 1965년부터 대통령이 주관하는 수출진흥확대회의가 월 1회로

5·16 이후 군사정부가 성급하게 세운 제1차 5개년계획도 수출을 중시하였다. 그렇지만, 한국의 부존자원에 바탕을 둔 농수산물과 광산물의 수출이 계획의 중심을 이루었다. 오른쪽 도표에서 보듯이 총 6,000만 달러의 수출 계획 가운데 4,600만 달러가 농수산물과 광산물로 채워졌다. 그런데 이들 1차 자원의 수출실적은 계획에 미달하였다. 그 대신 예상치도 못한 공산품 수출이 계획을 훨씬 능가하는 실적을 거두었다. 이에 박정희 정부는 1964년부터 공산품의 수출 계획을 5배 이상 크게 늘려 잡았다(도표의 황색부분 참조). 그래도 수출은 그에 준하는 실적을 거두어 갔다.

제1차 5개년계획에 따른 부문별 수출 계획과 실적 단위: 100만 달러

		농수산물	광산물	공산품	기계류	잡제품	합계
1962	계획	20.1	25.8	5.8	·	4.6	60.9
	실적	21.9	19.8	6.2	1.4	2.0	54.8
1963	계획	23.2	29.4	6.4	·	7.3	71.7
	실적	18.1	26.2	28.1	4.1	6.4	86.8
1964	원계획	27.6	32.2	8.3	·	9.1	84.1
	조정계획	25.5	32.4	46.5	1.0	8.9	120.0
	실적	26.3	31.4	42.3	2.2	13.2	119.1
1965	원계획	31.6	46.9	9.2	·	9.9	105.6
	조정계획	34.0	38.4	67.9	5.0	15.9	170.0
	실적	28.2	37.0	66.4	5.5	34.5	175.1
1966	원계획	35.8	50.9	10.0	·	12.0	117.5
	조정계획	49.8	48.8	85.3	7.2	49.8	250.0
	실적	35.1	40.5	73.6	8.4	52.2	219.0

출처: 이영훈, 《20세기 한국 경제사·사상사와 박정희》, 《박정희 시대와 한국 현대사》, 선인, 2006

○ 수입대체공업화와 수출주도공업화

제2차 세계대전 이후 정치적으로 독립한 후진국들은 대개 수입대체공업화 전략으로 경제개발을 추진하였다. 그들은 이전에 식민지로 지배당한 제국주의 국가에 다시 종속되지 않으려고 수입 공산품을 국산품으로 대체하려고 노력하였다. 그를 위해 후진국은 풍부하게 보유하고 있는 자원을 선진국에 팔아 그 대금으로 선진국의 기계와 부품

경제개발 시대 합판공장(위)과 신발공장(아래). 합판과 신발은 부존자원이 빈약하고 노동력은 풍부한 1960～1970년대 한국의 주요 수출품목이었다.

을 사서 국산품을 만들기 위한 공장을 지었다. 그렇지만, 이러한 수입대체공업화 전략은 대부분의 후진국에서 소기의 성과를 거두지 못했다. 후진국의 소득수준이 낮아 국내 시장이 협소하여, 공장이 '규모의 경제(economy of scale)'를 달성할 만큼 충분히 클 수가 없었기 때문이다. 공장의 생산성이 낮아 수익을 내지 못하자, 자본을 축적하기 힘들었고 기술발전도 어렵게 되었다. 그러자 기술과 부품을 선진국에 의존해야 하는 문제를 극복할 수 없었다. 또한, 선진국의 광범한 기술혁신으로 인조고무 등 각종 인공적 중간재가 개발되자 후진국이 보유한 천연자원의 국제가격이 낮아졌다. 이러한 이유로 대부분의 후진국에서 수입대체공업화 정책은 중도에서 좌절하고 말았다.

수출주도공업화 전략은 부존자원이 빈약하지만 값싸고 질 좋은 노동력을 풍부히 보유한 후진국이 선진국 시장을 상대로 선진국이 더 이상 생산하기 곤란하게 된 노동집약적 제품을 생산하여 외화를 벌어들이는 개발정책이다. 이 경우, 선진국 시장이 무척 컸기 때문에 후진국은 '규모의 경제'를 달성할 정도로 규모가 큰 공장을 지을 수 있어서 생산성을 올릴 수 있었다. 그뿐만 아니라 선진국 시장이 요구하는 제품의 규격과 질이 엄격했고, 또 다른 나라의 제품과 경쟁해야 했기 때문에, 나름대로 기술혁신에 노력하지 않으면 안 되는 유인이 있었다. 또한, 선진국의 최신 시장동향 및 기술정보에 쉽게 접하고, 선진 기법의 기업경영과 마케팅을 학습할 수 있는 기회가 제공되었다. 1960년대 들어 선진국 간에 자유무역시장이 넓게 펼쳐지자 자연히 이러한 기회가 후진국에 제공되었는데, 그에 기민하게 반응한 것은 부존자원이 빈약한 한국, 대만, 홍콩과 같은 아시아의 신흥공업국들이었다.

그렇지만, 수출주도공업화 전략만으로 경제개발의 성공이 보장되지는 않았다. 선진국의 시장조건에 수동적으로 따라가기만 하다가 결국 종속적 지위에서 벗어나지 못한 나라도 많이 있다. 중진국으로, 나아가 선진국으로 도약하기 위해서는 수출로 축적한 일정 수준의 자본과 기술을 토대로, 국제경쟁력이 유동적인 신기술과 신산업에 뛰어들어 선진국과 경쟁할 만한 위치로까지 올라서지 않으면 안 된다. 한국은 1970년대에 중화학공업화를 추진함으로써 중진화에 성공하였다. 결국 장기적으로 경제발전의 성공 여부를 판가름하는 것은 한 나라에 역사적으로 축적되어 있는 '사회적 능력(social capability)'의 수준이라고 할 수 있다.

정례화하였다. 이 회의는 처음에는 소수 관료와 전문가만 참여했는데, 점차 민간기업가와 수출업자가 참여하는 관민합동의 대형 회의로 발전하였다.

관세무역일반협정 가입

수입대체공업화를 추진한 이승만 정부는 저환율정책을 고집하였다. 기업가가 국산품을 생산할 공장을 짓기 위해 기계와 부품을 수입할 때 기업가의 부담을 줄이기 위해서였다. 그에 따라 공정환율은 시장환율의 1/3~1/2에 불과한 수준에서 정책적으로 결정되었다. 4·19 이후 민주당 정부는 1달러에 65원 하던 환율을 130원으로까지 인상했으며, 이 환율은 1963년까지 유지되었다. 그럼에도 시장환율과는 30% 이상의 차이가 있었다. 실세보다 저환율은 수입업자에게는 유리하지만 수출업자에게는 불리한 것이었다. 경제개발의 기본 전략을 수출주도형으로 전환하기 시작한 박정희 정부는 1964년 1달러에 130원 하던 환율을 256원으로 대폭 올린 다음, 1966년까지 272원으로 조금씩 인상해 갔다. 그에 따라 시장환율과의 차이가 축소되고 점차 사라졌다. 그 밖에 박정희 정부는 수입허가제를 폐지하고 관세장벽을 낮추는 등 무역을 자유화하는 조치들을 취하였다. 이 같은 일련의 개혁에 힘입어 1967년 한국 정부는 관세무역일반협정(GATT)이라는 세계무역기구에 가입할 수 있었다. 이로써 한국 경제는 세계경제를 상대로 고도성장에 필요한 시장, 원료, 부품, 자금 등의 조건들을 확보하게 되었다.

❷ 경제개발체제의 대외관계

세계시장의 구조변동

제2차 세계대전 이후 자본주의 세계경제의 재건과 부흥에는 자유무역이 큰 역할을 하였다. 그렇지만, 1950년대까지 세계 자유무역의 복구는 원활하지 않았다. 자본주의 주요 국가가 전쟁의 피해로부터 완전히 회복되지 않아 미국과 자유무역을 할 능력이 없었기 때문이다. 그 대신 세계경제의 부흥을 이끈 것은 동서냉전의 심화에 따라 미국이 자유주의 진영에 제공한 막대한 원조였다. 1950년대 말 주요 국가는 미국과 자유무역을 감당할 능력을 갖추었다. 미국도 국제수지가 악화되어 더 이상 원조를 제공할 여력이 없었다. 자유무역의 새로운 질서를 위해 미국의 제창으로 1964년 GATT 제6차 교섭으로서 케네디라운드(Kennedy Round)가 열렸다. 자본주의 국가들은 서로 관세율을 낮추고 수출입 제한을 풀면서 자유무역을 배경으로 한 세계시장의 확대에 노력하였다. 이후 자본주의 세계경제는 전례를 찾아보기 어려울 정도로 크게 발전하였다.

이 같은 세계시장의 새로운 환경은 그에 참여할 의지와 능력이 있는 후진국으로서는 큰 기회였다. 선진국은 자국에서 사양산업이 된 노동집약적 공업 제품을 후진국에서 수입하였다. 자연자원이 빈약한 한국 경제에는 양질의 풍부한 노동력이 있었다. 공업화의 역사도 짧았지만, 한국 경제가 세계시장의 구조 변동에 맞추어 개발 노선을 전환하는 데에는 큰 어려움이 없었다. 그런데 노선의 전환에는 일본과의 국교 정상화라는 커다란 난관이 있었다. 그것은 경제적이라기보다 이념적인 난관이었다.

일본과의 국교 정상화

동서냉전이 격화된 이후 미국의 동아시아 정책은 일본을 중심으로 하는 지역통합전략을 추구하였다. 그러나 1950년대까지 한국과 대만이 일본과의 협력을 거부했기 때문에 별 효과를 거두지 못하였다. 1951년 10월 한국 정부는 미국의 권유에 따라 일본과의 국교 정상화를 위한 접촉을 시작하였다. 이후 1958년까지 네 차례 회담을 열었지만, 일본 정부가 식민지 지배의 피해에 대한 한국 정부의 청구권을 인정하지 않았기에 회담은 매번 결렬되었다. 4·19 이후 1960년 8월 양국간의 제5차 회담이 우호적인 분위기에서 시작되었으나 5·16쿠데타로 중단되었다.

김·오히라 환담
한·일 국교 정상화에 나선 한국의 김종필 중앙정보부장과 일본의 오히라 마사요시(大平正芳) 외상. 한국 정부는 오랫동안 끌어 온 회담의 난제들을 일괄타결하는 데 성공했으나, 한편으로는 굴욕적 밀약이라는 비판을 받았다.

박정희 정부는 집권 초부터 일본과의 국교 정상화에 강한 의욕을 보였다. 미국의 강력한 권유도 있었지만, 제1차 5개년계획에 필요한 자금을 일본에서 확보할 기대에서였다. 협상 결과, 일본 정부는 한국 정부에 무상자금 3억 달러와 유상자금(공공차관) 2억 달러를 제공하는 데 합의했으며, 이외에 민간 상업차관 3억 달러를 주선하기로 약속하였다. 자금의 성격에 대한 양국 정부의 입장은 달랐다. 한국 정부는 청구권자금으로, 일본 정부는 경제협력자금으로 해석하였다. 어쨌든 도합 8억 달러의 자금은 1964년 수출고가 1억 1,900만 달러에 불과한 한국 경제에 적지 않은 도움이 되었다. 그러나 협상의 내용이 알려지자 야당과 대학가에서 굴욕적인 외교라고 크게 반발하였다. 1965년 6월 일본과의 국교 정상화를 위한 한일협정(韓日協定)이 마침내 조인되었으며, 그해 8월 국회를 통과하였다. 일본과의 국교 정상화에는 개발자금의 애로를 타개하는 것 이상의 의의가 있었다. 한국 경제는 일본 시장에서 중간재와 부품을 수입하여 국내의 값싼 노동력으로 가공, 조립하여 미국 시장에 수출하는 생산 및 시장의 국제 연관을 확보하게 되었다.

한일회담의 경과와 쟁점

1965년 8월 14일 한일협정 비준 동의안이 국회를 통과하였다. 12월 26일에는 주한 일본대사관이 서울에 설치되었다. 이로써 세계 외교사에서 유례를 찾기 어려운 마라톤협상이 결실을 보게 되었다. 한일 양국은 1951년 10월 첫 예비회담을 가진 이래 14년간 모두 1,200여 회에 달하는 본회담과 각종 분과회의를 열었다. 회담이 무작정 장기화한 데에는 뿌리 깊은 상호 불신이 배경을 이루었다. 회담의 타결을 어렵게 한 기본 쟁점은 일본의 식민지 지배에 대한 역사적 이해와 관련된 것이었다.

양국의 기본 관계에 대해 한국 정부는 1910년의 병합조약 체결 자체가 무효라는 입장을 취한 반면, 일본 정부는 그것은 역사적 기정사실이라는 입장을 보였다. 이 문제는 회담의 초기에 1910년의 병합조약은 '이미 무효'라는 애매한 표현으로 타협을 보았다. 그러나 한국 정부가 일본의 식민지 지배에 따른 피해에 대해 법적 청구권을 갖는다는 주장에 대해 일본 정부는 심한 거부감을 보였다. 일본 정부는 식민지 지배에 따른 피해가 입증될 수 없다는 입장을 고수했으며, 심지어 1953년의 제3차 회담에서는 일본이 한국에 두고 온 재산에 대한 청구권을 갖는다고 발언하여(구보타 망언) 큰 파장을 일으켰다.

국교 정상화에 강한 의욕을 가진 박정희 정부는 일본 정부가 청구권 명분을 수용할 것을 더 이상 고집하지 않았다. 1962년 11월 김종필 중앙정보부장과 오히라 마사요시 일본 외상 간에 외교적인 일괄 타협이 성립하여 한국 정부가 주장한 청구권 문제는 일본 정부가 제공한 경제협력자금 8억 달러로 해결되었다. 어업권과 관련해서는 전관어업수역 12해리 밖에 한일공동규제수역을 설정하는 것으로 타결을 보았는데, 이로써 1952년에 설정된 평화선은 폐지되었다. 제1차 회담 이래 또 하나의 주요 현안이었던 재일본 한국인의 법적 지위는 마지막 제7차 회담에서 본격적으로 취급되지 않았다.

일본 총리 관저에서 열린 한일협정 조인식(1965. 6)

베트남전쟁 파병

박정희 정부는 1965년 10월 전투병력 2만여 명을 파견하면서 베트남전쟁에 본격적으로 개입하였다. 한일회담을 둘러싸고 야당과 대학가의 강한 반대에 봉착한 박정희 정부가 정치적으로 불리한 여건에서도 베트남 파병을 강행한 것은 그에 따르는 군사적 이득이 컸기 때문이다. 한국군의 베트남 파병은 주한 미국군 일부를 베트남으로 이동시키려는 미국 정부의 논의를 차단함과 동시에, 한국에 대한 미국의 안보 공약을 확실히 하는 군사적 효과를 발휘하였다.

베트남전쟁에 파병된 한국군은 총 31만 2,853명이며, 그중 4,624명이 전사하였다. 그들의 희생으로 한국 경제는 베트남전쟁에서 적지 않은 이득을 보았다. 박정희 정부는 미국 정부로부터 미국이 베트남에 파견된 한국군이 사용하는

베트남의 '따이한(大韓)'

베트남으로 향하는 함선에 올라타는 한국군 병사들과(위 왼쪽) 베트남 퀴논에 상륙한 국군 제26연대(1966. 4, 위 오른쪽). 아래는 베트남 도로공사에 나선 한국 건설업체. 베트남전쟁의 참전은 한국 경제에 큰 도움을 주었지만, 한국군이 베트남인을 학살하거나, 한국인과 베트남인 사이에 태어난 아이들이 전쟁 후에 방치되거나, 미국군의 고엽제(枯葉劑) 살포로 한국군이 피해를 입는 등과 같은 후유증을 낳았다.

물자와 용역은 될 수 있으면 한국에서 구입하고, 베트남에서 시행하는 건설과 구호사업에 소요되는 물자와 용역도 한국에서 구매한다는 다짐을 받았다. 그 결과 베트남으로의 수출이 급증하여 1965~1973년 한국은 베트남과의 무역에서 총 2억 8,300만 달러의 흑자를 올렸다. 베트남에 파견된 군인과 노동자의 봉급소득과 베트남에 진출한 한국 기업의 사업수익은 훨씬 더 큰 규모였다. 1965~1972년 이들의 봉급소득과 사업소득은 총 7억 5,000만 달러에 달하였다.

❸ 고도성장의 개시

성장의 실적과 요인

수출주도형으로 경제개발의 기본 전략을 전환하고 그에 상응하는 국내외 조건을 정비한 한국 경제는 1960년대 후반부터 고도성장의 길에 들어섰다. 1인당 국민소득은 1961년 82달러에서 박정희 대통령이 사망한 해인 1979년에는 1,647달러로 증가하였다. 산업구조가 고도화하여 1961~1979년에 농업·임업·어업의 1차산업의 비중은 39.1%에서 19.0%로 줄어든 반면, 광업·제조업·건설업 등 2차산업의 비중은 19.9%에서 38.8%로 커졌다. 고도성장의 동력은 투자와

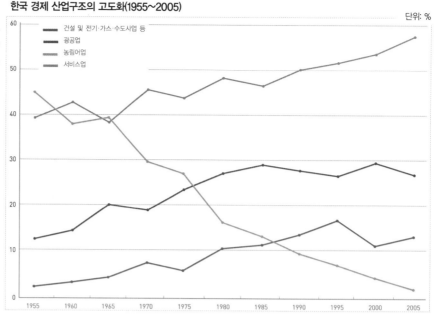

한국 경제 산업구조의 고도화(1955~2005)

단위: %

- 건설 및 전기·가스·수도사업 등
- 광공업
- 농림어업
- 서비스업

출처: 1) 통계청, 《통계로 본 대한민국 50년의 경제사회상 변화》, 1998: 2) 통계청 홈페이지

산업구조는 한 나라가 연간 생산한 부가가치 총량, 곧 국민소득 가운데 농림어업인 1차산업, 광공업과 건설 및 전기·가스·수도사업인 2차산업, 서비스산업인 3차산업 각각이 차지하는 구성비로 대표된다. 경제가 발전하면 산업구조는 1차산업에서 2차산업으로, 3차산업으로 중심이 옮겨 간다. 이를 페티의 법칙(Petty's law)이라고도 한다.

도표에서 보듯이 한국의 1차산업은 1955년 국민소득의 45% 비중에서 2005년까지 3.4%로 하락하였다. 반면 2차산업은 16%에서 40% 수준으로, 3차산업은 39%에서 56%로 성장하였다. 1990년대 후반부터 2005년까지는 2차산업이 정체하고 3차산업의 성장이 두드러졌다. 이 같은 산업구조의 장기 추세에서 가장 급격한 변화가 있었던 기간은 1965년부터 1990년까지의 25년간임을 도표에서 확인할 수 있다.

수출에 있었다. 투자자금은 해외자본으로서 차관의 도입이 주요 원천이었다. 1962~1979년에 총 152억 달러의 공공차관과 상업차관이 도입되었다. 국내 저축이 부족한 한국 경제는 이들 해외자본을 주요 투자자금으로 하여 같은 기간 국민총소득의 20% 이상에 해당하는 높은 투자율을 보였다.

수출가공무역의 발전

높은 수준의 투자를 부른 것은 연평균 40% 이상으로 팽창한 수출시장이었다. 1964년 1억 달러를 조금 넘은 한국의 수출고는 1971년 말에 10억 달러 고지를 돌파했다. 수출상품의 구성은 1962년만 하더라도 제1차 산품이 73%나 되었는데, 1971년에는 제2차 공산품이 86%의 큰 비중을 차지하였다. 공산품 중에서는 합판, 가발, 내의, 기타 의류, 생사처럼 노동집약적인 경공업 제품이 중심을 이루었다. 1970년대 전반까지 수출 공산품 가운데 노동집약적 경공업 제품의 비중은 점점 커지고 있었다. 이는 당시까지 세계시장에서 한국 경제의 비교우위가 노동집약적 경공업에 있었기 때문이다.

한국의 무역은 일본 시장에서 중간재와 부품을 수입하여 가공, 조립하여 미국·일본 시장에 수출하는 가공무역의 형태였다. 일본과 미국이 한국의 대외무역에서 차지하는 비중은 3분의 2를 넘었다. 그러나 수출가공무역의 외화가득률은 그리 높지 않았다. 수출이 증가할수록 일본으로부터의 수입도 증가한다는 문제점이 있었다. 수출가공무역은 대규모 조립라인을 설치한 대기업이 주도하였다. 정부는 수출 실적에 따라 유리한 조건의 무역금융을 수출 기업에 제공하였

왼쪽은 포항제철 착공식에서 발파 스위치를 누르는 박태준 사장, 박정희 대통령, 김학렬 경제기획원 장관(왼쪽부터). 오른쪽은 준공된 포항제철의 고로(高爐)에 불을 지피는 박정희 대통령

다. 그에 따라 대기업이 크게 성장한 반면, 재래시장에 기반을 둔 중소기업은 상대적으로 정체하였다. 이 같은 문제점으로 인해 한국 경제가 일본 경제에 다시 종속될지 모른다는 우려가 야당과 대학가에 널리 유포되었다.

고속도로와 제철소의 건설

박정희 대통령은 1964년 서독을 방문했을 때 고속도로 아우토반(Autobahn)을 인상 깊게 관찰하였다. 그리고 서울과 부산을 잇는 고속도로를 건설할 계획을 세웠다. 이에 대해 야당은 한국 경제가 일본 경제에 종속될 가능성이 있다는 우려에서 반대하였다. 야당의 반대에도 불구하고 경부고속도로는 1968년 2월에 착공되어 1970년 7월에 완공되었다. 경부고속도로는 전국을 1일 생활권으로 통합하였다. 전국의 시장이 경부고속도로를 통해 서울을 최고차(最高次) 시장으로 하는 단일 시장권으로 통합되었다.

종합제철공장을 확보하려는 한국 정부의 의지는 1967년부터 시작한 제2차 5개년계획에서 구체적으로 드러났다. 1968년 한국 정부는 한일협정으로 일본 정부가 제공할 경제협력자금의 일부를 제철소의 건설자금으로 전용하겠다는 의사를 밝히고 일본 정부의 양해를 얻었다. 1969년 12월 양국 정부 간에 종합제철건설에 관한 기본 협약이 체결되었으며, 그에 따라 1억 6,800만 달러 상당의 자금이 확보되었다. 1970년 4월 연산 103만t 규모의 포항제철이 착공되어, 1973년 7월 준공되었다. 경부고속도로와 포항제철의 건설은 대약진을 시작한 한국 경제가 1970년대에 중화학공업화라는 또 하나의 도약을 이룰 발판을 제공하였다.

박태준(1927~)

경남 동래 출생. 6세 때 일본으로 건너가 성장, 1945년 와세다대학 기계공학과에 입학했으나 해방으로 귀국하였다. 1948년 육군사관학교를 졸업, 6·25전쟁에 참전하였다. 5·16 이후 국가재건최고회의 상공위원으로 활동, 1964년 대한중석 사장으로 부임하였다. 1968년 포항제철 초대 사장에 임명되었다. 박정희 대통령의 전폭적인 지원하에 포항제철이 세계 유수의 철강기업으로 발돋움하는 데 공적을 남겼다. 1981년 정계로 진출해 13·14대 국회의원을 역임했으며, 2000년에 국무총리가 되었다. 2002년 포항제철 명예회장으로 추대되었다.

경부고속도로

❹ 고도성장 시대의 정치

근본적인 대립

5·16쿠데타의 불법성은 박정희를 중심으로 한 근대화 세력에 근본적으로 대립하고 비판하는 정치 세력을 성립시켰다. 1963년 민간정부가 수립되고 정당정치가 회복되었음에도 불구하고, 한국 정치는 정당 간 경쟁과 타협의 미덕을 보이지 못하고 끊임없는 대립과 충돌을 거듭하였다. 그것은 두 정치 세력의 현실 인식과 개발 전략이 근본적으로 달랐기 때문이다. 1963년 대통령 선거에서 근소한 표차로 패배한 야당 지도자 윤보선은 민간정부로 이행한 박정희 정부의 적법성을 인정하지 않았다. 그는 1964년 1월 새로 구성된 국회에서 박정희 정부의 타도를 선동하는 듯한 연설을 하였다.

5·16 이후 정치적으로 박해를 받은 급진 이념의 재야 정치 세력과 그들의 영향권 아래에 있는 대학가의 민족주의 세력은 박정희 정부와 한층 더 근본적으로 대립하였다. 그들은 박정희 정부의 수출주도형 개발 전략이 한국 경제를 다시 일본 경제에 종속시킬지 모른다고 우려하였다. 그들은 수출주도형 개발 전략이 민족경제의 토대인 중소공업과 농업을 파괴한다고 생각하였다. 그들은 박정희의 경제정책과 그에 협조하는 기업가들을 반민족적인 매판자본으로 비판했으며, 그 대안으로 중소공업과 농업에 기초한 자립적인 국민경제의 건설을 주장하였다.

◉ 대중경제론의 형성과 발전

박정희 정부의 개발정책에 대한 야당 세력의 반대이론은 1966년 말경에 형성되기 시작했다. 야당 민중당은 1967년 대통령 선거에 대비하여 당의 정책을 마련하면서 대중경제론을 제기하였다. 그 과정에서 중심적 역할을 한 김대중(金大中)은 '대중경제'를 "중산층의 이익을 대변하고 노동계층과 결속하여 양심적인 기업가를 보호하는 경제체제"로 정의하고, 이를 실현하기 위한 수단으로 대기업 주식의 대중화, 중소기업 집중 지원, 농업 지원을 통한 농공균형발전 등을 제시하였다. 이 대중경제론은 이후 1971년 김대중이 야당의 대통령후보가 되어 출간한 《김대중 씨의 대중경제 100문 100답》에서 한층 자세한 내용으로 발전했다.

대중경제론의 발전에는 마르크스주의 경제학자 박현채(朴玄埰)의 역할이 컸다고 알려져 있다. 박현채는 1978년에 출간한 《민족경제론》을 통해서 대중경제론을 더욱 발전시켰다. 박현채는 전통 민족경제 부문에 해당하는 중소기업과 농업을 발전시켜 대외경제로부터 자립적인 국가경제를 이룩하자고 주장하였다. 박현채의 민족경제론은 1980년대 이후의 민주화운동 세력에 큰 영향을 주었다. 반면에 김대중은 자신이 제기한 대중경제론으로부터 멀어져 갔다. 대중경제론은 대기업 주식의 대중화 등 1960년대 한국 경제를 둘러싼 국내외의 객관적 현실에서 볼 때, 실현 불가능하거나 성급한 내용으로 채워져 있다.

박현채(1934~1995)

전남 화순 출생. 1950~1952년 전남 백아산 지구에서 빨치산 소년돌격부대의 일원으로 활동하였다. 1955년 서울대학교 상과대학에 입학, 1964년 제1차 인혁당 사건에 연루되었다. 이후 20년간 재야 경제평론가로 활동하면서 김대중의 《대중경제론》 집필에 관여하고, 민족경제론을 주장하여, 재야 민주화운동에 큰 영향을 주었다. 1989년 조선대학교 경제학부 교수로 부임했다가 병사하였다.

한일회담과 국내정치

　박정희 정부와 그에 반대하는 세력은 1964년 국교 정상화를 위한 한일회담을 둘러싸고 처음으로 크게 충돌하였다. 1963년 선거에서 패배하고 무기력한 상태에 있던 야당은 협상 내용이 공개되자 굴욕외교에 밀실흥정이라고 반발하였다. 1964년 3월 야당은 대일굴욕외교반대 범국민투쟁위원회를 결성하고 전국적인 반대운동을 펼쳤다. 주요 대학의 학생들도 반대시위에 나섰다. 그해 6월 3일에는 4·19 이후 처음으로 1만 5,000명이 참가한 대규모 시위가 벌어졌다(6·3사태). 시위대는 한국 정부가 일본 정부로부터 확보한 8억 달러의 자금을 두고 굴욕외교의 결과라고 비판하였다. 시위대의 주장은 논리적 타당성을 떠나서 전통적인 반일감정을 배경으로 국민의 큰 반향을 불러일으켰다.

　대규모 시위에 맞서 박정희 대통령은 계엄령을 선포하였다. 군을 동원하여 시위를 진압한 박정희는 소요 사태의 책임이 야당과 언론의 무책임한 선동과 학생들의 부화뇌동에 있다고 생각하였다. 뒤이어 베트남 파병을 강행한 박정희는 자신의 개발정책이 옳은 방향임을 확신하였다. 1965년 한일협정이 조인되고 국회의 비준을 받는 과정에서 야당은 반대 투쟁의 방식을 둘러싸고 민중당과 신한당으로 분열하였다. 한일 국교 정상화를 둘러싸고 벌어진 이 같은 국내 정치의 양태는 당시 한국 사회가 역사와 현실에 대한 이해에서 서로 다른 입장으로 심하게 분열된 상태였음을 대변하였다.

6·3사태 당시 서울로 진주하는 계엄군

3선개헌

　1967년 5월 제6대 대통령 선거가 실시되었다. 이 선거에서 박정희와 윤보선은 다시 한 번 대결했으나, 지난 선거와 달리 박정희는 116만 표의 차이로 낙승하였다. 선거 과정에서는 수출주도형 성장정책, 한일협정, 베트남 파병이 주요 논점으로 제기되었다. 선거 결과는 많은 국민이 박정희의 개발정책을 긍정적으로 평가하고 있음을 보여 주었다. 이어서 6월에 실시된 제7대 총선에서 집권 공화당

여당인 공화당 의원들이 3선개헌안을 새벽에 날치기로 통과시킨 후 뒷문으로 빠져나가고 있다.

은 전체 의석 175석 중 129석을 확보했는데, 이는 개헌에 필요한 의석보다 13석을 웃도는 숫자였다.

　1969년 여당은 박정희의 대통령 3선을 허용하는 개헌안을 발의하였다. 그해 9월 개헌안은 야당의 강력한 반대에도 불구하고 국회를 통과하였다. 개헌안은 다음 달에 실시된 국민투표에서 다수 국민의 지지를 받아 확정되었다. 3선개헌은 쿠데타로 집권한 박정희를 중심으로 한 근대화 세력이 1963년 민간정부로 이행한 뒤 대의제 절차를 따르며 구축해 온 정권의 정당성을 크게 훼손하였다. 3선개헌은 한국 정치에서 대의제적 정당정치가 실종되기 시작한 중대 계기가 되었다. 박정희는 자신의 개발정책에 반대하는 야당 세력을 정치 협상 상대로 인정하지 않았다. 정치는 사라지고 효율을 앞세운 행정명령이 정치를 대신하기 시작하였다.

안보위기의 심화

　박정희 정부의 이 같은 변질은 같은 시기 한국을 둘러싼 군사안보의 상황이 악화된 것과 일정한 관련이 있었다. 그때까지 남한에 비해 군사적으로 우위에 있던 북한은 1967년 당내 실용주의자들이 숙청된 후, 남한에 대한 군사적 공세를 강화하였다. 1968년 1월 북한의 특수부대가 박정희 대통령을 살해할 목적으로 휴전선을 넘어 청와대 바로 뒤까지 침투하였다. 이틀 후에는 동해에서 활동 중이던 미국의 정보선 푸에블로(Pueblo) 호가 북한에 납치되었다. 11월에는 120명의 북한 무장 게릴라가 울진·삼척 지역에 침투하였다. 1969년 미국의 닉슨(Richard M. Nixon) 대통령은 아시아의 동맹국들이 자신의 방위를 스스로 책임져야 한다는 내용의 '닉슨독트린(Nixon Doctrine)'을 발표하였다.

1·21청와대기습사건
청와대 바로 뒤까지 침투한 북한군 특수부대원 31명 중 30명은 사살되고 김신조만 생포되었다(왼쪽). 김신조는 전향하여 현재 기독교 목회자로 활동 중이다. 오른쪽은 침투한 북한군을 검문하다 순직한 최규식 종로경찰서장의 동상

　박정희 정부는 이 같은 위기 상황에 직면하여 자주국방체제를 강화하였다. 1968년 12월 250만 명의 예비군이 창설되었다. 고등학교와 대학교에서는 군사교육이 실시되었다. 1968년 12월 5일에는 〈국민교육헌장(國民敎育憲章)〉이 선포되었다. "우리는 민족 중흥의 역사적 사명을 띠고 이 땅에 태어났다"라고 시작하는 이 헌장은 국가와 민족의 발전이 개인이 존재하기 위한 당위적 전제임을 강조하는 국가주의적 성향을 강하게 드러냈다.

"나는 공산당이 싫어요"

1968년 12월 9일 울진·삼척에 침투한 무장공비의 잔당 5명이 북으로 도주하던 도중에 강원도 평창군 진부면 도사리 계방산 중턱의 이승복 군의 집에 들어가 음식을 구하면서 공산주의를 선전하였다. 그러자 당시 초등학교 2학년이던 승복이 "나는 공산당이 싫어요"라고 말하였다. 이에 분격한 무장공비들은 승복의 가족을 잔인하게 살해했는데, 승복의 형 승권만이 유일하게 살아남았다. 이 사건이 알려지자 승복의 넋을 위로하고 통일안보교육의 장으로 활용하기 위해 '이승복 반공관'이 건립되었다.

24년 뒤 이 사건을 최초로 보도한 《조선일보》 기자가 현장을 취재하지 않고 날조한 것이라고 주장하는 사람들이 나타났다. 《조선일보》와 그들 사이의 6년에 걸친 법정 공방 끝에 2004년 재판부는 《조선일보》의 보도가 사실에 기초한 것으로 판단된다는 결론을 내렸다.

울진·삼척 지역에 침투한 북한 무장 게릴라의 시신

이승복 기념관

● 〈국민교육헌장〉

우리는 민족 중흥의 역사적 사명을 띠고 이 땅에 태어났다. 조상의 빛난 얼을 오늘에 되살려, 안으로 자주 독립의 자세를 확립하고, 밖으로 인류 공영에 이바지할 때다. 이에 우리의 나아갈 바를 밝혀 교육의 지표로 삼는다.

성실한 마음과 튼튼한 몸으로 학문과 기술을 배우고 익히며, 타고난 저마다의 소질을 계발하고, 우리의 처지를 약진의 발판으로 삼아, 창조의 힘과 개척의 정신을 기른다.

공익과 질서를 앞세우며 능률과 실질을 숭상하고, 경애와 신의에 뿌리박은 상부상조의 전통을 이어받아, 명랑하고 따뜻한 협동 정신을 북돋운다. 우리의 창의와 협력을 바탕으로 나라가 발전하며, 나라의 융성이 나의 발전의 근본임을 깨달아, 자유와 권리에 따르는 책임과 의무를 다하며, 스스로 국가 건설에 참여하고 봉사하는 국민 정신을 드높인다.

반공 민주 정신에 투철한 애국 애족이 우리의 삶의 길이며, 자유세계의 이상을 실현하는 기반이다.

길이 후손에 물려줄 영광된 통일 조국의 앞날을 내다보며, 신념과 긍지를 지닌 근면한 국민으로서, 민족의 슬기를 모아 줄기찬 노력으로 새 역사를 창조하자.

〈국민교육헌장〉 선포식(1968. 12)

1971년 대통령 선거에서 각각 부인과 함
께 선거유세장에 선 박정희 후보(왼쪽)와
김대중 후보(오른쪽)

1971년 대통령 선거

1971년 4월에 실시된 제7대 대통령 선거에 출마한 박정희는 야당의 거센 도전에 직면하였다. 야당의 세대교체를 이루며 대통령 후보가 된 김대중은 박정희가 추진해 온 개발정책의 문제점을 날카롭게 비판하였다. 박정희의 개발정책은 적지 않은 성과를 거두었지만, 그에 따른 부작용과 반발도 적지 않았다. 도시와 농촌의 경제적 격차가 커지고, 그에 따라 상당수 농민이 농촌을 떠나 도시 빈민층을 형성하였다. 부패한 정치가와 소수 대기업에 대한 정치적 불만이 광범하게 축적되었다. 김대중 후보는 중소기업과 농업을 지원하고 성장과 분배의 균형을 추구하는 대중경제론을 발표하여 유권자의 큰 관심을 끌었다. 안보정책과 관련하여 김대중은 예비군 폐지를 공약하고 4대국안전보장론을 제기하였다.

선거 결과는 박정희의 승리였지만, 선거 과정은 김대중이 박정희를 무섭게 추격하는 양상을 보였다. 김대중의 대중경제론은 세계경제와의 개방적인 관계가 전제되지 않은 수입대체공업화의 전통을 이었다. 그것은 후진국에서 성공해 본 적이 없는 실험적인 주장이었다. 미국, 일본, 중국, 소련이 한국의 안전을 보장하게 하자는 그의 4대국안전보장론은 동서냉전이 치열했던 당시의 국제정세에서 현실성이 의심스러웠다. 그럼에도 그가 제시한 정책은 급속한 경제발전에서 상대적으로 소외되었다고 느끼는 도시 서민층을 중심으로 큰 호응을 얻었다. 1971년 대통령 선거는 한국 정치에서 처음으로 포퓰리즘(populism)이 위력을 떨친 선거였다.

❺ 성장의 그늘

해외 위험노동에의 취업

1963년 1인당 국민소득은 87달러에 불과했으며, 실업자는 전체 인구 2,400만 가운데 250만 명을 넘었다. 정부는 실업 해소와 외화 획득의 방편으로 서독에 광부와 간호사를 파견하기 시작했다. 광부 500명 모집에 4만 6,000명이나 몰려들었다. 선발된 광부 가운데 20% 가까운 숫자가 대학 졸업자였다. 당시의 신문은 그들을 '신사 광부'라 불렀다. 그들은 서독 루르탄광 지대에서 지하 1,000~3,000m의 막장에서 힘든 노동에 종사하였다. 1966년 12월 3년의 계약 기간을 채우고 142명의 광부 제1진이 귀국했을 때 거의 전원이 1회 이상의 골절상 병력을 안고 있었다. 이후 1978년까지 7,800여 명의 광부가 서독에 파견되었다. 간호사는 1962년 최초로 20여 명이 파견되었으며, 1976년까지 도합 1만 30명에 달하였다. 1973년 서독 전 병원에서 일하는 한국 간호사는 6,000명을 넘었다. 그들은 친절하고 성실하여 현지에서 좋은 평가를 받았다.

⚫ 가난의 서러움: 서독에서의 눈물

1964년 12월 10일 서독을 방문한 박정희 대통령 내외가 한국인 광부와 간호학생들이 일하는 루르 지방 함보른 탄광회사를 방문하였다. 대통령 일행이 도착하자 광부들의 브라스 밴드가 애국가를 연주하기 시작했다. 당시 통역관 백영훈의 회고에 의하면 애국가 제창은 "무궁화 삼천리 화려강산"에서 목멘 소리로 변했고 "대한사람 대한으로 길이 보전하세"에 이르러 흐느낌으로 더 이상 노래가 들리지 않았다. 대통령 내외, 300여 명의 광부, 50여 명의 간호사 모두가 어깨를 들먹였다. 애국가 연주가 끝나자 박 대통령의 연설이 시작되었다. "여러분 만리타향에서 이렇게 상봉하게 되니 감개무량합니다…" 대통령의 연설은 여기서 몇 구절 더 나가지 못했다. 여기 저기서 들리던 흐느낌이 장내를 울음바다로 만들었기 때문이다. 대통령은 연설원고를 옆으로 밀쳐버리고 말했다. "광원 여러분, 간호사 여러분… 조국의 명예를 걸고 열심히 일합시다. 비록 우리 생전에는 이룩하지 못하더라도 후손을 위하여 번영의 터전만이라도 닦아 놓읍…" 대통령은 연설을 마무리하지 못했다. 본인도 울어버렸기 때문이다. 돌아가는 차 안에서 흐르는 눈물을 감추려 애쓰는 박정희를 보고 곁에 앉은 뤼브케(Heinrich Lubke) 서독 대통령이 손수건을 꺼내 주었다.

서독 방문 중 박정희 대통령 부부

함보른 탄광에서 있었던 눈물의 연설

농촌 경제의 침체와 이농의 대열

1960년대 후반 수출을 동력으로 공업이 급속히 성장하자 농업은 상대적으로 소홀하게 여겨졌다. 정부는 공업 부문의 임금 인상을 억제하기 위해 농산물 가격을 될 수 있는 대로 낮은 수준에서 유지하려 했다. 그 결과 농공 간의 소득 격차가 확대되었다. 1970년 농가소득은 도시 근로자 소득의 75%에 불과하였다. 그에 따라 농촌을 떠나 도시로 몰려드는 이농의 대열이 형성되었다. 농가인구는 1967년 1,600만 명을 정점으로 하여 1971년에는 1,470만 명으로 감소하였다. 자연증가율을 감안하면 연간 60만 명가량이 농촌을 떠나 도시로 몰려들었다. 도시인구의 비중은 1960년 30%에서 1970년 41%로 증가하였다. 특히 서울 인구가 폭발적으로 증가하였다.

이농자의 절반 정도는 15~29세의 젊은이였으며, 15~19세의 여성이 큰 비중을 차지하였다. 그들은 대체로 중학교 졸업 이하의 저학력 소지자였다. 10대의 여성 노동자들은 섬유·전기제품과 같은 노동 집약적 수출 부문에 취업하였다. 그들은 노동력의 공급 과잉으로 열악한 작업환경에서 장시간의 저임금 노동에 시달렸다.

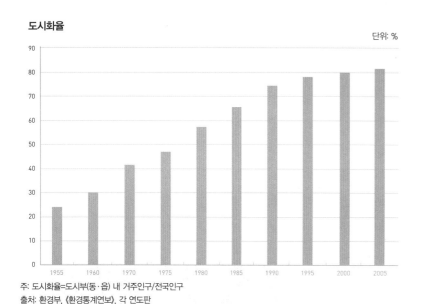

도시화율

단위: %

주: 도시화율=도시부(동·읍) 내 거주인구/전국인구
출처: 환경부, 《환경통계연보》, 각 연도판

도시의 빈민촌

이농 대열은 초기의 단신 이농에서 점차 일가 이농으로 바뀌었다. 그에 따라 서울 같은 대도시에는 이농자들이 거주하는 빈민촌이 급속히 늘어났다. 1950년대부터 월남민을 중심으로 형성된 도시 빈민촌은 미국군 부대에서 흘러나온 판자로 집을 지었기에 판자촌으로 불렸다. 서울의 무허가 판자촌은 청계천 주변에서 발달했는데, 1960년대 이후 이농자의 증가로 외곽 지대로 광범하게 확산되었다. 그 과정에서 판자촌은 '달동네' 로 이름이 바뀌었다. 이농자들은 서울 외곽의 국공유 산지를 점유하여 판자, 천막, 함석, 시멘트블록 등을 이용하여 은신처 수준의 판잣집을 지었다. 달동네는 산골짜기를 가득 채운 다음, 거의 산꼭대기에까지 이르렀다.

빈민촌의 생활환경은 집들이 무작위로 들어서 골목이 좁고, 상수도와 변소를 공동 사용하고, 하수도 시설이 없어 극도로 열악하였다. 집을 날림으로 지어 연탄가스 중독으로 사망하는 사

달동네
달에 가까운, 달이 잘 보이는 높은 곳에 있는 빈민촌이라 하여 일반적으로 '달동네' 라고 불렸다.

건이 끊이지 않았다. 서울시
는 몇 차례 도시미화사업을
벌여, 무허가 빈민촌을 철거
하여 외곽 지대로 집단 이주
시켰다. 그때마다 철거에 물
리적으로 저항하거나 국공유
지의 유리한 불하를 주장하
는 빈민촌의 집단 행동이 사

회적으로 물의를 일으켰다. 빈민촌의 주민은 대개 농촌 출신으로 저학력이었
기에 건축, 토목, 운반, 청소와 같은 미숙련 잡직에 종사하였다.

광주대단지사건

1971년 8월 서울시가 경기도 광주시 단대리로
이주시킨 빈민들이 대규모 폭동을 일으켰다. 이
주단지에는 상하수도의 생계시설이 결여되었을
뿐 아니라, 무엇보다 생계소득을 벌 수 있는 일
자리가 없었다. 주택지를 값싸게 불하한다는 서
울시의 약속도 이주민의 기대와 달랐다. 8월 10
일 폭동을 일으킨 주민들은 이주단지의 관공서
를 습격하고, 버스와 트럭을 탈취하여 서울로
진입하려 하였다. 이 사건은 1970~1980년대
도시빈민운동의 기폭제가 되었다. 사건이 발생
하자 한국기독교교회협의회를 중심으로 한 기독
교 인사들이 도시빈민운동을 체계적으로 벌이기
시작하였다. 사진은 버스를 탈취하여 서울로 향
하는 경기도 광주 이주단지의 주민들

산업화와 노동운동

노동운동은 5·16 이후 급진 이념의 노동조합이 탄압을 받자 한동안 정체
하였다. 그러나 1963년 정치적 자유가 허용되자 노동운동은 다시 활기를 찾았
다. 노동조합은 1961년에 172개에 10만 명의 조합원에 불과했으나, 1971년에는
446개에 50만 명으로 늘어났다. 1960년대 노동조합 활동은 전반적으로 정체
상태였다. 1960년대 중반 이후 노동쟁의는 연평균 103건에 참여 인원 15만
4,000여 명 규모였다. 그렇지만, 대부분의 쟁의는 파업에까지 이르지 못하고
관청의 비공식적인 조정에 의한 화해로 끝났다.

그러던 중 1970년 11월 13일 서울 동대문 평화시장에서 재단사로 일하던 22
세의 전태일(全泰壹)이 근로기준법 준수를 요구하며 분신한 사건이 발생하였다.
동대문 평화시장에서 영세 봉제업자에 고용된 재단사들은 닭장처럼 좁고 더러
운 작업환경에서 하루 12시간 이상 고되게 노동하였다. 전태일이 준수를 요구한
근로기준법은 1953년 한국 정부가 북한과의 체제 경쟁을 의식하여 세계적으로
높은 수준의 근로자 복지를 규정한 법이었다. 그러나 그 법은 오랜 기간 아무런
구속력이 없는 장식품에
불과하였다. 전태일의 분
신은 1970년대 이후 노동
운동의 활성화에 크게 기
여하였다.

전태일(1948~1970)
경북 대구 출생. 초등학교 4학년을 중퇴
하고, 17세 때 서울 평화시장의 의류 제조
업체 재단사로 입사하였다. 나이 어린 소
녀들이 저임금에 열악한 환경에서 중노동
에 시달리는 것을 보고 의분을 느꼈다. 근
로기준법이 있으나 회사가 이를 준수하지
않음을 알고, 노동조건 개선을 요구하는
진정서를 제출했지만 매번 묵살되었다.
사회의 무반응과 개혁의 불가함을 느끼고
분신자살하였다. 그의 죽음은 당시 민주
사회에 대한 한국인의 열망과 맞물려 사
회적으로 큰 파장을 일으켰다. 특히 무반
응으로 일관하던 기업인, 정치인, 관료사
회에 커다란 경각심을 심어 주었다.

평화시장 봉제업체의 열악한 환경에서 작업 중인 여공들

3. 유신체제와 중화학공업화

❶ 10월유신

비상계엄 선포 후 연세대학교에 진입하는 계엄군(위). 유신헌법에 의해 신설된 통일 주체국민회의가 체육관에서 대통령 선거를 하는 모습(아래)

유신체제의 특징

1972년 10월 17일 박정희 대통령은 전국에 비상계엄을 선포하여 국회를 해산하고 모든 정당 및 정치 활동을 중지시킨 다음, 헌법개정을 선언하였다. 현재의 국가 체제로는 한반도를 둘러싼 국제환경의 변화와 7·4남북공동성명으로 새롭게 시작된 남북대화에 적절하게 대응할 수 없기 때문이라고 하였다. 비상 국무회의가 마련한 새로운 헌법은 그해 11월 국민투표를 거쳐 확정되었다. 유신헌법이라 불린 새 헌법에서 국가의 최고 주권기관은 통일주체국민회의(統一主體國民會議)였다. 통일주체국민회의는 조국의 평화적 통일을 추진하기 위한 국민적 조직체로 규정되었다. 이 회의를 구성하는 대의원은 유권자의 직접선거에 의해 면·동마다 1인 이상 선출되었다. 통일주체국민회의는 대통령을 선출할 권한을 부여받았고, 입법기관인 국회의원의 3분의 1을 대통령이 추천하는 사람으로 임명하였다.

7·4남북공동성명

1972년 2월 미국과 중국의 정상회담으로 대표되는 냉전의 해빙 무드에서 중앙정보부장 이후락(李厚洛)이 북한을 방문하여 김일성 주석과 면담한 후, 남·북한 당국이 분단 이후 최초로 통일에 관한 합의를 발표한 공동성명이다. 이 성명은 자주, 평화, 민족대단결을 통일의 3대 원칙으로 천명하였다. 공동성명은 이 밖에도 남·북한 간의 다방면에 걸친 교류의 실시 등에 합

의하고, 이를 위해 남북조절위원회를 구성하기로 하였다. 그러나 남한은 학술·체육 등의 교류를 앞세운 반면, 북한은 정당·사회단체의 연석회의 개최 등 정치적 공세를 내세워, 결국 조절위원회의 기능은 정지되었다. 7·4남북성명을 발표하는 이후락 중앙정보부장

대통령이 추천한 국회의원의 모임을 유신정우회(維新政友會)라
고 하였다. 나아가 유신헌법은 대통령에게 국가의 안전보장과 관
련하여 중대한 사태가 발생했다고 판단될 경우, 국정 전반에 걸
쳐 긴급조치를 발동할 수 있는 권한을 부여하였다. 긴급조치의
내용 가운데에는 법관의 영장 없이 체포, 구금, 압수, 수색할 수
있는 권한이 포함되었다. 실제로 유신체제가 존속한 7년간 모두
아홉 차례에 걸쳐 긴급조치가 발동되었다.

중국 베이징을 방문한 미국 닉슨 대통령을
환대하는 마오쩌둥 중국 주석(1972. 2)

　　유신체제는 어떠한 국가기구의 통제도 받지 않는 대통령의 절
대 권력을 성립시켰다. 대의제적 민주주의 정치 원리는 소멸했으며, 명령에 의한
행정이 지배하는 행정국가가 전면에 등장하였다. 유신헌법은 박정희의 종신집권
을 사실상 보장하였다. 통일주체국민회의 대의원은 후보 등록 과정에서부터 권력
기관의 강한 통제하에 있었다. 그렇게 구성된 어용 기관의 대통령 선거에서 박정
희에게 대항할 경쟁자는 있을 수 없었다. 1972년 12월 박정희는 임기 6년의 제8대
대통령에 취임하였다.

10월유신의 배경

　　유신헌법이 허용한 대통령의 절대 권력과 종신집권의 가능성은 박정희가 개
인적 권력욕에서 10월유신을 감행했다는 주장을 뒷받침한다. 그러나 10월유신
은 개인의 권력욕만으로는 충분히 설명될 수 없는 커다란 변화를 한국인에게 안
겨 주었다. 1968년 이후 북한은 남한에 대한 군사적 공세를 강화하였다. 미국은
1969년에 선포된 닉슨독트린에 따라 1970년 한국 정부와 상의 없이 주한 미국군
의 3분의 1을 철군할 계획을 발표하였다. 1972년 미국의 닉슨 대통령은 중국을
방문하여 양국 간의 화해를 추진하였다.

　　이처럼 한국을 둘러싼 군사안보와 국제정세의 중대한 변화를 맞아 박정희는
자주국방체제를 추구하였다. 그는 1970년 병기 생산의 국산화를 위해 국방과학
연구소를 설립했으며, 1971년부터는 핵무기 개발을 위한 비밀 계획도 추진하였
다. 자주국방 체제의 구축을 위해서는 중화학공업의 발전이 필수적이었다.

　　경제적으로는 1970년을 전후하여 노동집약적 경공업 제품의 수출을 중심으
로 한 개발전략이 사실상 한계에 봉착하였다. 한국 제품에 우호적이었던 미국
시장이 1971년부터 수입할당제를 실시하는 등 수입규제를 강화하였다. 1971년
한국 경제는 수출 10억 달러의 고지를 점령했지만, 수출 총력체제의 무리한 추
진에 따라 상당수 기업의 채산성이 악화되었다.

　　1972년 8월 정부는 사채의 압박에 시달리는 수출 기업을 구제하고자 사채
를 동결하는 비상경제조치를 발동하였다(8·3긴급조치). 그러나 그것은 근본적

인 대책이 될 수 없었다. 노동집약적 경공업을 대신하는 새로운 성장산업이 필요했으며, 박정희 대통령은 이미 1972년 5~9월에 중화학공업화를 추진할 의지를 다졌던 것이 여러 기록을 통해 확인되고 있다. 그러한 배경에서 박정희는 5·16쿠데타에 이어 10월유신이라는 또 하나의 정변을 감행하였다. 이후 그는 자신에게 집중된 행정국가의 역량을 총동원하여 자주국방과 중화학공업화를 강력하게 추진하였다.

❷ 중화학공업화

중화학공업화의 설계

박정희 대통령은 1973년 1월 중화학공업화를 선언하였다. 6월에 발표된 중화학공업 육성계획은 철강, 비철금속, 기계, 조선, 전자, 화학 공업을 6대 전략 업종으로 선정하고, 차후 8년간 총 88억 달러의 자금을 투입하여 1981년까지 전체 공업에서 중화학공업의 비중을 51%로 늘려서, 1인당 국민소득 1,000달러와 수출 100억 달러를 달성한다는 청사진을 제시하였다. 이러한 계획에 대해 그때까지 개발정책의 수립에 핵심적 역할을 담당해 온 경제기획원만이 아니라 국제통화기금(IMF)과 국제부흥개발은행(IBRD)과 같은 국제기구도 부정적인 견해를 표명하였다.

국내외의 반대에 봉착한 박정희는 청와대에 중화학공업추진기획위원회를 설치하고 이 계획을 강력하게 추진하였다. 이후 중화학공업화의 추진에는 대통령비서실장 김정렴(金正濂)과 중화학공업기획단 단장 오원철(吳源哲)이 핵심 역할을 맡았다. 그들은 새로 건설되는 공장이 국제경쟁력을 갖추기 위해서는 최신

김정렴(1924~　)

서울 출생. 1941년 강경상업학교를 졸업하고 도일, 1944년 오이타(大分)고등상업학교를 졸업하였다. 조선은행에 입행 후, 일본 예비사관학교에 입교, 1945년 견습사관으로 임관하였다. 히로시마에서 원자탄에 피폭되었으나 생존하였다. 이후 한국은행 조사과, 뉴욕사무소에 근무하고 미국 클라크대학에 1년간 유학하였다. 5·16 이후 재무부 차관과 장관, 상공부 차관과 장관을 역임한 뒤, 1969년부터 9년간 대통령비서실장으로 복무하였다. 당시에 중화학공업화정책을 총괄 집행하였다. 엄격한 집무 자세로 9년간 대통령비서실을 둘러싸고 한 건의 독직사건도 일어나지 않았다. 1979년 주일대사에 임명되었다가, 박정희 대통령 사후에 공직에서 물러났다. 그가 집필한 《한국경제정책30년사》는 박정희 시대의 연구에 귀중한 사료로 평가되고 있다.

울산의 현대조선소
처음부터 최다 4척의 중형 화물선을 동시에 건조할 수 있는 설비를 갖추어 한국의 조선 역량을 빠른 속도로 끌어올렸다.

기술을 도입하고 공장도 대규모여야 한다는 원칙을 세웠다. 이러한 원칙에 따라 한 분야에서 한두 민간업체를 선정하여 국제경쟁력을 갖출 수 있도록 공장부지, 도로, 설비자금 등을 전폭적으로 지원하였다. 이 같은 산업·기업정책은 기회의 균등을 요구하는 민주주의 정치제도에서는 합의하기 어려운 일이었다. 그럼에도 이 같은 방식의 중화학공업화가 가능했던 것은 정치가 경제에 개입하고 간섭할 수 있는 모든 경로를 유신체제가 차단했기 때문이었다.

중화학공업화는 우수한 민간기업이 주체가 되어 추진하였다. 전체적인 계획을 세운 것은 정부이지만, 실제로 공장을 건설하고 제품을 생산하고 해외시장에서 판매한 것은 민간기업이었다. 민간기업은 애초에 성공 가능성이 의심스러운 중화학공업화에 참여하기를 주저했지만, 정부의 강력한 정책 의지에 자극받아 적극적인 자세로 돌아섰다.

고도성장의 지속과 중동 건설의 붐

비판자들의 판단과 달리 중화학공업화는 조기에 낙관적인 실적을 거두었다. 1975년에 준공된 현대조선소는 첫해에 흑자를 실현하였다. 중화학공업화에 따른 대규모 투자로 1973~1979년 한국 경제는 고도성장을 거듭하였다. 그 기간 제조업은 연평균 16.6%라는 경이로운 성장률을 기록했다. 중화학공업화는 기계공업 부문의 실적이 부진한 가운데 전체적으로는 애초 목표를 초과 달성하였다. 1980년 전체 제조업에서 중화학공업의 비중은 54%가 되었으며, 그해 공산품 수출에서 중화학 제품의 비중은 88%에 달하였다. 이 같은 공업 구조의 변화는 선진국에서는 100년 이상, 혹은 수십 년에 걸쳐 서서히 진행되었지만, 한국 경제는 매우 짧은 기간에 성취하였다. 100

창원기계공업단지

여천석유화학공업단지

구미전자공업단지

100억불 수출의 날 기념아치

중동 건설 붐
이란 중공업단지 건설현장의 한국 근로자와(위) 현대건설이 준공한 사우디아라비아 주베일 항만(아래)

억 달러 수출도 목표보다 4년을 앞당겨 1977년 말에 달성하였다.

1973~1974년 국제유가가 4배 이상 급등하는 오일쇼크(oil shock)가 일어났다. 오일쇼크는 중화학공업화를 막 시작한 한국 경제에 시련을 안겨 주었지만, 중동 건설 붐이라는 선물도 동시에 주었다. 석유가격 상승으로 오일 머니(oil money)가 쌓인 중동 지역에 건설 붐이 일었던 것이다.

베트남에 진출해 있던 한국의 건설업은 베트남전쟁이 종식되자 중동으로 진출하였다. 1975~1979년에 중동 건설을 통해 한국 경제가 벌어들인 외화는 총 205억 달러로 같은 기간 총 수출액의 40%에 가까운 막대한 금액이었다. 중화학공업화의 성공에는 중동 건설 붐이라는 국제시장의 환경이 유리하게 작용하였다.

대기업집단의 성장

중화학공업화 과정에서 흔히 재벌로 불리는 대기업집단이 부쩍 성장하였다. 대기업집단은 총수와 혈연가족이 다수 기업을 지배하는 기업조직을 말한다. 대기업집단은 대기업에 대한 정부의 지원으로 1950년대부터 존재하였다. 그러나 정부가 중화학공업화에 참여한 대기업에 베푼 지원 규모는 이전 어느 시기와도 비교할 수 없었다. 중화학공업은 대부분 한두 대기업이 지배하는 독과점산업이 되었다. 국가경제에 대한 대기업집단의 지배력도 크게 증가하였다. 1970년대 말 26대 기업집단의 계열사는 무려 631개를 헤아렸다. 삼성, 현대, 럭키, 대우

대기업집단은 정부의 정책적 지원으로 성장했지만, 특권으로 고착되지는 않았다. 부단히 변동하는 시장에 적응하고 변신하는 노력을 게을리 하면 이내 위축되거나 도태되었다. 1960년 10대 재벌 가운데 2007년까지 그 지위를 유지한 것은 삼성과 락희(이후 럭키, LG로 개명)뿐이다. 1972년 이후에는 삼성, 현대(현대자동차와 현대중공업으로 분화), 럭키(LG로 개명), 한진, 한국화약(한화로 개명)뿐이다.

한국 10대 기업집단의 변천(1960~2007)

순위	1960	1972	1979	1987	1996	2007
1	삼성	삼성	현대	현대	삼성	현대자동차
2	삼호	락희	럭키	삼성	현대	삼성
3	개풍	한진	삼성	럭키금성	LG	LG
4	대한전선	신진	대우	대우	대우	SK
5	락희	쌍용	효성	선경	SK	한진
6	동양시멘트	현대	국제	쌍용	쌍용	금호아시아나
7	극동해운	대한전선	한진	한국화약	한진	현대중공업
8	한국유리	한국화약	쌍용	한진	롯데	두산
9	동립산업	극동해운	한국화약	효성	한화	한화
10	태창방직	대농	선경	롯데	효성	롯데

출처: 1) 1960~1987년: 조동성, 《한국재벌연구》, 매일경제신문사, 1990;
2) 1996년: 이한구, 《한국재벌형성사》, 비봉출판사, 1999;
3) 2007년: 금융감독원 홈페이지.

등을 수위로 하는 10대 기업집단의 매출액은 국민총소득의 42%에 달하였다.

한국 대기업집단의 주요 특징은 계열기업 간 상호출자이다. 대기업집단은 상호출자라는 수법으로 적은 자본으로 다수의 기업을 창립함으로써 국가경제의 발전에 도움이 되었다. 기업의 창업 자금을 공급할 금융시장이 발달하지 않아 기업 스스로 이 같은 내부 금융시장을 개발한 것이 대기업집단이 성립한 경제적 근거로 지적되고 있다. 그렇지만, 대기업집단의 상호출자는 흑자 기업의 자금을 적자 기업에 충당함으로써 흑자 기업에 투자한 일반 주주의 희생을 강요하는 불공정거래인 경우가 많았다. 국가경제에 대한 대기업집단의 과도한 영향력으로 인해, 그에 속한 기업이 위기에 처할 때마다 정부는 구제금융을 베풀었다.

❸ 국토의 개발

산림녹화

유신 정부는 경제발전을 제약할 뿐 아니라 삶의 환경에 큰 영향을 주는 국토의 환경을 가꾸고자 노력하였다. 해방 이후 남한의 산림은 급속히 황폐해졌다. 북한으로부터 석탄 공급이 끊기면서 연료가 부족해졌고, 사회적 무질서로 인해 도벌이 만연하였다. 인공조림을 위한 정부의 노력이 없지 않았지만, 행정력이 결여되어 효과가 없었다. 사람의 손이 닿는 곳이면 죄다 벌거벗은 붉은 산이었으며, 그로 인해 가뭄과 홍수가 연례행사처럼 찾아 왔다.

정부가 산림녹화에 적극적인 의지를 보인 것은 5·16 이후였다. 군사정부는 1961년 12월 산림 행정의 모법이 된 산림법을 공포하였다. 산림법은 동·리의 주민들로 하여금 산림계를 구성할 의무를 부과하였고, 산림계에 조림과 산림 보호의 책임을 부과하였다. 본격적인 산림녹화는 1973년부터 시작된 치산녹화계획을 통해 이루어졌다. 제1차 치산녹화 10개년계획은 1982년까지 100만ha의 조림을 실시한다는 목표를 세우고 범정부적 사업으로 추진되었다. 담당 관청인 산

치산(治山)
경북 포항시 청하면 이기리. 왼쪽은 조림사업이 시작되기 전인 1975년, 가운데는 조림 2년 후, 오른쪽은 10년 후의 모습이다.

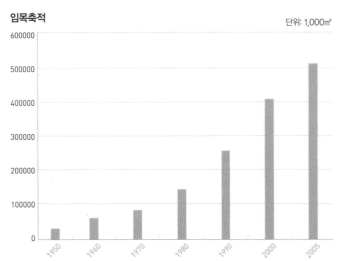

임목축적

단위: 1,000㎥

주: 임목축적(林木蓄積)은 임목이 위치한 가로×세로×높이의 입방체적(立方體積)을 의미한다.
출처: 1) 1950~1960년: 통계청, 《통계로 본 대한민국 50년의 경제사회상 변화》, 1998;
2) 1970~2005년: 통계청 홈페이지

림청은 원래 농림부의 외청이었는데, 녹화계획이 시행되면서 내무부로 이관되었다. 당시 국민의 적극적인 참여 속에 새마을운동이 전개되고 있었는데, 새마을운동의 주무 관청이 내무부였기 때문이다.

　나무심기는 새마을운동의 일환으로 전국의 마을, 직장, 단체, 학교가 참여하는 국민운동으로 전개되었다. 국민운동에 힘입어 제1차계획은 4년을 앞당겨 목표를 달성했으며, 1979년부터 제2차 치산녹화사업에 착수하였다. 1987년에 완료된 제2차 계획도 성공리에 추진되었으며, 이로써 전 국토의 녹화 사업은 일단락되었다.

4대강유역종합개발

　정부는 국토의 효율적 이용과 개발기반의 확충을 목적으로 1972년 제1차 국토종합개발계획을 수립하였다. 4대강유역종합개발은 이 계획의 일환으로 전국의 수자원을 효율적으로 이용하고, 하천을 관리하기 위한 사업이었다. 한강, 낙동강, 금강, 영산강의 4대강 유역은 국토의 64%와 경지의 54%를 차지하여 국가 경제에서 비중이 작지 않았지만, 1960년대까지 연례적인 홍수와 가뭄 피해로부터 자유롭지 않았다. 이 계획은 댐 건설과 하천 개수를 통해 홍수의 피해를 줄이고, 전체 논을 수리안전답(水利安全畓)으로 바꾸고, 상수도 보급을 개선하고, 산업용수를 안정적으로 공급하여 유역의 공업 발전을 뒷받침할 목적에서 추진되었다. 그에 따라 한강 유역에는 다목적댐으로 소양강댐과 충주댐이 건설되었다. 낙동강 유역에는 안동댐과 합천댐 등이 건설되었으며, 금강 유역에는 대청댐이 건설되어 홍수 조절과 농업·공업·상수도의 용수를 공급하였다. 영산강 유역에는 장성댐 등과 방대한 규모의 영산강 하구언(河口堰)이 건설되었다. 그로 인해 한반도의 남부는 홍수와 가뭄의 오랜 굴레에서 해방되었다.

치수(治水)
영산강종합개발조사사무소 현판식(왼쪽)과 한강 수계의 소양강 다목적댐(오른쪽)

❹ 새마을운동

새마을운동의 시작

고도 경제성장이 개시된 1962년 이래 도시와 농촌 간의 경제적 격차가 확대되었다. 1970년대의 박정희 정부는 낙후된 농업과 농촌을 개발하기 위한 정책을 적극적으로 추진하였다. 1970년 10월부터 이듬해 6월까지 정부는 전국의 3만 3,000여 모든 동·리에 시멘트 355포대씩을 일률적으로 지급하여 각 동·리가 자율적으로 환경개선사업에 사용하게 하였다. 1971년 사업의 실적을 평가한 결과, 절반가량인 1만 6,000여 마을에서 정부가 지급한 시멘트를 이용하여 마을에 필요한 사업을 실시한 반면, 나머지 마을에서는 뚜렷한 성과가 없었음이 드러났다. 정부는 공동사업의 성과가 있는 마을에 한정하여 다시 시멘트 500포대와 철근 1t씩을 지원하였다. 1970년대 농촌 개발을 위한 농민의 열정적인 활동과 정부의 적극적인 지원정책으로 잘 알려진 새마을운동은 이렇게 시작되었다.

새마을운동은 정부가 자금과 기술을 지원하고 농민이 노동을 제공하여 농촌 주민 삶의 질을 향상시키려는 농촌개발운동이었다. 정부는 모든 농촌을 일률적으로 지원하지 않았다. '근면·자조·협동' 이라는 새마을운동 정신이 이야기하

⬤ 새마을 운동의 추진방식

"새마을운동은 전국을 다녀 보면 잘하고 있는 부락도 있고, 하고는 있는데 그다지 시원찮은 데도 있고, 어떤 곳은 자기 부락과는 아무 관계없는 것처럼 잠자고 있는 데도 많이 있습니다. 나는 그것에 개의치 않고 지금 잘하는 부락은 사기를 돋워 주고 뒷받침해 줘서 이런 부락들이 앞서 갈 수 있도록 해줘야 되겠다, 못하는 부락에 가서 너도 해라 하고 권장할 필요 없이, 잘하는 곳만 도와주면 언젠가는 그 옆에 있는 부락도 자극을 받고 따라오리라, 그런 식으로 해나갈 방침입니다."

"농촌을 빨리 근대화하기 위해 내가 보니까 가장 급한 것이 역시 전기입니다. 그런데 이것도 의욕적으로 일하는 부락에 넣어 주면 전기 가설해 주는 데 드는 예산의 몇 배 효과를 낼 수 있지만, 그렇지 않은 부락에 주면 전깃불 밑에서 그저 화투나 치고 노름이나 하고 쓸데없는 짓들을 하고 있기 때문에 그런 부락보다는 새마을운동을 성공적으로 잘하는 부락에 우선적으로 넣어 주어야겠다고 생각합니다."

1972년 4월 10일 월간경제동향보고 회의에서 박정희 대통령은 새마을운동과 관련하여 위와 같이 발언하였다. 그는 잘하는 마을에 전기를 우선적으로 넣어줌으로써 마을 간의 경쟁을 부추겼다. 새마을운동이 정부의 주도로 시작되었지만 민간의 적극적인 참여로 성공을 거두게 된 것은 이 같은 경쟁유발적 추진방식 덕분이었다.

새마을운동 현장을 방문한 박정희 대통령

"초가집도 없애고 마을길도 넓히고"
새마을운동 기치 아래 농로확장사업이 한
창이다(위). 초가지붕은 슬레이트지붕으로
개량되었다(아래).

농업 기계화의 첨병
한국 농업의 기계화는 1961년 경운기가
보급되면서부터 시작되었다. 경운기는 소
규모 이동·운반 수단일 뿐 아니라 갈기,
흙 부수기, 땅 고르기 등의 작업구로 요긴
하게 쓰였다. 경운기의 엔진은 탈곡기와
양수기에 연결되어 동력원으로도 활용되
었다. 경운기는 1970년만 해도 두 마을에
1대로 보급 정도가 매우 낮았다. 이후 새
마을운동에 의한 농로확장과 정부의 보급
지원에 힘입어 1975년에는 한 마을에 2.6
대, 1980년에는 8.7대가 되었다. 1990년
에는 22.8대로 대부분의 농가가 경운기를
갖추게 되었다.

듯이, 근면하고 협동하면서 스스로 돕는 마을을 선
택적으로 지원하고, 그를 통해 마을 간의 경쟁을
유도하였다. 농민들은 정부의 차별적인 지원정책
에 민감하게 반응하였다. 농민들은 농촌 개발 투자
에도 자발적으로 적극 참여하였다. 새마을운동은
범정부적이며 범국민적인 운동으로 발전해 갔다.
1971년부터 1982년까지 새마을운동에 투자된 금
액은 모두 5조 2,583억 원인데, 이 가운데 정부가
51%를 투자하고 농촌 주민이 나머지 49%를 담당
하였다.

새마을운동의 성과

새마을운동은 점차 소득증대 분야, 생산기반
조성 분야, 복지후생 분야, 정신계발(精神啓發) 분
야로 영역을 확대하였다. 새마을운동에 투자된 자
원 중 가장 비중이 큰 것은 농한기 생산화와 소득
작목 재배 등의 소득증대 분야로서 총 투자액의
44%를 차지하였다. 농로 개설, 마을 창고 건설 등의 생산기반조성 분야는 21%
였고, 복지·환경 분야는 29%였다. 이 같은 투자에 힘입어 농가소득이 증가하였
다. 1971년 농가소득은 도시근로자소득의 79%에 불과했으나, 1982년에는
103%로 오히려 도시근로자소득을 조금 상회하였다.

농촌의 생활환경도 크게 개선되었다. 1970년에 전기가 들어온 마을은 전체
의 20%에 불과했는데, 1978년에는 98%까지 확대되었다. 1970년에 전체 농가
의 80%에 달하던 초가지붕은 1975년에는 거의 찾아볼 수 없게 되었다. 마을 안
까지 자동차가 들어갈 수 있는 진입로가 닦이고, 농가 마당에까지 경운기가 출
입할 수 있도록 마을 길이 확장되었다. 농민들은 농로를 넓히고 마을 광장을 조
성하고자 소유 농지를 조금씩 갹출하였다. 상호 협동하는 과정에서 전통 소농사
회의 마을이 근대적 공동사회로 발전하였다.

녹색혁명

녹색혁명(Green Revolution)은 1960년대 후반 동남아시아 국가들이 신품종
을 개발하여 식량을 혁명적으로 증산한 경험을 말한다. 식량 증산과 주곡 자급
을 위한 정부의 노력은 한국에서도 녹색혁명을 일으켰다. 한국의 농학자들은 동
남아시아의 신품종을 개량하여 한국 토양에 적합한 다수확 품종으로서 통일벼

통일벼 육종실험 중인 수원농사시험장

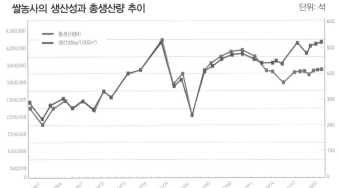

쌀농사의 생산성과 총생산량 추이 　　　　　단위: 석

출처: 농촌경제연구원, 《보정농업통계표: 1910~2001년》, 2003

를 개발하였다. 통일벼의 단위면적당 생산량은 기존 품종보다 30% 이상이나 높았다. 1972년에 16%였던 통일벼의 보급률은 1977년에 55%까지 늘었다. 그해 통일벼의 단위면적당 생산량은 세계 최고 수준을 기록했으며, 해방 이후 최초로 주곡을 자급하기에 이르렀다.

　　1970년대 녹색혁명은 4대강유역종합개발과 새마을운동을 통한 농업생산 기반 구축에 힘입은 바가 컸다. 농민의 생산 의욕을 북돋운 정부의 고(高)미가 정책도 통일벼의 보급과 미곡 증산에 기여하였다. 1970년대에 들어 정부는 매년 미곡 수매가격을 10~20% 인상하였다. 1980년대 들어 밥맛이 좋지 않고 냉해에 취약하다는 이유로 통일벼의 재배는 급격히 감소하였다. 그렇지만, 통일벼 개발을 경험하면서 신품종 육종 기술이 발전하였다. 아울러 신품종에 적합한 재배기술을 개발하는 과정에서 영농기술이 개량되어 농가 소득을 증대시켰다.

한국의 쌀 생산은 1960년대까지 총생산량이 200만을 조금 넘는 수준에서 정체 상태였다. 1,000㎡당 생산도 300kg 내외에 머물렀다. 이러한 상황에서 흉년이 들면 쌀을 수입해야 할 형편이었다. 1970년대에 들어와 다수확 품종인 통일벼의 보급에 따라 총생산량은 1977년 400만을 초과하여 최고 수준에 이르렀다. 1,000㎡당 생산도 그해에 526kg으로 최고 수준이었다. 그 사이 쌀의 국가적 자급이 실현되었다. 이후 총생산량은 정체하다가 1980년대 후반부터 줄어들어 300만 이하로 내려갔다. 이는 국민소득이 증가하면서 쌀 소비가 줄고 저수확 고품질 쌀에 대한 수요가 늘었기 때문이다.

❺ 유신체제의 종언

유신체제의 취약성

　　유신체제가 대통령에 허용한 절대 권력은 국민의 자발적 동의에 기초한 적법성을 확보할 수 없었다. 1952년 이후 대통령을 직접 선출하는 선거를 여섯 차례나 경험하는 과정에서 한국인들은 대통령 직선제를 국민이 보유한 자연법적 권리의 하나로 간주하였다. 유신체제는 이 같은 국민의 상식을 억압했기에, 형식적으로는 강력한 체제였지만 내용적으로는 장기 지속이 어려운 불안정한 체제였다.

　　유신체제는 적지 않은 경제적 성과에도 불구하고 처음부터 국민의 마음에서 멀어져 있었다. 1973년 2월에 실시된 제9대 국회의원 총선은 유신체제에 대한 국민적 저항이 이미 만만치 않은 수준임을 보여 주었다. 이 선거에서 집권 공화당의 득표율은 39%에 불과하였다. 그에 비해 야당인 신민당과 민주통일당의 득

김대중 납치사건

10월유신 이후 김대중은 해외에 체류하면서 한국인 사회를 중심으로 반유신체제 운동을 펼쳤다. 그는 1973년 7월 미국에서 한국민주회복통일촉진회를 결성하였다. 이후 일본으로 건너가 일본 지부를 조직하기 위해 활동하던 도중, 8월 8일 도쿄의 팰리스 호텔에서 괴한들에게 납치되었다. 괴한들은 김대중을 오사카와 부산을 거쳐 서울 그의 자택 앞에서 풀어 주었다. 이 사건은 중앙정보부장 이후락의 지시로 정보부의 해외공작 책임자와 주일대사관의 정보부 요원들이 저지른 것으로 판명되었다. 이로 인해 빚어진 양국간의 외교적 마찰은 한국 정부가 두 차례 특사를 파견하여 사과하고 재발 방지를 약속함으로써 마무리되었다. 이 사건이 과연 박정희 대통령의 지시로 벌어졌는지는 피해자의 주장에도 불구하고 입증되지 않았다. 이 사건을 계기로 피해자 김대중은 국제사회에 민주주의 운동가로 널리 알려지게 되었다.

일본 도쿄에서 서울 자택으로 납치되어 온 김대중

표율은 합하여 48%에 달하였다. 그럼에도 사실상 대통령이 임명하는 유신정우회에 힘입어 집권 여당은 국회에서 다수 의석을 차지하였다.

저항의 확산과 긴급조치의 발동

유신체제는 처음 1년 정도는 가시적 저항에 직면하지 않았다. 야당 세력을 대표하는 신민당은 유신헌법에 따라 실시된 총선에 참여하였다. 재야의 근본적 비판 세력도 파격적으로 진행된 유신체제의 성립 과정에서 침묵하였다. 박정희의 경쟁자인 김대중은 유신 이후 해외에 머물렀다. 그는 일본과 미국에서 유신체제에 저항하는 정치운동을 조직하였다. 1973년 8월 일본에 머물던 김대중이 납치되어 국내로 돌아온 충격적인 사건이 발생하였다. 그해 10월 이 사건의 해명을 요구하는 학생시위가 서울대학교에서 일어났다. 이후 유신체제에 저항하는 학생시위가 주요 대학으로 확산되었다. 연말에는 재야인사들이 주도한 개헌청원 1백만인서명운동이 전개되었다.

인혁당사건

1964년 중앙정보부는 북한의 사주를 받아 대한민국을 전복할 의도로 조직된 인혁당을 적발했다고 발표했다. 도예종 등 관련자 17명은 재판에 회부되어 징역 1년이나 집행유예의 가벼운 처벌을 받았다. 1974년 이후 반유신체제운동이 확산되자, 중앙정보부는 운동을 주도하던 전국민주청년학생연맹의 배후로서 인혁당을 재건하려는 지하조직을 지목하고 23명을 구속하였다. 재판 결과, 도예종 등 8명은 사형을, 나머지 15명은 무기징역에서 징역 15년의 중형을 선고받았다. 사형은 선고 후 불과 18시간 만에 전격적으로 집행되었다.

이후 2002년 의문사진상규명위원회는 인혁당사건이 고문을 통해 조작됐다고 주장했으며, 유족들은 명예회복을 요구하며 재심을 청구하였다. 2007년 1월 서울중앙지방법원은 32년 만에 이뤄진 재심 선고 공판에서 사형에 처해진 8명 전원에 대해 무죄를 선고하였다. 인혁당사건은 유신체제가 인권을 탄압한 대표적인 사건으로 지목되고 있다. 사진은 인혁당사건의 재판정

학생과 재야 세력의 저항에 직면하여 박정희 대통령은 1974년 1월 긴급조치 제1호를 발동하였다. 정치가 탄압 일변도로 흐르자 중앙정보부와 보안사령부 같은 국가 보위기구들이 통제되지 않은 권력을 행사하게 되었다. 1975년 4월에는 인민혁명당(인혁당) 관련자 8명이 북한과 내통했다는 이유로 재판을 받았다. 그들은 사형을 선고받은 당일에 처형되었다. 같은 시기 서울대학교 농과대학 학생 김상진이 유신체제에 대한 저항의 표시로 할복자살하였다. 저항의 강도가 높아지자 1975년 5월 긴급조치의 결정판이라 할 수 있는 긴급조치 제9호가 발동되

서울대학교에서 일어난 최초의 반유신 시위(1973. 10)

었다. 이 조치는 유신체제를 비판하거나 비방하는 일체의 행위에 대해 법관의 영장 없이 체포, 구금, 압수, 수색할 수 있게 하였다. 대학에 대한 탄압도 강화하여 유신체제를 비판하는 문서를 작성하거나 시위를 주도한 학생에 대해 주무장관의 명령으로 1년 이상의 유기정학에 처하도록 하였다.

유신체제의 위기와 10·26사건

유신체제는 1977년부터 본격적인 위기 국면에 접어들었다. 그해 초에 취임한 미국의 카터(Jimmy Carter) 대통령은 인권외교를 내세우며 한국의 열악한 인권 상황을 비판하였다. 박정희 정부와 미국 정부 사이에는 깊은 갈등의 골이 파였다. 유신체제에 대한 저항 세력은 이 같은 국제정세에 고무되었다. 유신체제에 대한 저항으로 수감된 정치적 양심수는 1977년 120명에서 1979년 1,239명으로 급증하였다. 유신 시대의 경제는 중화학공업화와 중동 건설 붐으로 전반적으로 호황이었지만, 노동집약적 경공업과 재래시장의 경기는 좋지 않았다. 서민들의 가계는 높은 인플레이션으로 큰 압박을 받았으며, 이는 유신체제에 대한 민심의 이반을 가속하였다.

신민당 당사에서 농성하는 YH무역의 여성 노동자들

본격적인 위기는 1979년 6월 유신체제에 대결적 입장을 분명히 한 김영삼(金泳三)이 야당 당수로 선출되면서 시작되었다. 그해 8월 가발공장 YH무역의 여성 노동자들이 회사의 폐업 조치에 항의하여 야당 당사에서 농성을 벌였다. 경찰의 강경한 진압 과정에서 여성 노동자 한 명이 사망하는 비극이 발생하였다. 김영삼은 재야 세력과 연합하여 유신헌법의 개정을 강력히 요구하였다. 9월에 정부와 여당은 김영삼의 발언을 문제 삼아 야당 당수를 국회에서 제명하는 극단적인 조치를 취하였다.

그러자 10월에 김영삼의 정치적 기반인 부산 지역에서 대규모 시위가 일어났다. 대학생들이 주도한 시위에는 일반 시민도 적극 참여하였다. 시위는 마산 지역으로 확산되었다. 정부는 10월 18일 부산 지역에 계엄령을 선포했으며, 10월 20일에는 마산 지역에 위수령을 발동하였다(부마사태). 일련의 비상사태가 전개되는 과정에서 유신체제의 핵심부가 분열하였다. 마산 시위 현장을 직접 시찰한 중앙정보부의 김재규 부장은 민심의 이반으로 유신체제가 한계에 도달했다고 판단하였다. 김재규는 10월 26일 서울 궁정동 만찬에서 박정희 대통령을 시해하였다. 이로써 7년을 버티던 유신체제가 붕괴하였다.

부산 광복동의 반유신 시위(왼쪽)
김재규의 박정희 대통령 시해 사건의 현장검증 장면(오른쪽)

박정희 대통령 국장 행렬

4. 민주주의의 시련과 자립적 국가경제의 달성

❶ 전두환 정부의 수립

과도정부의 구성과 신군부의 대두

18년간 국가권력의 중심이었던 박정희의 갑작스런 죽음은 통치권의 공백을 메우고 새로운 국가체제를 창출해야 한다는 긴박한 정치적 과제를 제기하였다. 당시 여론의 압도적 추세는 새로운 국가체제는 민주적이어야 한다는 것이었다. 통치권자가 사라진 위기 상황에서 정부는 제주도를 제외한 전국에 비상계엄령을 선포했다. 이어서 국무총리 최규하(崔圭夏)가 기존 헌법에 근거하여 대통령 권한대행에 취임하였다. 야당 당수인 김영삼은 유신헌법을 폐기하고 3개월 내에 새로운 헌법을 제정하여 새 대통령을 뽑자고 제안하였다. 그에 대해 최규하는 기존 유신헌법에 따라 대통령을 선출하여 정부를 안정시킨 다음, 새로운 헌법을 제정하고 새 정부를 구성한다는 방침을 발표하였다.

12월 12일 박정희 대통령 시해사건을 수사하던 전두환(全斗煥) 보안사령관이 정승화(鄭昇和) 육군참모총장 겸 계엄사령관을 체포하는 사건이 발생했다. 전두환을 중심으로 한 군부의 강경파는 유신체제가 일방적으로 부정되는 데 대해 강한 거부감을 느꼈다. 그들은 유신체제의 해체를 불가피한 변화로 수용하는 정승화 육군참모총장과 군 헤게모니를 둘러싸고 대립하였다. 전두환은 박정희 시해 사건에 연루되었다는 의혹으로 군의 수장인 정승화를 전격적으로 체포하였다. 이 사건을 계기로 전두환은 군의 모든 권한을 장악하였다.

최규하(1919~2006)

강원 원주 출생. 1941년 일본 도쿄고등사범학교와 1943년 만주 국립대동학원(國立大同學院)을 졸업하였다. 1946년 중앙식량행정처 기획과장으로 관계에 들어간 뒤 1951년 외무부 통상국장이 되면서 외교관의 길을 걷기 시작하였다. 1963년 국가재건최고회의 의장 외교담당 고문이 되었으며, 1967년 외무부 장관에, 1975년 국무총리에 발탁되었다. 국무총리 재임 중인 1979년 박정희 대통령이 시해되자 대통령권한대행이 되었다. 12월에는 통일주체국민회의에서 대통령으로 선출되었으나, 1980년 8월 사임하였다.

1980년의 정치적 혼란

군부의 실력자로 부상한 전두환은 최규하 대통령 권한대행이 제시한 정치 일정을 지지하였다. 1979년 12월 유신헌법에 따라 최규하 권한대행이 제10대 대통령에 선출되었다. 최규하 대통령은 그의 정부가 새로운 헌법의 제정을 주도할 것이며, 새로운 정부 형태는 이원집정제(二元執政制)일 수 있음을 시사하였다. 이원집정제의 시도는 유신체제의 실제적인 연장으로 해석되었다. 당시 유신체제에 저항해 온 민주화 세력은 제도권 야당을 대표하는 김영삼 세력과 재야 세력을 대표하는 김대중 세력으로 이루어져 있었다. 1980년 2월 오랫동안 연금 상태

> **이원집정제**
>
> 대통령 중심제와 의원내각제의 요소를 절충한 정부형태를 말한다. 평상시에는 대통령이 국방과 외교에 관한 권한을, 총리가 내정에 관한 권한을 나누어 가지다가 비상시가 되면 대통령이 모든 권한을 장악한다. 바이마르 헌법 아래의 독일 공화국이나 프랑스 제5공화국이 여기에 해당한다.

민주화를 요구하며 서울역 광장을 가득 메운 대학생과 시민들
(1980. 5)

1980년 5월 16일 광주 전남도청 앞 광장에 모여 태극기를 둘러싸고 애국가를 부르는 시민들. 이날이 5·18광주민주화운동의 시발점이 되었다.

에 있었던 김대중에게 정치활동의 자유가 부여되었다. 김영삼과 김대중은 예상되는 대통령 선거를 두고 곧바로 공개적인 경쟁관계에 들어갔다.

1980년 봄 신학기가 되자 대학가의 학생운동이 정국의 추이를 가르는 주요 변수로 떠올랐다. 유신체제에 저항하다가 처벌을 받았거나 복역 중이던 다수 학생이 대학으로 복귀하였다. 대학가의 학생운동은 최규하 정부와 전두환의 신군부가 유신체제를 사실상 연장할 의도를 드러내자 계엄령 철폐를 요구하며 대규모 가두시위를 벌이기 시작하였다. 5월 15일 서울역 광장에서 10만여 명의 학생이 운집한 대규모 시위가 벌어졌다.

박정희의 갑작스런 죽음과 뒤이은 정치적 혼란으로 경제는 심각한 공황 상태에 빠졌다. 시민은 정치적 안정이 조속히 회복되기를 바라는 마음에서 학생들의 시위를 방관하는 입장을 취하였다. 5월 18일 신군부는 사회불안을 진정시킨다는 명분을 내걸고 비상계엄을 전국으로 확대하고, 학생시위를 포함한 일체의 정치활동을 금지하는 강경한 조치를 발표하였다. 신군부는 김대중을 체포하고 김영삼을 자택에 연금하였다.

5·18광주민주화운동

5월 18일 전남 광주시 전남대학교 앞에서 학생·시민과 계엄군 사이에 소규모 충돌이 일어났다. 학생과 시민은 신군부의 김대중 체포에 분노하였다. 계엄군으로 파견된 공수부대는 곤봉으로 시위대를 무차별 가격하여 사상자가 발생하였다. 지역감정을 부추기는 유언비어가 난무하여 광주 시민을 자극하였다. 시민들은 시내버스와 계엄군의 장갑차를 탈취하여 계엄군을 공격하였다. 21일 계엄군은 시내버스로 돌진해 오는 시위대에 총격을 가했으며, 그로 인해 상당수의 사상자가 발생하였다. 분노한 시민들은 예비군의 무기고를 탈취하여 무장하였다. 시위대의 기세에 밀려 계엄군은 광주시 외곽으로 철수했으며, 시위대는 전남도청을 점령하였다. 27일 새벽 광주시에 다시 진입한 계엄군은 도청을 탈환하고 무장한 시위대를 해산시켰다. 열흘간 이어진 시위대와 계엄군 사이의 충돌에서 민간인 166명, 군인 23명, 경찰 4명이 사망하였다. 그 외에 행방불명으로 공식 인정된 사람이 47명이었다. 광주 시민과 계엄군 사이의 충돌은 신군부가 유신체제를 사실상 존속시키고 부당하게 집권을 추구한 데 대

5·18광주민주화운동 일지

1980년 5월 17일

● 정부 비상계엄 확대 의결. 예비검속 실시. 7공수여단 33·35대대 광주 파견

18일 ● 김대중 등 체포. 오전 전남대 앞에서 200여 명 학생의 투석 시위. 공수부대의 난폭 진압. 시위의 확산. 공수부대의 강경진압. 부상 시위자 1명 19일 사망, 273명 체포. 통금시간 연장. 각종 유언비어 난무하기 시작

19일 ● 11공수여단 62·63대대 증파. 상가 철시. 진압군 민가까지 수색, 폭행. 광주 지역 기관장들 과잉 진압에 항의. 시위대 4개 파출소 파괴. 공수부대 최초의 발포, 진압군 일부 대검 사용. 시위자 1명 사망. 군경 24명과 학생 시민 다수 부상

20일 ● 3공수여단 5개 대대 증파. 중·고등학교 임시 휴교. 시위 격화. 진압군 무차별 가격. 유언비어 유인물 살포. 택시기사의 차량 돌진으로 경찰 4명과 공수부대 1명 사망. 파출소 여러 곳 피습. 시위대 4명 총상 사망. 시위대의 도청 제외한 대부분 지역 장악. 광주 MBC, KBS 전소

21일 ● 20사단 61·62연대 증파. 시위대 시체 2구 앞세우고 금남로에서 공수부대와 대치. 차량 돌진으로 공수부대 1명 사망. 저지선 붕괴, 차량 돌진에 맞서 계엄군의 본격 발포. 시위대 다수 사망. 시위대 인근 도시로 진출. 경찰 무기고 접수. 오후부터 시위대의 무장 본격화. 진압군 광주시 외곽으로 철수. 시위대의 도청 점거. 시내 일원에서 시위자 40여 명 사망

22일 ● 20사단 60연대 2·3대대와 91포병대대 증파. 시위대 도청에서 5·18수습대책위원회 구성. 광주 인근으로 시위대의 진출과 무기탈취. 시위대 광주교도소 습격. 통합병원 등지에서의 무력충돌로 사상자 속출

23일 ● 광주 인근 지역에서 총격전과 사상자 발생. 광주시의 질서 회복. 시민·학생 수습대책위원회 확대 개편. 일부 무기 회수. 사체 58구 도청 앞 전시. 계엄사 진압작전회의 개최

24일 ● 계엄군 사이의 오인 사격. 시위대와 총격전으로 사상자 계속 발생. 시위대의 강경파는 수습대책위원회를 투항주의로 비판

25일 ● 계엄사, 27일 0시 이후 진압작전 실시 결정. 윤상원 등 강경파, 도청에서 민주시민투쟁위원회를 새롭게 구성

26일 ● 진압작전 지휘관회의. 도청 지도부 7개 기동타격대 조직

27일 ● 새벽 4시 진압군 작전 개시, 5시경 상황 종료. 시민 17명과 계엄군 3명 사망

(1996년 서울지방검찰청과 국방부 검찰부에서 발표한 수사결과 발췌)

광주 금남로에서 차량을 불태우며 계엄군과 대치 중인 시민들

전두환(1931~)

경남 합천 출생. 1955년 육군사관학교 졸업. 1961년 박정희에게 발탁되어 국가재건최고회의 의장실 민원비서관이 되었다. 이후 군부의 엘리트로서 승진을 계속하여 1979년 초 보안사령관이 되었다. 그해 10월 박정희 대통령이 사망하자 12월 12일 육군참모총장 겸 계엄사령관을 체포하는 하극상을 주도하였다. 1980년 5월 야당 지도자 김대중을 체포했으며, 그에 저항하는 광주시민의 시위대를 진압하다가 197명의 사망자가 발생하는 유혈참극을 빚었다. 1981년 8월 유신헌법에 의해 제11대 대통령에 선출되었다가, 그해 10월 개정된 헌법에 따라 1981년 2월 제12대 대통령에 취임하였다. 재임 초기에는 반대 세력을 탄압하고 인권을 억압하였으나, 고도성장 지속, 물가안정, 무역수지 흑자 달성, 서울올림픽 유치 등의 업적을 남겼다. 1988년 2월 대통령으로서 헌법이 정한 임기를 마치고 민간인이 된 최초의 사례를 남겼다. 이후 김영삼 정부에 의해 군내 반란과 국가권력 탈취 혐의로 기소되어 복역하였다.

한 국민의 저항으로서 민주화운동이었다. 5·18광주민주화운동의 발생에는 신군부가 체포한 야당 지도자 김대중이 그 지역 출신이라는 사실도 영향을 미쳤다. 이후 미국이 신군부의 계엄군 출동과 시위대 진압을 묵인했다는 주장이 제기되어, 광주사태에 대한 미국 책임론이 제기되었다. 그로 인해 그때까지 유신체제와 신군부에 저항한 민주화 세력은 점차 반미국 민족주의 세력으로 변해 갔다.

제8차 헌법개정과 전두환 정부의 출범

광주민주화운동을 진압한 뒤 신군부는 집권을 위한 헌법개정에 착수하였다. 1980년 10월에 개정된 헌법은 대통령 선거를 대통령선거인단에 의한 간접선거로 정하였다. 대통령선거인단은 5,000명 이상의 정원으로서 국민의 직접선거로 선출되었다. 이 같은 대통령 선거 방식에서 새로운 헌법은 유신헌법과 대동소이하였다. 간접선거의 주체가 통일주체국민회의에서 대통령선거인단으로 바뀌었을 뿐이다. 다만, 새 헌법은 대통령의 임기를 7년으로 하고 중임은 할 수 없다고 규정하였다. 새 헌법에 따른 대통령 선거에서 신군부의 전두환이 대통령으로 선출되었다. 1981년 2월 취임한 전두환 대통령은 처음 2년간 저항 세력에 대해 철권을 휘둘렀다. 전두환 정부는 부정 공무원을 대거 숙청하였다. 또한, 사회질서를 바로잡는다는 명분으로 폭력배와 파렴치범을 일제 소탕하여 삼청교육대라는 군사시설에 수용하여 훈련시켰다. 그 과정에서 적지 않은 인권유린의 사례가 있었다. 전두환 정부는 경제안정을 최우선의 정책으로 추구했는데, 그를 위해 노동운동을 강하게 억압하였다.

❷ 경제개발체제의 계승

중화학공업의 구조조정

박정희 대통령의 갑작스러운 죽음과 뒤이은 정치적 혼란으로 경제는 심각한 불황에 빠졌다. 1980년의 경제성장률은 고도성장을 개시한 이래 처음으로 마이너스 성장을 기록하였다. 전두환 정부는 유신체제의 붕괴와 경제적 혼란의 원인을 중화학공업화의 무리한 추진에서 찾았다. 정부는 중화학공업화추진기획위원회를 해체하고, 시장 논리에 따른 경제 자율화를 추구하였다. 정부는 재정을 동결하고 임금 인상을 억제하는 등의 안정화 정책을 강력히 시행하였다.

그와 더불어 전두환 정부는 중화학공업의 구조조정을 추진하였다. 발전설비 등 중화학공업화 과정에서 중복 투자가 이루어져 수익성이 낮은 부문에서 기업의 흡수와 합병이 이루어졌다. 생산설비가 감축되거나 부실기업을 인수한

신군부의 언론탄압

1980년 5월 17일 신군부의 계엄확대 조치와 함께 여러 분야에서 숙청 선풍이 심하게 불었는데, 언론계의 숙청이 특히 심하였다. 7월 중순부터 시작된 숙청 선풍으로 711명의 언론인이 해직되었고, 172종의 정기간행물 등록이 취소되었으며, 신문·방송·통신에 대한 강압적 통폐합 작업이 이루어졌다. 이에 덧붙여 1980년 말 언론에 대한 허가제 등을 주요 내용으로 하는 언론기본법이 제정되었다. 1987년 6·10민주항쟁이 있기까지 언론은 본연의 비판 기능을 상실하였다.

기업에 대해서는 조세와 부채를 감면하거나 저리 자금을 융자하는 특혜를 주었다. 그 외에 정부는 산업합리화를 강구하였다. 산업을 사양산업과 유망산업으로 분류하고, 전자에 대해서는 기업의 퇴출을 포함한 합리화 조치를 취하고, 후자에 대해서는 첨단기술의 개발과 국제경쟁력 강화를 위한 지원을 아끼지 않았다.

전두환 정부는 경제의 자율화를 강조했지만, 중화학공업의 투자 조정과 산업합리화 과정에서 정부와 대기업의 유착 관계는 더욱 심화하였다. 정부 지원으로 생산설비를 늘리고 다른 기업을 합병한 대기업집단의 지배력은 더 한층 강화되었다. 정부는 이전의 중화학공업화 정책에서 소홀히 취급된 자동차산업을 적극 육성하였다. 경제정책의 기본 원리에서 전두환 정부는 박정희 정부의 경제개발체제를 계승하였다.

산업연관의 심화

전두환 정부는 산업합리화 정책의 일환으로 중소기업을 강력하게 육성하였다. 1982년 중소기업진흥법을 제정한 정부는 중소기업에 대한 금융지원을 강화하였다. 금융기관은 기업 대출의 일정 비율을 의무적으로 중소기업에 제공해야 했다. 정부는 계열화촉진법을 만들어 대기업과 중소기업 간에 부품을 중심으로 한 계열·하청 관계를 적극 장려하였다. 이를 위해 특히 기계부품산업의 중소기업을 지원하였다. 정부의 적극적인 지원으로 종업원 300명 미만의 중소 제조업체가 크게 발전하였다. 1975년 중소 제조업체 수는 2만 2,000여 개였는데, 1990

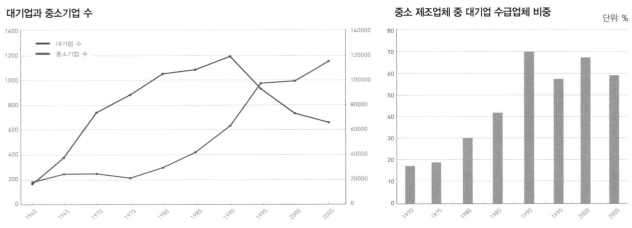

대기업과 중소기업 수

중소 제조업체 중 대기업 수급업체 비중 단위: %

출처: 1) 경제기획원, 《광공업통계 조사보고소》, 각 연도판; 2) 중소기업협동조합중앙회, 《중소기업 실태조사보고》, 각 연도판

1975년까지 대기업이 급성장한 것은 성장의 원동력인 수출이 노동집약적 가공무역으로 다수의 노동자를 고용한 대기업에 의해 주도되었기 때문이다. 그때까지 중소기업은 정체 상태였다. 1975년 이후 중화학공업화의 효과로 대기업과 중소기업 간의 수급관계가 성립, 발전하게 되었다. 이후부터 중소기업이 부쩍 증가하기 시작하였다.

한미 정상회담
1983년 11월 한국을 방문한 미국 레이건 대통령과 전두환 대통령

한일 정상회담
1984년 9월에 일본을 방문한 전두환 대통령이 히로히토(裕仁) 일본 국왕의 환대를 받고 있다. 두 정상의 만남에서 일본 국왕은 일본의 한국 지배에 대해 처음으로 사과하였다. 국내에서는 일본 국왕의 사과 발언이 형식적이라고 해서 반발이 크게 일었다.

무역수지의 추이(1950~2004)

단위: 100만 달러

출처: 1) 통계청, 《통계로 본 대한민국 50년의 경제 사회상 변화》, 1998;
2) 통계청 홈페이지

년까지 6만 4,000여 개로 부쩍 늘어났다. 대기업과 계열관계를 맺은 중소기업의 비율은 1975년 17%였는데, 1990년에는 70%로 크게 확대되었다. 이를 통해 외국에서 중간재와 부품을 도입하여 가공 수출하던 한국 경제가 국내에서 중간재와 부품을 생산하여 수출하는 자립적인 구조로 전환하였다. 노동집약적 경공업 부문에서 수출가공업에 종사하던 대기업도 자본·기술집약적 중공업의 대기업으로 바뀌었다. 그 과정에서 중소기업과 생산·부품·기술·디자인 등에서 상호 의존하는 산업구조의 심화가 이루어졌다.

3저호황과 경제 자립의 달성

한국 경제는 정부의 강력한 구조조정과 합리화 정책에 힘입어 1980년의 마이너스 성장에서 1981~1982년에 6~8%의 성장률을 회복하였다. 한국 경제는 1986~1988년에 유례없는 대호황을 누렸다(3저호황). 1987년의 성장률은 무려 12.3%에 달하였다. 대호황이 찾아온 것은 저달러·저유가·저금리라는 국제시장의 3저현상이 호재로 작용했기 때문이다. 1985년 1달러에 240엔이던 일본 엔화의 환율이 1988년까지 128엔으로 절상되었다. 해외시장에서 일본 제품과 치열하게 경쟁하던 한국 제품에 커다란 가격경쟁력이 생겼다. 1985년 1배럴당 28달러였던 국제유가가 1986년에 15달러로 떨어졌다. 유가 하락은 석유 수입 대금을 절약하고 석유를 원료나 중간재로 투입하는 공업제품의 경쟁력을 강화하였다. 국제금리는 1986년 이후 안정적인 저금리를 형성하였다. 거액의 외채를 지고 있던 한국 경제의 원리금 상환 부담이 크게 경감되었다.

'3저호황' 에 힘입어 1986~1988년 한국의 무역수지가 흑자로 돌아섰다. 1876년 조선왕조가 개항한 이후 110년간 한국 경제는 무역수지 적자를 면치 못하였다. 적자를 메우기 위해 외국에서 원조와 차관을 얻고 직접투자를 유치할 수밖에 없었다. 그동안 한국 경제는 비자립적이었다. 1986년 무역수지가 흑자로 전환한 것은 한국 경제가 한 세대에 걸친 고도성장을 계속한 결과, 드디어 자립경제를 성취하였음을 상징하였다.

이 같은 경제적 성취에는 희생이 따랐다. 전두환 정부는 경제안정을 명분으로 노동운동을 탄압하였다. 1981년 노동쟁의는 186건에 참가인원 3만 5,000명이었으나, 1983년 98건에 9,000명으로 크게 줄었다. 노동조합에 가입한 노동자는 1981년 97만 명에서 1986년 104만 명으로 약간 증가하였으나, 그 사이 전체 노동자 수가 더 많이 증가하여 노동조합 조직률은 1981년 15%에서 1986년 12%로 줄어들었다. 정부가 노동운동

● 한국의 대표적 기업가 : 이병철, 구인회, 정주영

1960년대 이후 한국 경제가 고도성장을 이룩한 데에는 정부의 역할이 컸지만, 그에 못지않게 기업가의 역할이 중요하였다. 기업가는 불확실한 시장을 합리적으로 예측하고, 자기 책임으로 모험적인 투자를 실행하며, 생산비용과 거래비용을 낮추기 위해 기술과 경영조직을 혁신하는 고급 능력의 소지자이다. 이러한 기업가능력(entrepreneurship)을 보유한 계층이 존재하지 않는 사회는 경제성장을 이룰 수 없다. 한국 사회는 개항기와 식민지 시기를 거쳐 점차 기업가능력을 배양해 왔으며, 1960년대 고도성장이 개시될 무렵에는 우수한 능력의 기업가를 풍부히 보유하였다. 그 가운데 대기업집단 삼성, LG, 현대를 창업한 이병철, 구인회(具仁會), 정주영을 대표적인 예로 꼽을 수 있다.

이병철(1910~1987)

경남 의령의 지주가에서 출생하였다. 1930년 일본 와세다대학에 입학했으나 1931년 신병으로 중퇴하였다. 1934년 기업가의 길을 걷기 시작하여 1945년까지 정미소, 농지개간, 양조장을 경영하였다. 해방 후 1948년 무역회사 삼성물산을 창업하였다. 1953년 제일제당을 설립하여 중흥의 발판을 마련했으며, 1954년 제일모직 설립, 1957년 한일은행 인수, 1958년 삼척시멘트 인수 등으로 한국 최대의 자산가가 되었다. 5·16 이후 군사정부에 의해 부정축재자로 몰렸으나 곧바로 회복되었으며, 1961년에 설립된 한국경제인협회의 초대 회장에 취임하였다. 1963년 《한국일보》에 〈우리가 사는 길〉을 5회에 걸쳐 연재하여 경제발전의 기본 전략을 선구적으로 제시하였다. 칼럼에서 그는 외자를 도입하여 대기업을 우선적으로 육성할 것을 주장하였다. 또한, 그는 상호 신뢰와 협동의 정신적 풍토가 경제발전의 필수조건임을 강조하였다. 이후 방송국, 신문사, 병원, 제지공장 등 수많은 사업을 개척하였다. 1967년 밀수 사건으로 한국비료(1964년 설립)를 국가에 헌납한 뒤 박정희 대통령과 불화하였다. 1969년에 삼성전자를, 1974년에 삼성중공업을 설립하였다. 1978년 한국반도체를 인수하여 삼성반도체를 설립함으로써 오늘날 한국의 전자산업과 반도체산업을 개척하였다.

구인회(1907~1969)

경남 진주의 지주 집안에서 출생하였다. 중앙고등보통학교에 입학하여 2년을 수료하고 귀향하였다. 1931년 진주에서 구인회상점(具仁會商店)을 설립하여 포목상을 시작했으며, 어려운 고비마다 수완을 발휘하여 큰 이익을 남겼다. 사업 초기부터 처가 허씨 가문과 긴밀한 협조가 있었다. 해방 후 사업 거점을 부산으로 옮겨 조선흥업사를 설립하였는데, 미군정 무역업 허가 제1호 업체였다. 이후 화학공업에 진출하였다. 1947년 낙희화학공업사를 설립하여 화장품을 생산했으며 1955년에는 치약을 출시하여 국내시장을 석권하였다. 1952년 동양전기화학공업사를 설립하여 플라스틱 생활용품을 생산하는 한편, 1956년 국내 최초로 PVC파이프를 생산하였다. 1958년 금성사를 설립하여 냉장고(1964), 흑백 TV(1966), 에어컨(1968), 세탁기 및 승강기류(1969) 등의 가전제품을 국내 최초로 국산화에 성공함으로써 가정생활의 큰 변혁을 일으켰다. 1969년 반도체회사인 금성전자주식회사를 설립하여 첨단산업분야에 진출했으며, 호남정유 여수공장을 완공함으로써 정유업에도 진출하였다. 인화단결을 중시하는 그의 경영철학은 오늘날 노사분규가 전혀 없는 LG그룹의 기업 풍토를 조성하는 데 밑거름이 되었다.

정주영(1915~2001)

강원 통천의 빈농가에서 출생하였다. 1933년까지 세 차례 가출하여 철도·부두·건물 공사판을 전전하였다. 1938년 최초의 사업체 경일상회를 열었으며, 1945년까지 자동차수리업, 화물운송사업에 종사하였다. 해방 후 1946년 현대자동차공업사, 1947년 현대토건사를 설립하였다. 1950년에는 두 회사를 합병하여 현대건설을 설립하였으며 1960년 국내 건설업체 도급한도액 1위에 올랐다. 1962년 단양시멘트를 준공했으며 1967년 현대자동차 설립에 이어 박정희 대통령의 경부고속도로 건설에 적극 참여하였다. 1972년 박정희 대통령의 강력한 독려로 현대조선소를 기공했으며, 1976년 한국 최초의 고유 모델 승용차인 포니(Pony)를 생산하였다. 1977년 전국경제인연합회 회장에 피선되었으며, 1978년 서산 간척사업에 착수하여 1984년에 완공하였다. 1983년 전자사업, 1991년 석유화학사업에도 진출하였다. 1992년 대통령 선거에 출마해 낙선했으며, 이후 사망하기까지 대북협력사업에 열의를 보였다. 1972년 조선소를 기공도 하지 않은 상태에서 거북선이 그려진 한국 지폐를 보이면서 영국 금융가의 지원을 받아내는 등 그가 남긴 저돌적 경영의 수많은 일화는 고도성장기 한국인의 개척정신을 상징적으로 대표하였다.

을 탄압하자 기업의 노사관계도 기업가가 노동자 위에 군림하는 후진적 형태에 머물렀다.

❸ 시민사회의 성장과 6·29선언

민주화 세력의 결집

전두환 정부는 경제가 안정을 회복하고 성장 추세로 접어들자 1983년부터 저항 세력과 유화 국면을 조성하였다. 정권의 성립 과정에 저항하다가 대학에서 쫓겨난 제적 학생과 해직 교수를 대학으로 돌려보냈다. 정치활동을 규제당한 정치가에게도 활동의 자유가 부여되었다. 1983년 5월 전 야당 당수 김영삼이 한 달에 걸친 단식투쟁을 하였는데, 이는 의기소침해 있던 저항 세력이 결속하는 자극제가 되었다. 김영삼은 1980년 5월 신군부에 의해 체포되었다가 미국으로 풀려난 김대중과 협력하여 1984년 5월 민주화추진협의회(民主化推進協議會)라는 단체를 결성하였다. 이들은 1985년 1월 신한민주당(新韓民主黨, 신민당)이라는 새로운 정당을 창설하였다. 2월에는 제12대 국회의원 선거가 있었는데, 이 선거에서 창당한 지 한 달이 채 되지 않은 신민당이 기존의 야당을 압도하고 전체 득표율에서도 여당을 불과 6% 차이로 추격하는 대성공을 거두었다. 신민당은 대통령 직선제의 쟁취를 핵심 정책으로 내걸었는데, 이는 국민의 큰 환영을 받았다. 전두환 대통령은 대통령 간선제를 고집하면서 직선제를 위한 헌법개정을 거부하였다. 신민당은 1986년 초부터 직선제 개헌을 위한 1천만인서명운동에 착수하였다.

민주화추진협의회 결성식(1984. 5)

직선제 개헌을 위한 인천집회(1986. 5)

급진 좌파 세력의 대두

1986년 5월 3일 신민당은 인천에서 1천만인 서명운동의 일환으로 개헌추진 위원회 경인지부 결성대회를 개최하였다. 이 집회는 반제, 반미, 반파쇼와 같은 구호를 내건 급진 좌파 세력의 폭력시위로 화염병이 난무하는 가운데 무산되고 말았다. 이 인천 사태는 1980년대에 급속히 성장한 급진 좌파 세력이 독자의 정치 세력으로 두각을 드러낸 사건이었다. 급진 좌파 세력이 급속히 성장하게 된 계기는 5·18광주민주화운동이었다. 1983년경부터 광주의 유혈 참극에 미국의 책임이 있다는 주장이 널리 유포되었다. 그에 따라 대학가의 학생운동에 반미감정이 급속히 확산되었다.

정부는 유화정책의 일환으로 1985년부터 사상과 출판의 자유를 허용하였다. 이후 그때까지 금서로 단속되었던 마르크스·레닌주의와 마오쩌둥주의에 속하는 책들이 활발하게 출간되었다. 대학가의 학생운동은 점차 역사 발전의 원동력을 계급투쟁과 반제국주의 민족운동에서 구하는 급진적 좌파 이념에 포섭되었다. 급진 좌파 세력은 1945년 이후의 한국을 미국의 지배하에 있는 식민지 상태로 규정하고, 미국 제국주의와 그에 종속적인 한국의 정부와 지배계급을 타도하려는 혁명을 추구하였다. 급진 좌파 세력의 역사관과 현실 인식은 다수 중산층 시민의 일상생활이나 현실인식과 많이 동떨어졌다. 그럼에도, 그들은 광주에서의 유혈 참극을 딛고 성립한 전두환 정부에 대한 국민의 반감을 토대로 정치적 영향력을 확산해 갔다.

6·10민주항쟁

1987년 4월 전두환 대통령은 대통령 간선제를 규정한 기존의 헌법을 옹호한다고 선언하였다. 이 선언을 계기로 김영삼이 대표하는 제도권 야당과 김대중이 대표하는 비(非)제도권 재야 세력이 또 한 차례의 연합전선을 조직하였다. 이들의 결합은 이후 전개되는 6·10민주항쟁을 성공으로 이끄는

천주교 정의구현사제단 신부들이 물고문으로 사망한 박종철의 영정을 들고 행진하고 있다 (1987.5).

구심점이 되었다. 그들은 직선제 헌법을 쟁취하기 위한 국민운동본부의 창설에 합의하였다. 급진 좌파 세력도 국민운동본부에 참여하였다. 5월 18일 서울대학교 학생 박종철이 그해 1월 경찰에 체포되어 물고문을 받다가 사망한 사건의 진상이 폭로되었다. 이 사건으로 전 국민이 분노하였다. 6월부터 대학가의 학생시위가 격렬해지기 시작하였다. 6월 9일 연세대학교 학생 이한열이 시위 도중 경찰이 발사한 최루탄을 맞고 의식불명으로 쓰러졌으며, 결국 7월 5일에 사망하였다.

최루탄을 맞아 의식을 잃은 이한열

1987년 6월 서울역과 명동 일대 거리로 뛰쳐나온 대학생과 시민들

노태우(1932~　)
대구 달성 출생. 1955년 육군사관학교를 졸업, 베트남전쟁에 참전, 공수특전여단 장과 청와대 경호실 작전차장보 등을 역임하였다. 1979년 12·12사태에 가담했으며, 이후 신군부의 정권 획득 과정에 주도적으로 참여하였다. 1985년 민정당 대표위원에 임명된 데 이어 민정당의 대통령 후보로 지명되었다. 1986년 6월 국민의 직선제 요구를 수용하는 6·29선언을 발표했으며, 그해 12월 대통령 선거에서 승리하였다. 대통령 재직 중 북방정책을 추구하여 소련, 중국과 국교를 수립하였다. 1990년 2월 김영삼의 통일민주당, 김종필의 신민주공화당과 함께 3당을 통합하여 민주자유당(민자당)을 출범시켰다. 퇴임 후 재임 기간에 비자금을 모은 것이 밝혀져 처벌되었다.

6월 10일에는 국민운동본부가 주관하는 대규모 시위가 서울시청 광장에서 열렸다. 수십만의 학생과 시민이 참여하였다.

이후 개헌을 요구하는 시위는 6월 26일까지 전국의 33개 도시로 확산되었다. 종전까지 방관하던 다수 시민이 시위에 참여한 것은 박종철·이한열의 사망과 같은 인권유린 사건이 중산층의 정치의식을 크게 자극하였기 때문이다. 그 점에서 1987년 6월에 있었던 대규모 시위는 자유와 인권을 추구한 민주주의 국민운동이었다.

6·29선언과 대통령 직선

국민의 거센 저항에 부딪혀 간선제 헌법의 수호를 선언했던 집권 세력의 양보는 불가피하였다. 1987년 6월 29일 여당 민주정의당(民主正義黨, 민정당)의 대통령 후보인 노태우(盧泰愚)가 대통령 직선제를 포함하여 야당의 요구사항을

1987년 대통령 선거 유세
16년 만에 회복된 대통령 선거를 맞아 각 후보의 유세장에는 지역주의에 동원된 수백만의 지지자가 모여들었다.

노태우　　　　　　　　　김영삼

대폭 수용한다고 선언하였다(6·29선언). 이 선언으로 노태우는 국민적 정치인으로 급부상하였다. 이에 따라 건국 이후 최초로 여야의 원만한 합의를 바탕으로 한 헌법개정이 추진되었다. 그해 10월 대통령 선거방식을 국민직선제로 고치고, 대통령 임기를 단임 5년으로 바꾸고, 국민의 기본권 조항을 대폭 개선한 제9차 헌법개정안이 국민투표를 거쳐 확정되어 지금에 이르고 있다.

12월에 실시된 대통령 선거에서는 민정당의 노태우 후보가 승리하여 사실상 제5공화국 세력이 재집권하였다. 야당이 패배한 것은 김영삼과 김대중이 후보 단일화에 실패했기 때문이다. 야당 내에서 세력이 불리한 김대중은 자파 세력만으로 평화민주당(平和民主黨, 평민당)이라는 당을 만들어 대통령 선거에 출마하였다. 그 결과 다수 국민이 두 야당을 지지했지만 여당에 패하였다. 김영삼과 김대중은 오랜 세월 협력하고 경쟁하는 관계였지만, 정권교체의 중요한 국면에서 분열하고 말았다. 이 사건은 5·16쿠데타로 집권한 근대화 세력에 대해 비판적 입장을 취해 온 민주화 세력의 도덕성에 큰 상처를 남겼다. 이 선거에는 박정희 정부에서 2인자 위치에 있던 김종필도 출마하였다. 네 명의 후보는 각기 출신 지역의 지지를 호소하는 데 주저하지 않았다. 1987년의 대통령 선거는 박정희와 김대중이 겨룬 1971년 대통령 선거에 이어 지역주의가 노골적으로 기승을 부린 선거였다.

1988년 2월 노태우가 제13대 대통령에 취임함으로써 지금까지 이어지는 제6공화국의 역사가 펼쳐졌다. 1987년 대통령 선거 방식을 둘러싸고 극한 대립을 벌이던 정치권은 평화적, 개량적 방법으로 국가체제를 민주주의체제로 개선하는 데 합의하였다. 대통령 선거의 결과는 국민의 여망도 그러한 방향이었음을 확인해 주었다. 제5공화국의 전두환 대통령은 단임의 약속을 지켜 한국 헌정사에서 처음으로 후임자에게 자리를 물려준 대통령이 되었다. 제5공화국에서 제6공화국으로의 평화로운 이행은 그때까지 전망이 불투명하던 한국의 민주주의 정치제도가 순조롭게 정착하는 중요한 계기가 되었다.

김종필(1926~)

충남 부여 출생. 1947년 서울대학교 사범대 2년을 수료, 1948년 육군사관학교를 졸업하였다. 4·19 이후 군의 정군운동을 주도했으며, 5·16쿠데타에 주역의 한 사람으로 참여하였다. 중앙정보부를 창설하여 1963년까지 중앙정보부장을 지냈으며, 그해 예편하여 공화당 창당을 주도하였다. 이후 박정희 정부에서 국무총리를 지냈다. 박정희 대통령 사망 후 신군부의 탄압을 받아 미국에서 생활하였다. 1987년 정계에 복귀하여 신민주공화당을 만들어 대통령 선거에 출마했으나 낙선하였다. 1990년 노태우의 민정당, 김영삼의 통일민주당과 합당하여 민주자유당을 만들었다. 1995년 내각책임제 개헌을 주장하여 김영삼 대통령과 대립하다가 탈당, 자유민주연합을 만들었다. 1997년 선거에서 평민당의 김대중 후보와 연합하여 김대중의 승리를 도왔으며, 이후 김대중 정부에서 또 한 차례 국무총리를 지냈다.

김대중

김종필

● 1970~1980년대 북한의 모험적인 도발

1972년 7·4남북공동성명으로 시작된 북한과의 대화는 1973년 6월 박정희 대통령의 6·23선언으로 중단되었다. 박 대통령은 이 선언에서 남·북한은 서로 내정에 간섭하지 않으며, 남·북한의 유엔 동시 가입 및 북한의 국제기구 참여에 반대하지 않으며, 호혜평등의 원칙에서 모든 국가에 문호를 개방할 것을 주장하였다. 북한은 이 선언을 한반도에 두 개의 정부를 인정함으로써 분단을 영구화시키는 것이라고 비난하였다. 그에 따라 7·4남북공동성명 이후 세 차례 이어져 온 남북조절위원회가 중단됨으로써 남북관계는 교착상태에 들어갔다. 이후 북한은 기회가 있을 때마다 남한에 대한 모험적이고 군사적인 도발을 멈추지 않았다.

1974년 8월 15일 국립극장에서 열린 광복절 기념식에 재일교포 문세광이 잠입하여 연설 중인 박정희 대통령을 저격하였으나 실패하였다. 그 대신 대통령 부인 육영수가 문세광의 총격을 받아 사망하였다. 문세광은 일본의 친북한 단체인 조총련 간부의 지령을 받고, 오사카에 정박 중인 북한 공작선에서 교육받은 것으로 밝혀졌다. 이 사건의 배후에 북한이 있다는 한국 정부의

광복절 기념식장에서 벌어진 문세광의 대통령 암살 기도에 희생된 육영수 여사 (1974. 8)

판단과 상응하는 수사 요청에 일본 정부는 미진한 반응을 보였으며, 그에 따라 한일 간의 국교가 단절될 수 있는 위기가 조성되었다. 이 사건은 일본 정부가 특사를 파견하여 사과함으로써 마무리되었다.

1976년 8월 18일 판문점 공동경비구역 안에서 미루나무 가지치기 작업을 감독하던 미국군 장교 2명이 북한군에게 도끼로

판문점 공동경비구역 안에서 북한 경비병들이 미루나무 가지를 치던 미국군 장교에게 도끼를 휘두르고 있다.

살해당하는 사건이 발생했다. 사건 직후 주한 미국군과 한국군은 전투태세에 들어갔고 미국은 전폭기, 전투기, 함공모함을 급파하였다. 전쟁 위기가 고조된 가

운데 북한의 김일성이 8월 21일 유감의 뜻을 표명하는 사과문을 전달함으로써 이 사건은 일단락되었다.

1983년 10월 19일 미얀마를 공식 방문 중이던 전두환 대통령 일행에 대해 김정일의 지령을 받은 북한 정찰국 특공대 소속 군인들의 테러 공격이 있었다. 미얀마의 아웅산 국립묘지를 참배하는 날, 미리 도착한 대통령의 수행원들이 도열해 있는 건물에 북한군이 설치한 폭탄이 터져, 서석준 부총리 등 정부 고위 인

사를 포함하여 17명이 사망하였다. 전두환 대통령은 도착 전이어서 화를 면하였다. 미얀마 정부는 사건을 일으킨 북한군을 사살, 체포하였다. 이후 미얀마는 북한과 수교를 단절하였다.

미얀마 아웅산 국립묘지 입구에서 전두환 대통령을 기다리는 한국 정부의 고위 인사들, 북한 공작원이 설치한 폭탄이 터지기 직전이다.

1987년 11월 29일 바그다드발 서울착 KAL기가 미얀마 상공에서 공중폭발하여 탑승객 115명 전원이 사망하는 사건이 발생하였다. 사건은 발행 후 15일 만에 인도양에서 KAL기의 잔해가 수습됨으로써 확인되었다. 이후 수사가 급진전하여 바레인 공항에서 일본인으로 위장한 북한공작원 두 사람이 체포되었다. 조사 중 한 사람은 독약을 삼켜 자살하였고, 나머지 한 사람인 김현희는 국내로 압송되었다. 김현희는 기자회견에서 김정일의 지시로 12월 대통령 선거를 교란하고 1988년의 서울올림픽을 방해할 목적으로 KAL기를 폭파했다고 밝혔다. 이 사건을 계기로 미국 정부는 북한을 테러국가로 규정하고 북한 외교관과의 접촉 허용을 철회하였다. 이후 북한의 테러국가 지정은 2008년까지 계속되었다.

바레인 공항에서 체포된 KAL기 폭파범 김현희가 김포공항에서 서울로 압송되고 있다.

5. 개발시대의 사회와 문화

❶ 사회의 근대적 발전

삶의 질의 개선

　1961년 이후 전개된 근대화혁명은 한국인의 삶의 질을 크게 개선하였다. 1961~1987년에 전체 인구가 2,576만 명에서 4,162만 명으로 급증하였다. 그럼에도 지속적인 고도성장 덕분에 1인당 국민소득은 1961년의 82달러에서 1987년 3,218달러로 증가하였다. 1인당 1일 섭취 열량은 1962년 1,943㎉에서 1987년 2,810㎉로 늘었다. 그 결과, 17세 고등학생의 평균 신장이 1965년 163.7㎝에서 1987년 169.5㎝로 커졌다. 같은 기간 의사 1인당 인구수는 3,066명에서 1,218명으로, 상수도 보급률은 17.1%에서 70%로 크게 개선되었다. 건강 상태가 좋아지자 한국인의 평균수명이 1960년 52.4세에서 1987년 70세로 길어졌다. 이 기간 한국인은 기아와 질병의 굴레에서 해방되었다.

　교육수준도 크게 개선되었다. 1961~1987년에 중학교 진학률이 38%에서 100%로 높아져 국민학교 졸업생 전원이 중학교에 진학하였다. 같은 기간 고등학교 진학률은 21%에서 80%로, 대학교 진학률은 6%에서 29%로 증가하였다.

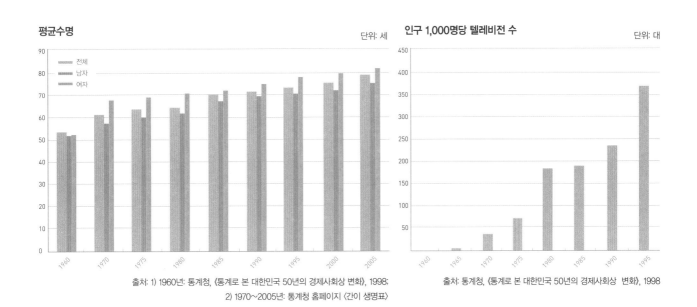

평균수명　단위: 세

인구 1,000명당 텔레비전 수　단위: 대

출처: 1) 1960년: 통계청, 《통계로 본 대한민국 50년의 경제사회상 변화》, 1998; 2) 1970~2005년: 통계청 홈페이지 〈간이 생명표〉

출처: 통계청, 《통계로 본 대한민국 50년의 경제사회상 변화》, 1998

주택용 전화는 1962년만 해도 전국에 4만 4,000대로서 일부 상류층에만 보급되었으나, 1987년에 700만 대를 돌파하여 대부분 가정에 설치되었다. 1960년대 초반만 해도 냉장고·피아노·자가용은 최상류층 품목으로, 카메라·전축·텔레비전은 중상층 품목으로 간주되었지만, 점차 전 계층에 보급되었다. 1985년 냉장고는 도시부에서는 78%, 농촌부에서는 50% 이상의 보급률을 보였다. 텔레비전은 1970년대까지 흑백이었으나 1980년대부터 컬러로 바뀌었으며, 1980년대 말이면 전 가정에 보편적으로 보급되었다. 문명기기의 보급으로 한국인의 문화생활 수준이 크게 개선되었다.

주거환경의 발달

1960년대까지 인구의 다수가 거주한 농촌의 주택 구조는 대체로 전통 한옥 그대로였다. 대문에 들어서면 마당이 있고 마당을 통해 일(一) 자나 니은(ㄴ) 자로 지은 3칸 또는 5칸 가옥의 각 방으로 직접 들어가는 구조였다. 부유한 농가는 대문 좌우에 행랑이나 외양간을 배치하였다. 반(半)지하 부엌은 안방과 결합되어 주택의 중심을 이루었다. 부엌과 안방이 긴밀히 결합된 것은 취사 연료와 난방 연료가 구분되지 않았기 때문이다. 대부분 농촌 주택은 초가지붕이었는데, 새마을운동 과정에서 슬레이트 지붕으로 바뀌었다.

도시 중산층은 개량 한옥에서 살았는데, 구조는 전통 한옥과 크게 다르지 않았다. 다만 좁은 대지에 주택 형태가 디귿(ㄷ) 자나 미음(ㅁ) 자로 규격을 이루고 이웃집과 연접해 있다는 차이가 있었다. 이외에 도시에는 식민지 시기 이래 주택영단 등의 공공단체가 지은 공영주택이 있었는데, 전국적으로 대략 100만 호에 달했다. 공영주택은 한옥과 달리 현관이 설치되고 단열 혹은 복열로 배치된 마루를 통해 각 방으로 들어가는 구조의 변화를 보였다.

1970년대 들어 지하실을 둔 단층 내지 이층 양옥이 도시 중산층의 가옥으로 보급되기 시작하였다. 이 시기에 취사연료와 난방연료가 분리되는 변화가 있었다. 취사는 가스를 연료로 한 입식 부엌에서 이루어졌고, 난방에는 석유 보일러가 사용되었다. 그에 따라 주택 구조에서 부엌과 안방이 분리되는 큰 변화가 나타났다. 현관과 각 방을 연결하던 마루가 거실로 바뀌어 가족의 단란공간이 되었다. 입식 부엌은 가족의 식사공간으로 바뀌었다. 변소는 세면대와 욕조가 함께 들어선 화장실로 바뀌었다. 보일러를 설치한 지하실을 창고시설로 활용했는데, 환기를 위해 지상으로 창문을 내었기 때문에 일반적으로 양옥은 마당에서 현관까지 계단을 배치하였다.

도시의 주거환경은 전반적으로 열악하였다. 도시인구의 급격한 증가로 도시의 주택보급률은 점점 악화되어 1985년에는 58%에 불과하였다. 도시 외곽 산비

서울 보문동의 개량 한옥(ㄷ자형)

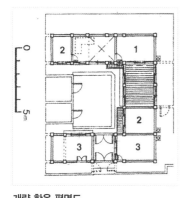

개량 한옥 평면도
1. 안방, 2. 건넌방, 3. 문간방

지하실이 있는 단층 양옥
1970년대 중반 이후 보급되기 시작한 서양식 주택. 지붕을 가리켜 '불란서 지붕'이라 불렀는데, 서양식 주택을 급하게 모방했기 때문이다.

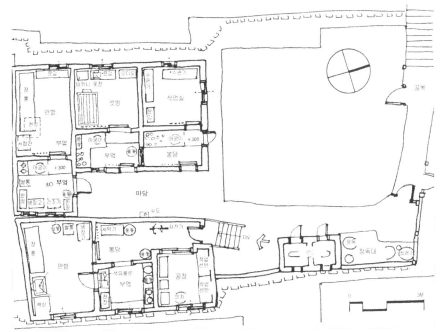

빈민촌 불량주거지의 주택(평면도)

그림에서 보듯이 오른쪽 위에서부터 접근하여 골목 안으로 들어와 대문에 들어서면 장독대와 변소가 있다. 그 안쪽에 두 채의 주택이 있는데, 부엌이 셋인 것으로 보아 살림집은 셋이다. 한 살림은 셋집이다. 각 주택에 작업장이 부속되어 있다. 하나는 수편기(手編機)가 놓인 편물업이고, 다른 하나는 선반(旋盤)이 놓인 기구제조업이다. 방으로의 출입은 부엌을 거치도록 되어 있다. 두 부엌에 아궁이가 있어 온돌식 난방임을 알 수 있으나, 나머지 한 부엌에는 아궁이가 없어 다른 방식의 난방이다. 협소한 공간에 세탁기, 냉장고, 오디오 등의 문화시설이 갖추어져 있다. 욕실은 없다. 입구의 변소는 두 칸인데, 세 살림집의 공용이다.

출처: 무애건축연구실, 《봉천·행당 도시주거》, 1988

탈에는 빈민촌의 무허가 불량주택이 빽빽하게 들어섰다. 빈민촌의 주택은 택지가 좁고 형태가 불규칙하였기 때문에 구조가 일정하지 않았다.

서울에 아파트가 처음 등장한 것은 1950년대 후반이었으나 1962년에 대한주택공사가 단지형 마포아파트를 건설한 것이 실질적인 시작이었다. 초기의 아파트는 대중적으로 환영받지 못했다. 대부분 소형 평수로 빈민촌의 이미지가 강했다. 1970년대 초 와우아파트의 붕괴 이후 정부의 아파트 정책은 중산층을 겨냥하는 것으로 바뀌었다. 1971년 동부

도시 중산층의 주택으로 급속히 확대된 아파트(서울 반포지구)

이촌동과 1974년 반포지구에 고급 중산층 아파트가 건립되었으며, 1975년 이후에는 잠실 일대로 확대되었다. 이후 민간기업의 아파트 건설이 활발해짐에 따라 1980년대에는 전국적으로 아파트 시대가 열렸다.

가족 형태의 변화와 여성의 사회진출

산업화의 물결에 따라 다수 인구가 농촌에서 도시로 이동하였다. 도시부에 거주하는 인구가 1960년 28%에서 1990년 74%까지 증가하였다. 인구이동의 과정에서, 그리고 인구이동의 결과로 한국인의 가족 형태가 많이 바뀌었다. 우선, 가족의 평균 규모가 1960년 5.5명에서 1990년 3.7명으로 감소하였다. 가족 중

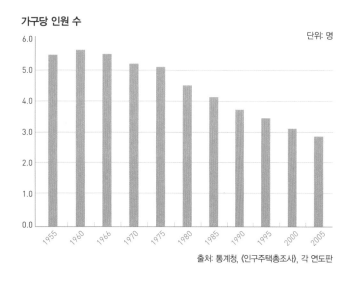

가구당 인원 수

단위: 명

출처: 통계청, 《인구주택총조사》, 각 연도판

의 일부가 도시에 떨어져 살거나 농촌에 잔류하는 분거가족(分居家族)이 늘었기 때문이다. 독신이나 부부만으로 이루어진 1세대 가족이 1960년 7.5%에서 1990년에 21.2%로 증가하였다. 같은 기간, 3세대가 함께 모여 사는 대가족의 비중은 28.5%에서 12.5%로 떨어졌다. 이러한 변화 가운데 한국인의 표준적인 가족 형태는 부부와 성혼한 한 쌍의 자식 부부로 이루어진 직계가족에서 부부와 미성년 자녀로 이루어진 핵가족으로 변모하였다.

핵가족으로의 변화는 종래 부자(父子)관계를 축으로 한 가부장제 가족과 친족집단으로부터 개인과 여성을 해방시켰다. 핵가족의 발달은 개인주의 정신문화의 발전을 자극하였다. 가족은 부부가 평등한 관계를 이루는 생활공동체로 변모하였다. 남성 중심의 친족집단은 점차 남녀 양성이 동등한 권리를 갖는 집단으로 변모하였다. 가족·친족 생활에서 여성이 해방됨에 따라 여성의 사회진출이 크게 늘었다. 1955년 의사·교사 등 전문직에 종사하는 여성 수가 남자 100명을 기준으로 할 때 18명에 불과했으나, 1990년에는 61명이나 되었다. 주요 도시에서 초등학교 교사는 70% 이상이 여성으로 채워졌다. 관공서와 회사 등에서 사무직에 종사하는 여성 수는 1955년 남자 100명에 비해 7명에 불과했으나, 1990년까지 52명으로 늘었다.

중산층의 성립과 확대

급속한 산업화는 사회의 계급·계층구조를 크게 재편하였다. 1960~1990년 전체 경제활동인구 가운데 농업에 종사하는 농민은 64%에서 17.5%로 급속히 감소하였다. 그 반면에 도시 근로계급이 8.9%에서 30.6%로 크게 증가하였다. 이 기간 한국 사회는 전통 농업사회에서 근대 산업사회로 변모하였다. 의사·변호사·엔지니어·회사원·공무원 등 전문기술직과 관리행정직에 종사하는 신(新)중간계급은 6.6%에서 25.5%로 증가하였다. 판매·서비스업에 소규모 자영업으로 종사하는 구(舊)중간계급은 이 기간 13.0%에서 18.2%로 늘었다. 신·구 중간계급은 1990년 현재 43.7%로서 지배적 비중을 차지하고 있다. 1960~1990년 한국 사회의 계급·계층구조는 다수의 농민을 밑바닥으로 하는 피라미드형(▲)에서 다수의 중간계급으로 윗부분이 볼록한 다이아몬드형(♦)으로 바뀌었다.

한국의 근로자들은 서유럽 노동자와 같은 계급의식과 계급문화를 보유한 노동자계급이 아니었다. 노동조합에 속한 사무직 조합원은 관리직으로 승진하면 노조를 탈퇴하였다. 근속연수가 길어 소득수준이 높은 근로자들은 중산층 의식

한국 사회 계급구성의 변화(1960~2000)   단위: %

계 급		1960		1970		1980		1990		2000	
중간계급	중상계급	20.5	0.9	30.3	1.3	40.3	1.8	45.6	1.9	53.0	4.3
	신중간계급		6.6		14.2		17.7		25.5		23.9
	구중간계급		13.0		14.8		20.8		18.2		24.8
근로계급		8.9		16.9		22.6		30.6		29.7	
도시하류계급		6.6		8.0		5.9		6.2		7.6	
독립자영농계급		40.0		28.0		23.2		12.7		8.9	
농촌하류계급		24.0		16.7		8.1		4.8		0.8	
계		100.0		100.0		100.0		100.0		100.0	

출처: 홍두승, 《한국의 중산층》, 서울대학교출판부, 2005

을 보유하였다. 그 결과 경제성장으로 소득수준이 높아지자 중산층 의식을 보유한 사람의 비중도 늘었다. 1960년대 초반 한국에서 중산층 의식을 가진 사람은 절반에 이르지 못하였으나, 1980년대 중반에 이르러 75%가 되었다. 한국의 중산층은 형성과정이 짧고 직업구성이 다양하고 복잡한 만큼 사회활동이나 정치행동에서 이질적이거나 이중적인 특질을 드러내기도 하였다. 그들은 자신의 경제적 이익에 따라 권위주의 정치에 편승하기도 하고, 정치적 권리를 찾아 민주화운동에 동참하기도 하였다.

❷ 문화의 동향

종교인구의 확대

1964년 한국의 종교인구는 357만 명으로 전체 인구 2,818만 명 가운데 13%를 차지했다. 그에 비해 1985년 통계청 인구주택총조사에 의하면 종교인구는 전체 인구 4,042만 명 가운데 43%에 해당하는 1,720만 명이었다. 이를 통해 1960년대 이후 종교인구가 매우 급속히 늘어났음을 알 수 있다. 1985년의 종교 구성을 보면 불교가 806만 명(20%)으로 비중이 가장 크고, 기독교가 649만 명(16%), 천주교가 186만 명(5%)이었다. 그 외에 유교, 천도교, 원불교, 대종교 등이 있다.

산업화의 급속한 진전에 따라 전통적인 가족·친족관계와 공동단체가 해체되었다. 종교인구가 짧은 기간에 급속히 늘어난 것은 해체된 사회관계의 공백을 메우면서 심리적 안정과 사회적 생존에 필요한 조건을 제공할 수 있는 대체적 공동단체가 필요했기 때문이다. 인구 수가 정체적인 농촌부에서도 종교인구가 크게 늘었는데, 이는 농촌 사회 역시 그 구조가 심하게 재편되었음을 말한다. 급속히

한국인의 종교활동
세계 최대의 교회 여의도 순복음교회(위), 석가탄신일의 제등행렬(가운데), 6·10민주화운동에 참여하고 있는 서울 명동성당 사제단의 행렬(아래)

교세를 확장한 한국의 종교는 전반적으로 개인의 심리적 안정과 부·건강·자손의 번창을 추구하는 기복(祈福)신앙의 특질을 강하게 띠었다. 그것은 각 종교의 교리와 의례가 전통 무속(巫俗)신앙으로부터 큰 영향을 받았기 때문으로 지적되고 있다. 그런 가운데 1970년대 이후 기독교와 천주교의 일부가 민주화운동과 노동·농민·빈민 운동에 참여하여 민주화와 인권개선에 기여하였다.

대중문화

1960년대까지 대중문화의 중심매체는 영화였다. 전국의 영화관은 1961년 302개에서 1971년 717개로 증가하였다. 영화 제작 편수도 1961년 79편에서 1970년에 231편으로 늘었다. 1인당 영화 관람 횟수는 1961년 2.3편에서 1968년 5.9편에 달했다. 1960년대는 한국영화의 전성기였다. 1960년대의 영화는 주로 청춘남녀의 자유연애, 전통과 근대 사이에 갈등하는 가부장제 가족 문제 등을 다루어 계몽적 성격이 강했다. 1970년대에 들면서 술집 호스티스의 삶과 같은 도시의 어두운 면을 소재로 한 영화가 인기를 누렸다. 그러나 영화는 1970년대 이후 대중문화의 중심매체 자리를 안방극장 텔레비전에 내주었다.

1961년 중앙방송(현 한국방송, KBS)이 텔레비전 방송을 시작하였다. 1964년에는 동양방송(TBS), 1969년에는 문화방송(MBC)이 문을 열었다. 가정마다 흑백 텔레비전이 보급됨에 따라 텔레비전 방송이 대중문화의 중심매체로 등장하였다. 1970년대 이후 텔레비전의 일일연속극은 한국 근대사에서 파란만장했던 가정사를 주요 소재로 하여 대중의 큰 인기를 모았다. 텔레비전 3사의 개국과 더불어 각종 월간지, 여성지, 상업적 주간지 등이 활발하게 창간되어 대중의 소비문화를 주도하였다. 1980년대가 되자 컬러 텔레비전이 보급되어 대중문화의 질을 높였다.

대중가요는 1970년대만 해도 일본 엔카(演歌)의 영향을 강하게 받은 트로트(trot)가 주류를 이루었다. 그런 가운데 1960년대부터 미군 기지나 미군 방송을 통해 들어온 팝송(pop song), 재즈(jazz), 록(rock) 음악이 점차 젊은이들의 취향을 바꾸어 놓았다. 1970년대가 되면 미국과 유럽의 반전(反戰)문화와 저항적인 청년문화가 유입되어 청바지를 입고 통기타를 치며 포크송(folk song)이나 팝송을 부르는 문화가 대학가를 중심으로 확산되었다.

1970년대의 영화

1970년대에 크게 성공한 영화는 술집 호스티스를 주인공으로 한 것이었다. 대표작으로 1974년 이장호 감독이 영화로 제작한, 최인호 원작의 〈별들의 고향〉을 들 수 있다. 안인숙과 신성일이 주연을 맡았다. 개봉되자 관객 46만 명을 동원하여 최고의 흥행을 기록하였다. 티 없이 맑은 처녀 경아는 사회생활을 시작하면서 첫 남자에게 버림을 받는다. 두 번째 남자인 이만준의 후처로 들어가지만 다시 버림을 받고, 세 번째 남자인 동혁

〈별들의 고향〉

에 의해 호스티스로 전락하게 된다. 호스티스 생활을 하다 네 번째 남자인 문호를 만난다. 두 사람은 동거를 시작하고 경아는 행복감을 느끼게 된다. 문호는 심한 알코올중독과 자학증세가 심해져 더 이상 경아를 사랑할 수 없음을 깨닫고 그녀를 떠난다. 문호가 떠나자 경아는 알코올중독자가 되어 끝내 눈 내리는 겨울 밤거리에서 생애를 마감한다. 1970년대에 유행했던 호스티스 영화는 당시 급속한 산업화의 물결 속에서 하층 여성의 삶이 결국 호스티스로 좌절하여 파괴되는 비극을 그린 멜로드라마이지만 날카로운 사회비평의 역할도 담당했다.

안방극장의 선구

1972년 4월 3일 방영을 시작한 KBS 드라마 〈여로〉는 사상 초유의 시청률을 기록했는데, 그 때문에 오후 7시 30분이 되면 거리가 한산해질 정도였다. 식민지 시기와 1950년대까지를 대상으로 하여 전통적 가정윤리를 충실하게 재연하였다. 주인공 분이는 끼니조차 걱정해야 하는 가난한 살림을 도우려고 술집으로 팔려간다. 거기서 달중의 중매로 시골 부자인 최주사 댁 며느리로 들어가는데, 알고 보니 남편 영구는 정신박

영화 〈여로〉

약자였다. 남편 영구를 눈물로 감싸고 시부모와 시누이를 정성껏 모시고 아들까지 출산하지만, 시어머니와 시누이의 모함을 받아 쫓겨난다. 분이는 식당을 전전하다 식당 주인이 되어 불쌍한 아이들을 도우며 산다. 최주사 댁은 몰락한다. 영구는 피난살이의 도시 부산에서 구두닦이를 하다가 분이를 만난다. 시어머니와 시누이는 뉘우친다. 분이의 재산으로 최주사 댁은 옛집도 찾고 함께 고향으로 돌아가 행복하게 산다는 헤피엔딩이다.

1970년대에 유행한 장발족(長髮族)은 개인주의에 기초한 자유분방한 청년문화의 상징이었다. 권위주의적인 박정희 정부는 길거리에서 장발족의 긴 머리를 가위로 자르는 진풍경을 연출하였다. 1981년 전두환 정부는 6·25전쟁 이후 지속되어 온 심야 통행금지를 해제하였다. 중·고등학생이 일률적으로 착용해 온 군대식 교복도 폐지하고 두발도 자유화하였다. 1980년대에 들어 자유주의적 분위기는 사회전반에 더욱 확산되었다.

풍기문란 단속
권위주의 시절, 남자들의 지나치게 긴 머리는 경찰에 의해 강제로 잘리기도 했다(왼쪽). 지나치게 짧은 여성들의 미니스커트도 한때 단속 대상이었다(오른쪽).

예술적 저항과 문학의 비판 세력화

1960~1970년대에는 해방 후 미국식 민주주의 교육을 받은 세대가 정신문화의 동향을 좌우하는 중심 세력으로 등장하였다. 그들은 사회의 전근대적 관계로부터 비교적 자유로운 근대형의 인간들이었다. 그에 따라 그들의 정신문화는 리얼리즘으로 대표되는 합리적, 계몽적 문화를 기반으로 하면서도, 그에 머물지

이미자(1941~)
1964년 〈동백아가씨〉로 공전의 히트, '엘레지의 여왕'으로 불리며 서민의 애환을 노래하였다.

조용필(1950~)
1975년 〈돌아와요 부산항에〉가 최고 히트작이 되면서 국민가수로 부상하였다.

MBC대학가요제
1977년부터 개최, 많은 유명 가수를 배출하였다.

않고 근대의 허구성·폭력성·비인간성을 고발하는 반계몽적, 해체적 모더니즘(modernism)을 추구하였다. 모더니즘은 1920년대 식민지 시기에 일본을 통해 수입되어 개인의 진정한 자유를 추구하고, 전근대적 윤리와 20세기 문명을 비판하는 기능을 수행했다. 이러한 모더니즘은 1950년대 전후해 다시 그 모습을 드러내기 시작했고, 1960~1970년대에는 한국의 현실과 풍토에 어울리는 방식으로 변화하였다. 예술계의 모더니즘은 연극계의 실험극장, 무용계의 현대무용, 미술계의 추상미술, 음악계의 현대음악 등 다양한 형태로 나타났다.

대중의 정신문화에 가장 큰 영향을 준 것은 문학이었다. 문학에서 모더니즘과 리얼리즘은 여러 형태의 사회적 병리현상을 해부하고 비판하였다. 모더니즘 문학이 많이 다룬 소재는 피폐한 농촌과 도시의 빈민·노동자였다. 문학가들은 대체로 4·19민주혁명을 이상화하고 5·16쿠데타에 비판적인 정치적 성향을 보였다. 그들은 5·16 이후의 근대화혁명에 근본주의적 대립을 보여온 민주화 세력에 동참했으며, 민주화 세력을 정치적으로 강화하는 데 기여하였다.

개발시대의 사회비평 소설

대표작으로 조세희의 《난장이가 쏘아올린 작은 공》을 들 수 있다. 서울에서 무허가 주택에 살고 있는 사십대 후반의 난쟁이와 그 부인, 영수, 영호, 영희 세 남매의 가족에 철거라는 위기가 닥친다. 기한이 지나자 철거반원이 쳐들어와 쇠망치로 멋대로 집을 부순다. 영수와 영호는 일하는 공장에서 부당한 대우에 항의하다 쫓겨난다. 난쟁이의 꿈은 달나라로 가는 것이다. 그는 방죽가 공장의 높은 굴뚝 위에서 달을 향해 쇠공을 쏘아 올리다 굴뚝 속에 떨어져 죽는다. 이 작품은 난쟁이로 표현된 도시 빈민층의 피폐한 삶을 통해 산업사회의 허구와 병리현상을 폭로하였다. 1976년 《문학과 지성》 겨울호에 처음 연재를 시작해 12편으로 완성되었다. 1978년 초판을 발행한 후 100쇄를 넘는 기록을 세웠다. 조세희는 이 작품으로 1979년 동인문학상을 수상하였다.

❸ 민족주의의 팽배와 왜곡

민족주의의 정치적 동원

건국 이래 한국 정부는 민족주의를 '나라 세우기'와 '국민 만들기'의 주요 수단으로 활용해 왔다. 1948년 정부는 단기(檀紀) 연호를 채택했으며, 1949년에는 개천절을 제정하고 국경일로 지정하였다. 1949년에 제정된 교육법은 민주주의, 민족주의, 과학주의를 주요 이념으로 했는데, 교육현장에서 가장 중요시했던 것은 민족주의였다. 5·16 이후 박정희 정부는 경제개발에 대한 국민의 동의와 참여를 이끌어내기 위해 '조국근대화'라는 민족주의 이념의 구호를 자주 내걸었다. 1968년 박정희는 〈국민교육헌장〉을 선포하였다. 이 헌장은 근대 민주주의의 기초 가치로서 개인의 자유나 국가의 정의를 강조하기보다 '민족중흥의 역사적 사명', '자유와 권리에 따르는 책임과 의무'를 강조함으로써 민족주의와 국가주의의 성향을 강하게 띠었다.

나아가 박정희는 민족주의를 장기집권의 명분으로도 동원하였다. 1972년의 10월유신은 민족의 평화통일과 남북대화의 원활한 진행을 구실로 삼았다. 유신헌법은 민족통일을 위한 통일주체국민회의를 국가의 최고주권기구로 규정하였다. 1978년 박정희는 민족문화의 연구기관으로서 한국정신문화연구원을 설립하였다. 이후 전두환 정부는 집권의 정당성을 확보하기 위한 방편으로 민족주의적 문화정책을 한층 더 중시하였다. 제5공화국 헌법은 "국가는 전통문화의 계승 발전과 민족문화의 창달에 노력해야 한다"라는 규정을 헌법 총강에 포함시켰다. 1981년 전두환 정부는 민족문화를 소재로 '국풍(國風)'이라는 이름의 대규모 축제를 벌였으나, 국민으로부터 외면을 당하여 성공하지 못했다.

《해방전후사의 인식》

《해방전후사의 인식》은 출판사 한길사가 1979년부터 1988년까지 모두 6권으로 출간한 책으로서 1980년대 민주화운동 세력의 역사인식을 집약한 대표적인 역사서이다. 민주화운동에 참여한 여러 연구자의 논문을 편집한 이 책은 30만 부 이상이나 팔려나가 1980년대에 대학을 다닌 연령층에 광범한 영향을 미쳤다. 이 책에 실린 주요 논문은 마오쩌둥의 신민주주의혁명론에 입각하여 해방 후 한국 사회를 미국의 지배하에 있는 식민지적 상태로 규정하고, 그 전제 위에서 6·25전쟁을 민족의 해방과 혁명을 위한 전쟁으로 규정하였다. 그 가운데는 민족의 혁명과 통일을 위해 북한 주체사상의 지도적 역할을 인정해야 한다고 주장하는 논문도 일부 있었다. 《해방전후사의 인식》은 1978년에 나온 역사학자 강만길의 《분단시대의 역사인식》에서 기초가 놓여졌다. 강만길은 한국의 현대사를 분단으로 인해 민족 전체의 근대화가 미달성 상태인 '분단시대'로 규정하였다.

민족주의 역사학의 발전

민족주의를 국민통합의 이념으로 동원했던 정치권의 동향과 별개로 1960~1980년대 한국의 역사학계에서는 민족을 역사 해석의 기초 단위로 삼는 민족주의 역사학이 기세를 떨쳤다. 민족주의 역사학은 식민지 시기 일제가 심어 놓은 '조선사회정체론'의 타파를 제일의 목적으로 하였다. 민족주의 역사학은 17~19세기 조선왕조 시대에 자생적으로 자본주의 맹아가 발생하여 한국 사회가 자기 힘으로 서서히 근대사회로 이행하고 있었다는 내재적 발전론(內在的 發展論)을 주장하였다. 내재적 발전론은 개항 이후 제국주의가 침입하여 자본주의 맹아를 파괴함으로써 민족의 정상적인 발전을 왜곡하였다는 제국주의 비판론으로 이어졌다. 민족주의 역사학의 내재적 발전론은 한국의 인문·사회과학 전반에 큰 영향을 미쳤다.

1990년대 이후 17~19세기 조선왕조 시대의 정치·경제·사회에 관한 실증적 연구가 크게 진전되었다. 그에 따라 내재적 발전론의 근거가 불충분하고, 세계사적으로 근대 문명의 성립에서 본질적으로 중요하지 않은 요소들을 과장했다는 비판이 제기되었다. 내재적 발전론의 영향은 점차 약화되었다.

그럼에도, 내재적 발전론은 개항 이후 한국 근·현대사를 농민·노동자의 입장에서 이해하는 민족·민중사학으로 나아갔다. 민족·민중사학은 한국 근·현대사를 농민·노동자와 제국주의와 결탁한 지주·자본가가 근대화의 주도권을 다투는 투쟁의 역사로 파악하였다. 민족·민중사학은 1948년 대한민국의 성립과 1960년대 이후의 근대화 과정을 제국주의와 자본가 세력에 의해 왜곡된 역사라고 부정적으로 평가하는 경향을 드러냈다. 역사학계의 이 같은 동향은 1980년 5·18광주민주화운동 이후 반미 민족주의가 민주화운동을 중심으로 크게 강화된 것과 일정한 연관이 있었다.

민족예술의 성립과 변질

근대 문명의 폭력성과 비인간성을 고발하는 한국의 모더니즘 예술은 1960~1980년대에 한국의 민족주의와 긴밀히 결합하면서 민족예술로 변모하였다. 그러한 경향은 시와 소설 등 문학 분야에서 먼저 나타났다. 1960년대 중반부터 시인과 소설가들은 5·16 이후 급속히 전개된 산업화 과정에서 소외된 농민·노동자·빈민을 19세기까지 조선왕조 시대에 양반신분에 억눌리고 착취당한 농민 계급의 후신(後身)으로 묘사하기 시작하였다. 그들에게 1960년의 4·19민주혁명은 1894년의 동학농민봉기와 역사적 맥락이 동일한 사건이었다.

이렇게 문학적 직관만으로 현실의 모순을 역사로 환원시키는 경향은 같은 시기 민족주의 역사학의 발전과 밀접한 연관을 맺었다. 민족문학은 분단체제의 한국을 반민족 친일 세력과 미국 제국주의가 판을 치는 텅 빈 '광장'으로 묘사하기도 했다. 민족문학은 5·16 이후 근대화혁명을 추진한 집권 세력과 근본적으로 대립한 민주화 세력의 매우 중요한 정신적 지주의 역할을 하였다.

이 같은 경향은 5·18광주민주화운동 이후 한층 더 강화되었다. 특히, 미국이 유혈사태의 책임이 있다는 주장이 제기되어 큰 영향을 받은 민주화운동은 이후 반미 민족주의운동으로 변질되기 시작하였다. 그와 보조를 같이 하여 문학·연극·음악·미술·무용 등 예술의 모든 분야에서 민족주의가 지배적 풍조로 수용되어 민족문학·민족연극·민족음악·민족미술·민족무용 등이 발달하였다. 민족예술은 연극, 음악, 무용이 결합된 종합예술로서 전통문화에 바탕을 둔 마당극, 풍물패, 진혼굿 등을 개발하였다. 1984년 각 분야의 민족예술가들은 한국민족예술인총연합회를 결성하여 민족예술의 전국적 보급과 정치 세력화에 나섰다.

1987년 이후 민주주의 정치제도가 정착하였다. 고도 성장을 계속하던
한국 경제는 1997년 말 외환위기에 봉착한 후 심각한 구조조정을 겪었다.
2000년 남북정상회담을 계기로 통일 문제가 중요한 정치 현안으로
부상하였다. 21세기 초 한국은 선진화의 길목에서 안팎으로부터의
커다란 도전에 직면해 있다.

1985

1990

1988
노태우 정부 수립, 서울올림픽,
국민연금제도 도입

1990
3당합당, 한소수교

1991
지방자치선거,
남·북한 유엔 동시 가입,
《한국민족문화대백과사전》 완간

1992
남·북한 기본합의서 교환,
비핵화 공동선언, 한중수교

1993
김영삼 정부 수립,
금융실명제 실시,
쌀시장 개방

선진화의 모색

1. 민주화 시대의 개막

❶ 권위주의 정치의 종식

평화적 정권교체

1987년 대통령 직선제로 헌법을 개정하고, 1988년 노태우 정부가 출범한 이래, 한국의 민주주의는 크게 발전하였다. 1992년 제14대 대통령 선거에서는 야당 출신의 김영삼(金泳三)이 여당 후보로 출마하여 승리하였다. 이로써 오랫동안 지속되었던 군부 출신 대통령 시대가 막을 내렸다. 1997년 제15대 대통령 선거에서는 야당 후보 김대중이 승리하였다. 김대중의 집권은 야당 후보가 처음 집권했다는 점에서 최초의 실질적 정권교체를 의미하였다. 이어 2002년 제16대 대통령 선거에서도 민주화 세력 출신 노무현이 대통령으로 당선되었다.

민주화 시대가 열린 후 5년마다 평화롭게 진행된 대통령 선거와 정부의 교체는 한국의 절차적 선거 민주주의가 공고화 단계에 들어섰음을 의미한다. 그 과정을 통해 군부 시대가 남긴 권위주의 정치의 유산은 점진적으로 청산되었다. 그러한 과정에서 한국의 정치는 급격한 단절이 초래할 저항과 혼란을 피하면서, 민주주의 정치제도가 순조롭게 정착하고 발전할 수 있었다. 선거를 통한 정부·정권의 교체는 정당의 내부 정치를 민주화하는 데에도 기여하였다. 각 정당은 대통령 선거에서 승리하기 위해 후보 선출 과정에 더 많은 당원과 국민이 참여할 수 있는 방식을 개발하였다. 국회의원 후보도 권위주의 시대에는 여야 가릴 것 없이 당의 유력자들이 자파 세력을 일방적으로 지명했으나, 점차 지구당의 여론이 반영되는 민주적인 방식으로 개선되었다.

탈권위주의 개혁 정책

민주화 시대를 맞아 정치·사회·경제·문화의 모든 분야에서 민주주의적 개혁이 활발하게 이루어졌다. 1987년의 개정헌법은 국민의 기본권 조항을 강화함으로써 언론·출판·집회·결사의 자유와 권리를 크게 확대하였다. 입법부와 사법부의 권한이 향상되었으며, 인신 구속의 남용이나 그에 따른 정치적 억압이 크게 줄었다. 언론기본법, 사회안전법, 국가보안법, 집회와

김영삼(1927~)

경남 거제 출생. 1952년 서울대학교 철학과를 졸업하고 국무총리 장택상(張澤相)의 비서가 되었다. 1954년 26세의 최연소로 제3대 민의원 의원에 당선된 후 9선 의원이라는 기록을 세웠다. 1985년 김대중과 함께 민주화추진협의회 공동의장직을 맡았다. 1987년 통일민주당을 창당하여 총재가 되고 12월 제13대 대통령 선거에 출마했다. 1990년 노태우 대통령의 3당통합에 참여하여 민주자유당의 대표최고위원이 되었다. 1992년 12월 제14대 대통령에 당선되었다.

헌법재판소

시위에 관한 법률 등과 같은 비민주적 법률에 대한 개폐 작업도 마무리되었다. 또한, 1987년의 개정헌법은 헌법재판소의 설치를 규정하였다. 헌법재판소는 위헌법률 심판, 탄핵 심판, 정당해산 심판, 권한쟁의 심판 등과 함께 헌법소원(憲法訴願) 심판을 담당하였다. 헌법소원 심판은 공권력의 행사로 기본권의 침해를 받은 국민이 직접 구제를 청구할 수 있는 제도인데, 이를 통해 국민의 기본권이 크게 신장되었다.

권위주의 시대의 유산을 정리하는 조처도 취해졌다. 1980년 전두환 정부의 출범 과정에서 빚어진 정치적 탄압과 희생의 진상규명과 피해자 보상을 위한 입법 조처가 마련되었다. 김영삼 대통령은 군부 내의 정치 세력을 청산했으며, 이로써 군부에 대한 민주 정부의 통제가 확고히 정착하였다. 뒤이어 정치·사회·경제에서 민주주의적 개혁이 활발하게 추진되었다.

김영삼 정부는 금융실명제 실시, 선거법과 정치자금법 개정, 공직자 재산공개 등으로 정치문화의 개선에 이바지하였다. 김대중 정부가 들어서면서 부정부패방지법이 제정되고 국가청렴위원회와 국가인권위원회가 신설되어 공직 사회의 투명성 제고와 국민의 인권 개선에 발전이 있었다.

❷ 지방자치제의 실시와 지방화 시대

지방자치제의 도입과 확대

건국 이후 지방자치제는 오랫동안 유보 상태에 있었다. 초대 이승만 정부는 1949년 지방자치법 제정을 통해 근대적 지방자치제의 토대를 다졌지만, 수차례에 걸친 관련법 개정과 중앙 정치의 개입으로 지방자치제는 제대로 실현되지 못하였다. 박정희 정부는 근대화정책을 중앙집권적으로 강력히 추진하고자 지방자치제의 실시를 무기한 유보하였다. 이러한 상황은 전두환 정부까지 이어졌다.

이윽고 민주화 시대가 열리면서 지방자치제의 시행은 더 이상 미룰 수 없는 시대적 과제가 되었다. 1988년 3월에 지방자치법이 개정되었다. 그에 따라 1991년 주민의 직접선거로 기초 및 광역 자치단체의 지방의회가 구성되었다. 1995년에는 지방선거가 기초 및 광역 자치단체장의 선거에까지 확대되었다. 또한, 효과적인 지방자치제의 운영을 위해 1914년 식민지 시기의 행정구역 개편 이래 최대 규모의 지방행정구역 개편이 이루어졌다. 이로써 한국 정치사에서 명실상부한 지방자치 시대가 열리게 되었다. 지방자치제 실시는 한국 민주주의의 기초를 튼튼히 하였다.

김대중(1926~)
전남 신안 출생. 1961년 민의원에 당선되었다. 1971년 대통령 선거에서 야당 후보로 출마하여 박정희와 겨루었다. 1973년 중앙정보부 요원들에 의해 일본 도쿄에서 납치되어 서울 자택으로 돌아와 세계의 이목을 끌었다. 1980년 신군부에 의해 내란음모죄로 체포되어 사형을 선고받고 복역하던 중 1982년 석방되어 미국으로 건너갔다. 1985년 귀국하여 김영삼과 더불어 민주화운동을 추진하였다. 1987년과 1992년 대통령 선거에 출마하였다. 1997년 네 번째로 도전하여 제15대 대통령에 당선되었다. 2000년 6월 북한을 방문하여 김정일 국방위원장과 6·15남북공동선언을 하였다. 이를 통해 한반도의 평화에 이바지한 공로가 인정되어 2000년도 노벨평화상을 받았다.

유보되었던 지방자치제 실시로 처음 구성된 서울시
의회 개원식(위, 1991. 7) 지방자치 시대 개막과 함
께 지방자치단체들은 지역 문화의 발전과 지역 관
광의 활성화를 위해 지방 축제 등 다양한 문화행사
를 벌이고 있다(아래).

지방화 시대의 개시

지방자치제는 많은 정치
적, 사회적 변화를 초래하였
다. 지방자치제는 '풀뿌리 민
주주의' 현장으로서 주민의
일상생활에 관련된 의사결정
과정을 민주적으로 변모시켰
다. 관이 주도한 종래의 획일
적이고 억압적인 지방행정 대
신에 자율적이고 다양하고 자
유로운 지방 정치가 펼쳐졌
다. 주민을 위한 행정 서비스
도 크게 향상되었다. 지방자

치제는 지방의 역사와 문화를 바탕으로 지방의 정체성 확립에 이바지하였다. 지방
자치단체들은 지역의 역사적 유산과 전통을 재발견하고 다양한 내용의 축제를 조
직하는 등 지방의 고유한 문화를 홍보하였다. 또한, 지방자치제는 지방 경제의 발
전을 위한 지방 사회 내부의 노력을 활성화하였다. '내 고장 발전'을 위한 경쟁이
각 지방 사이에 벌어지면서 주민의 단결력과 애향심이 높아졌다.

그러나 지방자치제는 아직 그 역사가 길지 않은 탓에 여러 가지 미숙한 점을
드러내고 있다. 중앙정부와 지방자치단체 간에, 지방자치단체들 간에, 나아가
주민과 지방정부 간에 적지 않은 갈등이 빚어지고 있다. 이는 의사소통의 부족
에 따른 신뢰의 결여, 정책 담당자의 조정 능력 미숙, 지방 주민의 지나친 이기심
등이 그 원인이다. 화장장 설치나 방사성폐기물처리장의 유치에 대한 극렬한 반
대에서 볼 수 있듯이 "내 지
방에는 절대 안 된다"라는 식
의 지역이기주의가 횡행하는
가운데, 지방 사회의 여론이
분열하여 그에 따른 대립과
갈등도 적지 않았다. 또한,
지방자치제는 단체장들이 지
방 사회의 연줄을 배경으로
권한을 남용하거나 부정부패
를 저지르는 등 새로운 문제
를 낳고 있다.

쓰레기매립장, 방사성폐기물처리장, 장애
인복지시설, 장례시설 등의 유치를 둘러
싸고 지역 내 여론이 분열하고 이웃 지자
체들끼리 갈등하는 부작용은 지방자치 시
대에 극복되어야 할 과제이다.

❸ 한국 민주주의의 미숙성

정당의 이합집산

민주화 시대가 열리면서 의회정치와 정당정치가 발전하였다. 민주화 이후 오랫동안 군부의 권위주의 정치에 저항하면서 민주화운동을 벌여온 비(非)제도권 정치 세력들이 의회정치와 정당정치의 틀 안으로 들어갔다. 노동자와 농민의 권익을 직접 대변한다는 좌파 성향의 계급정당도 국회에 진출하였다. 그에 따라 권위주의 시대에 비해 정당정치가 의회정치의 틀 안에서 활성화하였다.

그럼에도 한국의 정당정치는 여전히 성숙한 모습을 보이지 못하고 있다. 정당이 해체되고 새롭게 구성되는 이합집산 현상이 너무 자주 일어나기 때문이다. 이 같은 정당정치의 양상은 건국 이후 줄곧 있어온 것이지만, 민주화 이후에도 별로 개선되지 않았다. 1987년 대통령 선거를 앞두고 야당은 김영삼과 김대중의 출신 지역인 영남과 호남을 기반으로 두 개의 당으로 분열하였다. 1990년에는 3개 야당 가운데 2개가 여당과 통합하는 '3당통합'이 있었다. 1992년 대통령 선거에는 대기업집단 현대의 총수 정주영이 선거에 출마하고자 급히 당을 만들었다가 선거에서 패배하자 이내 해체하였다. 이 같은 현상은 지금까지도 대통령 선거와 국회의원 선거가 있을 때마다 예외 없이 되풀이되고 있다. 한국의 정당들이 이합집산을 무수히 반복해 온 것은 한국의 정당이 특정 이념이나 정책에 기초를 두기보다는 정치적으로 유력한 소수 명망가를 중심으로 한 인적 조직의 특성이 강하기 때문이다.

지역갈등과 지역주의 정치

한국의 정당정치가 여전히 후진적인 것은 각 정당의 지지 기반이 특정 지역에 집중되어 있기 때문이기도 하다. 이합집산을 거듭한 한국의 정당들은 대개 충청, 전라, 경상과 같은 특정 지역에 지지 기반을 두었다. 지역정당으로서의 성

유력 대통령 후보자의 지역별 득표율

연도	유력후보	서울	부산·울산·경남	대구·경북	광주·전남·전북	대전·충남·충북	인천·경기·강원·제주
1987	노태우	30.0	36.6	68.1	9.9	33.1	44.9
	김영삼	29.1	53.7	26.6	1.2	20.1	27.7
	김대중	32.6	6.1	0.3	88.4	11.9	19.4
1992	김영삼	36.4	72.8	62.5	4.3	36.9	37.4
	김대중	37.8	20.9	8.9	91.9	27.8	29.6
1997	이회창	40.9	53.8	66.9	3.3	27.4	36.7
	김대중	44.9	13.7	13.1	94.4	43.9	37.3
2002	이회창	45.0	65.3	75.5	4.9	41.3	45.0
	노무현	51.3	29.4	20.3	93.2	42.5	49.7

출처: 중앙선거관리위원회, 《대통령 선거총람》, 1988, 1993, 1998, 2003

1971년 대통령 선거에서 이미 노골화한 지역 대립과 지역주의 정치는 대통령 직선제가 부활된 1987년 이후 2002년까지 네 차례의 대통령 선거에서 조금도 약화되지 않았다. 극단적인 지역주의는 국회의원 선거에서도 그대로 반복되어 왔다.

한국 주요 정당의 이합집산(1945~2004)

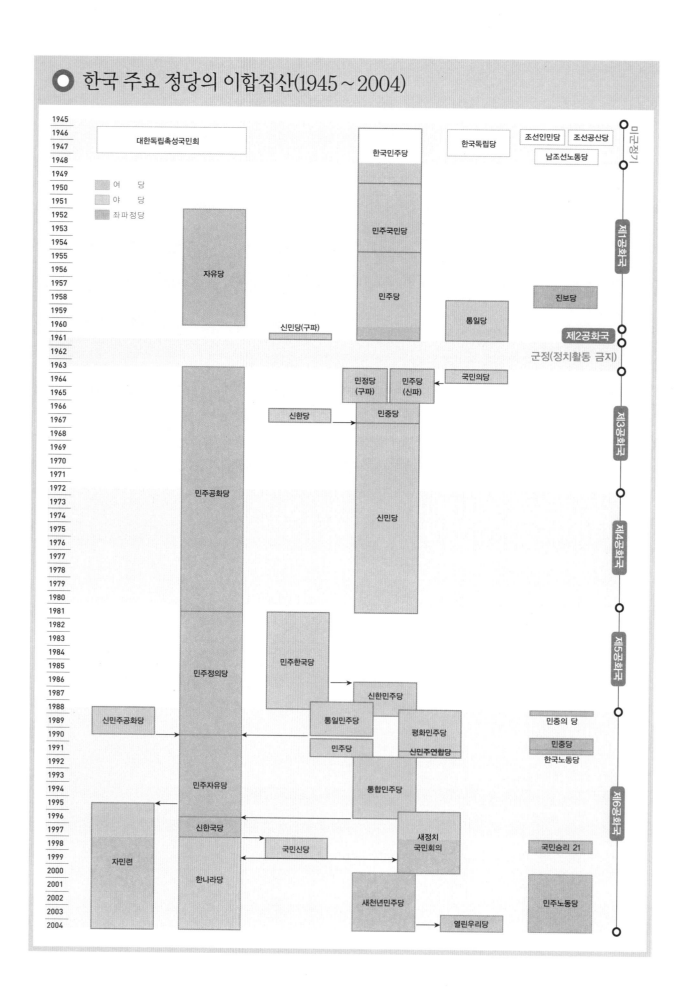

격이 강한 정당들은 각종 선거에서 유권자들의 배타적인 지역감정을 불러일으키는 득표 전략을 구사하는 데 주저하지 않았다. 정당정치의 이 같은 행태는 선거가 있을 때마다 한국인의 국민적 통합에 적잖은 장애가 되었다. 오늘날 한국사회가 안고 있는 지역갈등 문제에는 지역주의를 기반으로 삼아 집권하고자 했던 유력 정치가들의 책임이 매우 크다.

지역주의 정치가 횡행한 데에는 유권자의 책임도 크다. 유권자는 자신의 정치적 이념과 정책의 선호에 따라 독립적으로 투표하지 않고, 지역감정을 부추기는 정치가들의 선동에 편승하는 모습을 보였다. 권위주의 정치가 지배한 고도성장 시대에는 경제건설과 민주주의 사이에 어느 쪽을 우선할 것인지를 둘러싸고 유권자의 선택이 이루어졌다. 그런데 민주화 이후에는 정당의 지역성이 크게 두드러지면서 유권자의 투표 성향이 지역주의로 변질하고 말았다. 그리하여 민주화 시대에 지역갈등이 더 심해지고 지역주의 정치가 더 기승을 부리는 모순이 증폭되어 왔다.

포퓰리즘

'다수의 지배'를 원칙으로 하는 민주주의 정치는 소수의 권리를 침해하거나 개인의 자유를 무시할 위험성을 내포하고 있다. 정치가가 법률의 제정이나 정책의 집행에서 유권자의 지지를 지나치게 의식하여 대중의 인기에 영합하는 포퓰리즘에 빠질 때 그러한 위험성이 구체화한다. 민주화 시대의 한국 정치도 이 같은 포퓰리즘으로부터 자유롭지 않았다.

1980년대 후반 부동산 투기가 일어나 토지와 아파트 가격이 오르자, 정부와 국회는 토지공개념을 도입하여 '택지소유상한에 관한 법률', '토지초과이득세법', '개발이익 환수에 관한 법률' 등을 제정하였다. 그러나 이들 법률은 이후 헌법재판소에서 위헌 판결을 받았다. 민주화 시대에 들어서 대중의 인기에 영합하여 잘못된 법률을 제정하거나 정책을 집행함에 따른 폐단은 대중의 관심이 큰 주택, 농업, 노동, 복지, 교육 정책에서 두드러졌다.

한국 정치가 민주화 시대를 맞아 포퓰리즘 경향을 드러내는 것은 다수 한국인이 공동체·참여·평등·분배 등과 같은 집단적 가치에는 친숙하지만, 개인·자립·경쟁·사유재산 등과 같은 자유주의적 가치에는 익숙하지 않기 때문이기도 하다. 서양에서 민주주의 정치가 성립할 때 그 기초에는 개인의 자유와 재산권을 기본 가치로 존중하는 자유주의의 발전이 먼저 있었다. 한국의 자유주의는 근대사의 출발과 함께 외부에서 이식되었기에 아직도 국민의 생활 원리로 완전히 정착한 상태가 아니다.

토지공개념

토지는 인간 노동의 생산물이 아니고, 수요에 따라 공급을 무한정 늘릴 수 없다는 특수성이 있다. 또한, 토지의 이용 결과는 사회의 공동체적 생존에 중요한 영향을 미친다. 이에 세계의 많은 나라는 제각기 역사적, 문화적 배경에 맞게 토지 재산의 개인적 사용에 대해 일정 정도의 공공적 제약을 가하고 있다. 그것을 정당화하는 법률적 개념이 토지공개념(土地公槪念)이다. 한국에서도 그에 따라 1989년 택지의 규모를 200평으로 정하고 초과하는 토지에 대해 부담금을 물리거나(택지소유상한에 관한 법률), 투기 목적으로 과다하게 소유하여 놀리고 있는 토지에 대해 정기적으로 토지 가격 상승의 일정 부분을 세금으로 환수하거나(토지초과이득세법), 정부나 공공기관의 개발정책에 따라 토지 가격이 많이 올라 개인적 노력 없이 재산이 불어났을 경우 일정 부분을 세금으로 환수하는(개발 이익 환수에 관한 법률) 법률이 제정되었다. 그렇지만, 이들 법률은 토지의 개인적 이용에 제한을 가하는 토지공개념의 본래 취지를 넘어, 국가의 조세부과라는 강제권을 발동하여 헌법이 국민의 기본권으로 보장하는 재산권을 과도하게 침해한다는 문제점이 있었다. 그 때문에 모두 위헌판결을 받았다.

❹ 통일운동의 확산

남북정상회담

　　민주화 시대를 맞아 남북관계도 변화하기 시작하였다. 노태우 정부는 이전 정부보다 과감하게 대북정책의 변화를 모색했으며, 그 결과 1992년에 남북기본합의서가 교환되었다. 이 합의서는 1972년에 발표된 7·4남북공동성명에서 밝힌 조국통일의 3대 원칙을 재확인한 다음, 남북 화해, 상호 불가침, 교류·협력의 증진 등을 위한 과제를 세부적으로 규정하였다. 동시에 남·북한은 한반도에서 핵무기의 시험·생산·사용을 하지 않겠다는 내용의 '한반도의 비핵화에 관한 공동선언'에 합의하였다. 그러나 이 두 합의는 1993년 북한이 국제사회의 핵확산금지조약(NPT)에서 탈퇴한 후, 북한의 핵을 둘러싼 위기가 고조되자 사실상 백지가 되고 말았다. 1994년에는 김영삼 대통령이 남북정상회담의 개최에 합의했으나, 북한의 김일성 주석이 사망하여 무산되고 말았다.

　　뒤이어 집권한 김대중 대통령은 더욱 적극적인 대북정책을 펼쳤다. 김대중

○ 한반도의 비핵화에 관한 공동선언

남과 북은 한반도를 비핵화함으로써 핵전쟁 위험을 제거하고 우리나라의 평화와 평화통일에 유리한 조건과 환경을 조성하며 아시아와 세계의 평화와 안전에 이바지하기 위하여 다음과 같이 선언한다.

평양에서 열린 남북고위급회담(1992. 2. 19)

1. 남과 북은 핵무기의 시험·제조·생산·접수·보유·저장·배치·사용을 하지 아니한다.
2. 남과 북은 핵에너지를 오직 평화적 목적에만 이용한다.
3. 남과 북은 핵 재처리 시설과 우라늄 농축 시설을 보유하지 아니한다.
4. 남과 북은 한반도의 비핵화를 검증하기 위하여 상대 측이 선정하고 쌍방이 합의하는 대상들에 대하여 남북핵통제공동위원회가 규정하는 절차와 방법으로 사찰을 실시한다.
5. 남과 북은 이 공동선언의 이행을 위하여 공동선언이 발효된 후 1개월 안에 남북핵통제공동위원회를 구성·운영한다.
6. 이 공동선언은 남과 북이 각기 발효에 필요한 절차를 거쳐 그 문본을 교환한 날부터 효력을 발생한다.

1992년 1월 20일

남북고위급회담 남측대표단 수석대표 대한민국 국무총리 정원식
북남고위급회담 북측대표단 단장 조선민주주의인민공화국 정무원 총리 연형묵

은 1971년 대통령 선거 때 4대국 안전보장론을 제기한 데 이어 민족의 통일정책으로 공화국연방제안(共和國聯邦制案)을 제시하였다. 그의 통일론은 박정희 정부와 전두환 정부로 이어진 근대화 세력이 그를 정치적으로 탄압하

남북정상회담
2000년 6월 평양을 방문한 김대중 대통령을 북한의 김정일 국방위원장이 반갑게 맞이하고 있다.

는 빌미가 되기도 했지만, 그를 지지한 민주화 세력을 결속하면서 그의 정치인생을 성공으로 이끈 버팀목 역할을 하였다. 1997년 12월 대통령에 당선된 김대중은 이른바 '햇볕정책'을 추진하였다. 그는 북한에 햇볕처럼 선의의 협력을 제공할 경우 북한이 덩샤오핑 이후의 중국처럼 개혁·개방의 길로 들어설 것으로 기대하였다.

● 남북공동선언

조국의 평화적 통일을 염원하는 온 겨레의 숭고한 뜻에 따라 대한민국 김대중 대통령과 조선민주주의인민공화국 김정일 국방위원장은 2000년 6월 13일부터 6월 15일까지 평양에서 역사적인 상봉을 하였으며 정상회담을 가졌다. 남북 정상들은 분단 역사상 처음으로 열린 이번 상봉과 회담이 서로 이해를 증진시키고 남북관계를 발전시키며 평화통일을 실현하는 데 중대한 의의를 가진다고 평가하고 다음과 같이 선언한다.

1. 남과 북은 나라의 통일 문제를 그 주인인 우리 민족끼리 서로 힘을 합쳐 자주적으로 해결해 나가기로 하였다.
2. 남과 북은 나라의 통일을 위한 남측의 연합제 안과 북측의 낮은 단계의 연방제 안이 서로 공통성이 있다고 인정하고 앞으로 이 방향에서 통일을 지향시켜 나가기로 하였다.
3. 남과 북은 올해 8·15에 즈음하여 흩어진 가족, 친척 방문단을 교환하며, 비전향장기수 문제를 해결하는 등 인도적 문제를 조속히 풀어 나가기로 하였다.
4. 남과 북은 경제협력을 통하여 민족경제를 균형적으로 발전시키고, 사회·문화·체육·보건·환경 등 제반 분야의 협력과 교류를 활성화하여 서로의 신뢰를 다져 나가기로 하였다.
5. 남과 북은 이상과 같은 합의사항을 조속히 실천에 옮기기 위하여 빠른 시일 안에 당국 사이의 대화를 개최하기로 하였다.

김대중 대통령은 김정일 국방위원장이 서울을 방문하도록 정중히 초청하였으며, 김정일 국방위원장은 앞으로 적절한 시기에 서울을 방문하기로 하였다.

2000년 6월 15일

대한민국 대통령 김대중
조선민주주의인민공화국 국방위원장 김정일

햇볕정책은 2000년 6월 15일 남북정상회담에서 절정을 이루었다. 남한의 김대중 대통령과 북한의 김정일 국방위원장은 5개조의 남북공동선언을 발표하였다. 이 선언은 제2조에서 "남과 북은 나라의 통일을 위한 남측의 연합제 안과 북측의 낮은 단계의 연방제 안이 서로 공통성이 있다고 인정하고, 앞으로 이 방향에서 통일을 지향시켜 나가기로 하였다"라고 명시하였다. 이 조항은 통일국가의 이념적 토대를 명확히 하지 않았기 때문에 남한 내에서 심각한 체제 논쟁을 유발하였다. 남한의 적지 않은 국민은 이 선언이 대한민국헌법 제4조에서 "대한민국은 통일을 지향하며, 자유민주적 기본 질서에 입각한 평화적 통일정책을 수립하고, 이를 추진한다"라고 규정한 내용과 어떠한 관계에 있는지 의문을 제기하였다.

남북교류의 확대와 북한의 핵실험

2000년의 남북정상회담은 그에 대한 정치적 논쟁에도 불구하고 북한과의 교류를 활성화하는 계기가 되었다. 우선 이산가족·친족의 상봉이 활발하게 이루어졌다. 북한은 금강산을 관광특구로 지정하여 남한 국민에게 개방하였다. 금강산 관광은 처음에는 동해의 해로를 이용했으나, 사업이 활성화되면서 휴전선을 지나가는 육로가 열렸다. 남한 기업가의 북한 투자도 이루어졌다. 남한 정부의 협력자금으로 북한의 개성공단이 개설되었다. 여기에 남한의 23개 중소기업이 진출하여 북한 노동자를 고용하여 생산활동을 벌이고 있다.

그러나 아직도 햇볕정책이 기대한 북한의 개혁·개방은 이루어지지 않았다. 북한 정부는 공산주의를 지향하는 집단생산과 집단분배의 경제체제를 공식적으로 포기하지 않았으며, 개인의 정치적 권리와 재산권과 경제활동의 자유를 보장하는 입법 조치도 취하지 않았다. 오히려 흔들리는 국가체제를 유지하고자 군부가 정치와 경제를 강하게 통제하는 선군정치(先軍政治)를 펼치고, 그 연장선에서 2006년 10월에는 국제사회의 경고에도 불구하고 핵실험을 강행하였다.

이로써 북한은 1992년에 남한과 합의한 '한반도의 비핵화에 관한 공동선언'을 파기하였다. 북한의 핵실험은 동북아의 군사적 균형에 심각한 교란 요인이 되고 있다.

금강산 관광
1998년 11월 18일 금강산 관광단 제1진을 싣고 동해안을 떠나는 금강호

개성공단 착공식(2003. 6. 30)

2. 시장경제의 발전

❶ 경제·사회의 발전

시장의 자유화와 개방체제의 가속

1963년 이래 정부 주도하에 수출 주도형 경제개발체제를 유지해 온 한국 경제는 1988년 이후 점차 민간 주도의 자유시장경제체제로 전환해 갔다. 1986년 이래 경상수지가 흑자로 돌아서고 국내 저축률이 높아져 투자 자금을 자급할 수 있게 된 경제적 여유가 그러한 전환을 가능하게 하였다. 우선 정부는 시장의 개방과 자유화정책을 적극 추진하였다. 수입을 제한하던 각종 규제가 해제되어 1994년경에는 수입자유화율이 98.5%에 달하였다. 수출을 촉진하고자 기업에 제공하던 수출금융 특혜도 점차 축소되었다. 그와 더불어 정부는 금융시장의 자율화를 추진하였다. 정부는 몇 단계에 걸쳐 금리의 변동을 자유화하는 조치를 취하여 금융자원의 효율적인 배분과 금융기관의 상호 경쟁을 촉진하였다.

외국인 투자가에게 국내시장을 개방하는 조치도 취해졌다. 대부분의 제조업과 서비스업이 외국인 투자가에게 개방되었으며, 투자 절차도 간소화되었다. 자본시장도 개방되어 외국인의 주식투자가 일정 범위에서 허용되었다. 또한, 외환보유고에 여유가 생기자 외환거래와 해외투자의 절차·용도·규모에 관한 각종 규제가 풀리기 시작하였다. 그에 따라 국내 기업과 금융기관의 해외 진출이 점차 자유화하였다.

주택 200만 호 건설
대도시 주택 문제를 해결하기 위해 신도시들이 건설되었으나 무리한 추진으로 건축자재 값이 오르고, 금융시장이 왜곡되는 등 부작용도 있었다.

경제의 민주화

민주화 시대를 맞아 정치만이 아니라 경제도 민주화해야 한다는 여론이 높았다. 고도성장의 결과 인구가 도시로 집중하고, 그에 따라 주택 수요가 증가하면서 주택 가격이 폭등하였다. 주택 가격의 폭등은 빈부 계층 간의 위화감을 조성

금융실명제
1993년 8월 12일 실시된 금융실명제에 따라 실명 전환을 하려는 사람들로 은행 창구가 붐비고 있다.

하였다. 1989년 정부는 부동산 투기를 근절하고자 토지거래 허가제를 확대 실시하였다. 200만 호를 목표로 한 주택 건설도 추진하여 서울 주변에 5개 신도시가 건설되었다. 금융실명제는 전두환 정부 시대부터 논의되었으나 시행이 유보되어 오다가 1993년 김영삼 정부에 의해 전격적으로 실시되었다. 그에 따라 금융기관과의 모든 금융거래에는 실명을 확인하는 절차가 강요되었다. 금융실명제의 부작용은 우려했던 것만큼 그리 크지 않았다. 금융실명제는 부정한 정치자금과 뇌물의 왕래를 크게 제한함으로써 정치·경제의 투명화와 사회정의 실현에 기여하였다.

다른 한편, 1986년부터 시작된 GATT 우루과이라운드로 농산물시장의 대폭적인 개방이 불가피해졌다. 그에 대처하고자 1990년 농어촌발전특별조치법이 제정되어 농어촌구조조정사업이 시작되었다. 우선 농지개혁 당시부터 지켜 온 농지소유상한제를 완화하여 대규모 기계화 영농의 제도적 기초를 마련하였다. 농어촌 주민에게는 중학교 및 실업계 고등학교까지 자녀의 학자금을 면제하였다. 농촌 부채에 대한 특별조치가 취해져 2정보 미만의 농지를 소유한 농가의 농협 부채를 경감하였다. 그렇지만, 시장원리에 바탕을 두지 않은 이러한 특혜는 농가의 도덕해이를 불러와 장기적으로 농촌 부채를 줄이는 데 실패하였다.

노동운동의 활성화

1987년 6·29선언 이후 노동조합의 활동이 자유로워졌다. 노태우 정부는 노동자의 단결권·단체교섭권·단체행동권에 대한 각종 제약을 완화하였다. 그와 동시에 1988년부터 최저임금제를 시행하였다. 처음에는 5인 이상을 고용한 제조업에 한정하여 실시했으나 이후 모든 산업 분야에서 상시 근로자 10인 이상의 사업체로 확대하였다. 그에 따라 근로자의 평균임금이 빠르게 상승하였다.

노동조합의 활동이 자유로워지자 그동안 억눌렸던 노동자들의 요구가 한꺼

6·29선언 이후 노동자의 대투쟁(왼쪽)
울산 지역 노동자들이 회사 트럭과 중기 등을 몰고 나와 시가를 행진하고 있다 (1987. 9).

쌀시장 개방을 반대하는 농민들(오른쪽)
쌀수입 개방 반대 1천만 서명 명부 1,290권을 우마차 4대에 나누어 싣고 미대사관에 전달하기 앞서 구호를 외치는 시위대 (1991. 1)

번에 터져 나와 경제와 사회에 커다란 충격을 주었다. 1987년 6월 2,742개였던 노동조합이 그해 연말에는 4,086개로 늘어나 50%나 증가하였다. 1987년의 노동쟁의는 3,749건으로 1986년에 비해 무려 13.6배로 증가했는데, 그 가운데 3,628건이 6·29선언 이후에 발생한 것이었다. 급속히 팽창한 노동쟁의는 노사 간의 자율적 협력과 협상의 문화가 정착되어 있지 않아서 노사 관계에 심각한 대립적 갈등을 불러왔다. 6·29선언으로 크게 고양되었던 노동운동은 1989년을 정점으로 점차 위축되기 시작하였다. 노동조합의 조직률은 1989년 18.7%로 최고치에 도달했으나 1995년 11.7%까지 감소하였다. 1995년에는 급진적인 민주노총이 성립하였다. 이로써 노동조합의 전국 조직은 1946년에 성립한 온건한 한국노총과 급진적인 민주노총으로 양분되었다.

복지제도의 확충

민주화 시대를 맞아 국민의 의료보험, 생활안정, 노후복지에 대한 수요가 증대하였다. 고도성장의 결과로 국가경제의 역량이 증대한 것도 복지에 대한 사회적 수요가 증대한 배경이 되었다. 1988년 기존의 직장, 공무원, 사립학교 교직원 의료보험에 이어 농어민을 대상으로 한 지역의료보험이 실시되었다. 이듬해에는 도시 자영자를 대상으로 의료보험이 확대 실시되었는데, 이로써 명실상부한 국민의료보험제도가 성립하였다. 1998년에는 직장·공단·지역 조합을 국민건강보험공단으로 통합하는 개혁이 있었다. 그에 따라 한국인은 전국 어디서나 동일한 의료보험 서비스를 받게 되었다.

국가가 국민의 노후소득을 보장해 주는 국민연금제도는 1988년 5인 이상 사업장을 대상으로 출발하였다. 1995년에는 농어촌 자영자, 1999년부터는 도시 자영자와 5인 미만 사업장에까지 확대 실시되었다. 그러나 국민연금제도는 아직 국민의 신뢰를 받지 못한다. 제도를 만들 때 "적게 내고 많이 받게 한다"라는 포퓰리즘의 논리가 개입되어 2030년대가 되면 연금의 기금이 고갈될 전망이기 때문이다.

1999년에는 국민기초생활보장법이 제정되어 스스로 생활을 유지할 능력이 없는 빈곤층, 노인, 장애자에게 국가나 지방자치단체가 생계비와 주거비·의료비·교육비를 보조하는 복지제도가 마련되었다. 이로써 그때까지 소외되었던 사회적 약자에 대한 공적 부조가 부쩍 강화되었고, 정부지출에서 의료보험과 사회보장 등 복지 부문의 지출 비중도 빠르게 증대하였다.

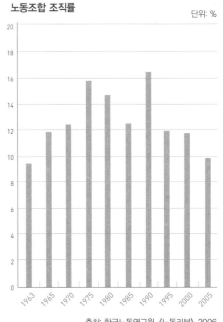

노동조합 조직률 단위: %

출처: 한국노동연구원, 《노동리뷰》, 2006

직장의료보험 시행
1977년 7월 1일 처음 시행된 직장의료보험에 314만 명이 가입하였다.

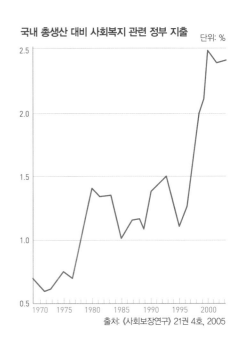

국내 총생산 대비 사회복지 관련 정부 지출 단위: %

출처: 《사회보장연구》 21권 4호, 2005

⊙ 1988년 서울올림픽

1988년 9월 17일 제24회 하계 올림픽경기가 세계 160여 개국이 참가한 가운데 서울 잠실 올림픽주경기장에서 개막되었다. 아래 오른쪽은 여자 양궁 2관왕 김수녕 선수

고도대중소비 시대
(high mass consumption age)

미국의 경제학자 로스토(Walt W. Rostow)가 《경제성장의 제단계》 (1960)에서 경제성장의 마지막 단계로 규정한 시대이다. 이 단계가 되면 고가의 내구재를 중심으로 한 대중의 대량 소비가 경제성장을 이끌게 된다. 로스토에 의하면 미국은 1913년에 서유럽 여러 나라는 1950년에 이 단계에 돌입하였다.

고도대중소비 시대의 도래

　1988년에 서울올림픽이 개최되었다. 올림픽은 전 세계에 한국의 놀라운 성장을 널리 홍보하는 좋은 기회였다. 이후에도 한국 경제는 1994년까지 연간 6~9%의 고도성장을 지속하였다. 1995년에는 드디어 1인당 국민소득이 1만 달러를 넘었다. 1996년 한국은 선진국 경제클럽이라 할 수 있는 경제협력개발기구(OECD)에 가입하였다. 1990년대 중반에 이르러 한국 경제는 농업의 비중이 7%에 불과하고 광공업·건설업 등 2차 산업이 43%, 서비스업이 50%에 달하여 선진적 산업 구조로 바뀌었다.

　한국 경제는 기계·전기·전자·조선·화학·철강 등 주요 산업에서 상당한 수

준의 기술력과 국제경쟁력을 갖추게 되었다. 1970년
대부터 강행된 중화학공업화와 1980년대의 구조조
정에 이어, 주요 대기업집단의 적극적인 설비투자,
기술개발, 해외시장 개척이 그 같은 첨단산업의 성취
를 가능하게 하였다.

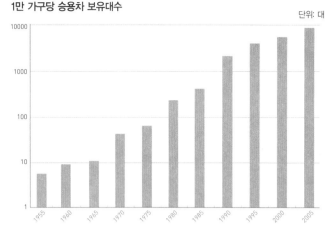

1만 가구당 승용차 보유대수

단위: 대

출처: 1) 1948~1980: 통계청, 《통계로 본 대한민국 50년의 경제사회상 변화》, 1998;
2) 1985~2005년 통계: 통계청 홈페이지

중소기업을 육성하려는 정부의 노력은 1980년대
에 이어 1990년대에도 계속되었다. 정부는 중소기업
의 고유 업종과 대기업과의 계열화 업종 및 품목을 지
정하고, 중소기업의 기술력을 증진하고자 금융지원을
강화하였다. 대기업집단이 국제경쟁력을 갖추게 된
데에는 우수한 기술력을 보유한 중소기업이 큰 도움
이 되었다.

1990년대 이후 한국은 고도대중소비 시대로 접어들었다. 카메라, 컬러 텔레
비전, 비디오, 오디오, 세탁기, 진공청소기 등 고급 가전제품이 대부분 가정에
보급되어 수준 높은 문화생활을 가능하게 하였다. 세탁기는 1985년만 해도 보급
률이 도시 30%, 농촌 10%에 불과했지만, 1990년에는 도시 70% 이상, 농촌 40%
이상으로 급속히 높아졌다. 자동차산업이 발전하여 국산 승용차의 연간 내수판
매가 1983년에 10만 대에서 1989년에 50만 대, 1993년에 100만 대를 넘어섰다.
전국의 자가용 승용차 수는 1995년 말에 577만 대에 달하여 대체로 집집마다 승
용차를 보유한 마이카 시대를 맞게 되었다.

❷ 1997년의 외환위기와 경제개혁

국가경제 관리체제의 이완

민주화 시대가 열린 후 1997년 외환위기까지 한국 경제는 고도성장을 지속
했지만, 시장의 예측할 수 없는 변동에 대처하는 능력은 현저히 약화되고 있었
다. 이전 권위주의 시대에는 정부가 주요 경제 자원을 배분하고 감독했기 때문
에 몇 차례 위기가 발생했지만 사전에 인지하고 대처 방안을 강구하여 국가경제
의 위기가 표면화된 적은 없었다. 1980년대 이후, 특히 민주화 시대에 경제 규모
는 정부가 감시, 감독할 수 없을 정도로 부쩍 커졌다. 이에 시장을 자유화, 자율
화하는 조치가 불가피하게 취해졌지만 지나치게 빠른 속도로 진행되었다. 그에
따라 정부의 감시 기능이 점차 마비되어 갔다. 게다가 정부를 대신할 은행 등 민
간 경제기구의 감시 능력은 여전히 미숙한 상태였다.

금융시장이 자율화하자 은행은 담보 능력이 있는 대기업집단에 대출을 집중하는 안이한 태도를 보였다. 대기업집단은 고도성장이 무한정 이어질 것으로 낙관하고 은행자금을 대출받아 무분별하게 사업을 확장하였다. 30대 기업집단의 부채비율은 1994년 355%에서 1997년 518%까지 급격하게 상승하였다. 갑자기 불경기가 닥치면 도산 위기에 처할 대기업집단이 점차 늘어나고 있었다.

정부는 1992~1994년에 기업과 금융기관의 해외 진출과 현지 금융에 대한 규제를 해제하였다. 그러자 은행뿐만 아니라, 국제금융에 대한 경험과 전문성이 없는 영세한 증권사와 종합금융회사까지 해외에 진출하였다. 이들 금융기관은 해외에서 정부와 중앙은행의 통제를 받지 않고 용도와 한도에 제한 없이 각종 증권을 발행하여 무모하게 단기성 투기자금을 대량 차입하였다. 이들 자금의 일부가 국내로 들어와 증권시장이나 부동산에 투자되어 국내 경기의 호황을 뒷받침하였다. 그러나 1996년부터 국내 경기가 악화되기 시작하였다. 수출 주력품인 반도체·철강·석유화학 제품의 국제시세가 크게 하락했으며, 그에 따라 주식시장의 수익률도 곤두박질쳤다. 그렇게 위기의 여건이 무르익고 있었지만, 이를 감지하고 대처할 시장 감시 기구는 정부에서도 민간에서도 작동하지 않았다.

외환위기와 국제통화기금의 개입

1997년 초 태국 등 동남아시아에서 발생한 외환 및 금융 불안이 한국에 전파되었다. 위기의 출발은 1997년 초 한보철강의 도산이었다. 뒤이어 대농, 진로 등의 대기업집단이 도산하였다. 위기를 심화한 악재는 기아자동차였다. 기아자동차는 지배주주 없이 전문경영인과 노동조합이 경영하던 기업이었다. 기아자동차의 위기 상황이 폭로되자 정치가와 시민단체는 기아자동차가 국민기업이라며 부도 처리에 반대하였다. 이 같은 포퓰리즘 정치의 개입으로 기아자동차의 부도 처리에 상당한 시간이 낭비되었다. 이로 인해 한국 정부의 위기관리 능력에 대한 외국 투자가들의 불신이 증폭되었다.

대기업집단의 부실 상태가 폭로되자 이들에 대출을 집중 제공했던 금융기관의 수지 상태에 대한 의구심이 커졌다. 불안을 느낀 외국 투자가들은 한국 금융기관에 대한 대출을 회수하기 시작하였다. 당시 한국 금융기관들이 해외로부터 빌려 온 자금은 상당 부분 단기차입이었다. 외국 투자가들은 단기차입의 만기가 도래하자 기간 연장을 거

금 모으기 운동

외환위기 이후 나라를 구하겠다는 일념으로 시작된 금 모으기 운동에 350여만 명이 참여하였다. 금 모으기 운동에는 한국인의 강력한 민족주의 정서가 작용하였다. 1998년 이 운동으로 모인 금 수출액은 22억 달러에 달하여, 그해 전체 금 수출액 43억 달러의 51%를 차지하였다.

노숙자

1997년 말까지 서울역 주변의 노숙자는 100명을 넘지 않았으나, 1998년 4월에 400여 명, 9월에 2,000여 명으로 급증하였다. 이 시기 늘어난 노숙자 가운데 상당수는 소위 'IMF형 노숙자'였다. 이들은 갑작스럽게 닥친 경제적 위기로 직장을 잃고, 가정경제가 파탄난 사람들이었다.

부하였다. 이에 국내 금융기관들의 외환(外換)에 대한 수요가 급증하여 한국은행의 외환보유고는 급격히 고갈되었다. 드디어 1997년 말 외환부족 사태에 직면한 한국 경제는 국제통화기금에 긴급 지원을 요청하지 않을 수 없었다.

IMF는 한국 정부에 200억 달러의 구제금융을 제공하면서 여러 가지 경제개혁을 요구하였다. 한국 정부는 외화의 유출을 막고 유입을 촉진하고자 금리를 대폭 인상하였다. 그 결과 재무구조가 취약했던 상당수 기업이 고금리의 부담을

● IMF와 세계 각국의 외환위기

1944년 7월 제2차 세계대전이 연합국의 승리로 끝날 전망이 보이자, 미국 뉴햄프셔주 브레튼우즈에 44개 연합국 대표가 모여 전쟁 이후의 국제경제에 관해 논의하였다. 이들은 1930년대 세계대공황으로 파괴된 세계 통화와 금융 질서를 다시 세우기 위해 국제통화기금(IMF)을 설치하기로 합의하였다.

각국은 자국의 경제규모와 세계무역에서 차지하는 비중에 맞추어 일정 금액을 기금에 출자하였다. IMF 회원국은 국제거래를 하다가 다른 회원국의 통화가 부족해지면 기금의 인출을 요구할 권리가 있었다. 그러나 자국이 출자한 금액 이상을 인출할 경우에는 IMF의 승인을 받아야 했다. 이 경우 IMF는 그 나라의 국제수지를 개선하기 위해 재정정책과 금융정책에 개입할 권리가 있다. 한국은 1955년에 IMF에 가입하였다.

지금까지 여러 나라가 자국의 힘만으로 국제수지를 방어할 수 없는 위기 상황에 처하여 IMF의 도움과 간섭을 받았다. 1976년에는 한때 세계경제를 지배했던 영국이 외환위기를 맞아 IMF로부터 33억 달러의 구제금융을 받았다. 1994년에는 멕시코가 272억 달러의 구제금융을 받았다. 1997년에는 한국이 같은 상황에 처하였다.

IMF는 영국에 대해서도 그랬지만 한국에 대해 강력한 긴축정책과 고금리정책을 요구하였다. 그에 따라 갑자기 금리 부담이 커진 기업들이 영업 상태가 나쁘지 않았음에도 불가피하게 도산하였다. 이 때문에 과연 IMF의 처방이 적절한 것이었는지를 두고 논쟁이 벌어지기도 하였다.

이기지 못하여 도산하였다. 뒤이어 이들 기업에 자금을 대출했던 종합금융회사를 비롯한 대부분 금융기관이 부실 상태에 빠졌다. 이처럼 대량 도산과 실업이 발생하여 1998년 한국 경제는 실업률 7.0%와 경제성장률 −6.7%라는 최악의 경제 위기를 경험하였다.

김대중 정부의 경제개혁

1998년에 들어선 김대중 정부는 IMF와의 협약에 따라 여러 가지 경제개혁을 추진하였다. 경제개혁은 크게 금융개혁, 재벌개혁, 노동개혁, 공공부문 개혁의 네 부문으로 구성되었다. 금융개혁은 부실화한 금융기관들을 통폐합한 다음, 정부가 공적자금을 투입하여 부실채권을 인수하고 금융기관을 정상화하는 조치였다. 그 과정에서 상당수 금융기관이 외국계 자본에 매각되었다.

재벌개혁은 부실화한 대기업들을 통폐합하여 매각하거나, 주 채권기관인 금융기관들이 인수하는 방식으로 진행되었다. 외환위기를 극복하는 과정에서 대우를 포함한 30대 대기업집단 가운데 16개가 해체되는 커다란 변화가 있었다. 정부는 대기업집단의 부실화를 초래한 원인이 무리한 차입경영과 문어발식 확장에 있다고 보고, 총수를 중심으로 하는 대기업집단의 잘못된 의사결정구조를 개혁하였다.

부실기업을 구조조정하는 과정에서 상당수 근로자의 해고가 불가피하였다. 이를 제도적으로 뒷받침하는 노동개혁의 일환으로 정부는 정리해고의 요건을 완화하였다. 그에 따른 노동조합의 저항과 근로자의 고용불안을 해소하고자 김대중 정부는 노사정위원회(勞使政委員會)를 구성하여 노동계의 협조를 구하였

정리해고 반대시위
서울 여의도 노사정위원회 건물 앞에서 정부의 정리해고 요건 완화에 항의하며 시위를 벌이는 노동자들(1998. 7)

금융기관의 통폐합
외환위기 이후 금융기관의 구조조정 과정에서 99년과 66년의 역사를 가진 민간은행인 상업은행과 한일은행이 한빛은행으로 합병되었으며, 뒤이어 우리은행이 되었다.

다. 공공부문의 개혁은 정부의 효율성을 제고하고자 공기업을 비롯한 정부기관을 구조조정하고 민영화하는 것이 주된 내용이었다. 그로 인해 한국통신(KT), 포항제철(POSCO), 담배인삼공사(KT&G) 등 주요 국영기업이 민영화되었다.

한국 경제의 구조 변화

　김대중 정부의 경제개혁은 IMF의 요구에 의한 것이었지만, 한국 경제의 비효율성을 제거하고 국제경쟁력을 높이기 위한 불가피한 선택이었다. 한국은 외환위기를 먼저 경험한 어느 나라보다도 빨리 경제 위기를 극복하였다. 그것은 온 국민이 단결하여 고통스러운 개혁을 감내한 결과였다. 경제 위기를 극복하는 과정에서 한국 경제의 체질이 많이 바뀌었다.

　금융산업이 한층 국제화되어 2000년대 초 시중은행의 거의 절반이 외국계 은행이 되었다. 그로 인해 과거와 같은 관치금융이나 금융기관의 도덕 해이가 크게 해소되고, 금융기관 간의 자유경쟁을 통한 금융시장의 정상화가 촉진되었다.

　위기 이후 한국의 산업구조는 빠르게 첨단화, 서비스화의 길을 걸었다. 중국과 같은 후발국이 추격해 오자 경쟁력이 약화된 전통 제조업은 쇠퇴하거나 해외로 생산기지를 옮겼다. 그 대신 전자·반도체·조선 등 중화학공업이 국가경쟁력의 중심을 이룬 가운데, 정보기술산업(information technology industry: IT산업)이 발달하였다. 그와 더불어 금융과 유통 등 서비스업이 크게 선진화하여, 고(高)생산성과 고용창출로 한국 경제의 성장을 이끌고 있다.

테헤란로
외환위기 이후 한국의 금융산업과 IT산업의 중심으로 떠오른 서울의 테헤란로

3. 세계화의 물결

❶ 새로운 환경의 세계경제

기술진보와 국제분업의 확산

20세기 후반에 빠르게 진행된 정보·통신·교통의 발전은 전 세계를 사실상 하나의 지역으로 통합하였다. 제트 비행기로 하루 안에 지구 반대편에 도착하는 시대가 되었다. 통신기술의 발전으로 대량의 정보가 세계의 구석구석으로 신속히 유통되고 있다. 이 같은 기술의 발전으로 기업은 전 세계를 상대로 투자·생산·판매 활동을 벌이고 있다. 그에 따라 세계경제는 더욱 긴밀한 분업구조로 재편되고 있다. 선진국은 저렴한 노동력을 찾아 후진국으로 제조업을 이전하고 있으며, 그 대신 선진국 경제는 지식집약의 고부가가치 산업으로 바뀌고 있다. 후진국은 개방 이후 중국 경제의 사례에서 볼 수 있듯이 선진국의 제조업 투자로 고용과 소득을 창출하는 기회를 얻고 있다. 아울러 선진국의 다국적 기업은 여러 나라의 원료 조건과 관세 조건에 따라 부품의 생산기지를 여러 나라로 분산하고 있다. 일본의 도요타(豊田)자동차가 엔진과 몸체와 타이어를 여러 나라에서 생산한 다음 미국에서 조립하는 것이 그 대표적인 예이다. 한국의 삼성전자도 휴대전화기 생산에서 같은 전략을 구사하고 있다. 이처럼 세계경제는 점점 긴밀한 상호의존의 분업관계로 통합되고 있다. 그리하여 세계경제는 연간 4% 전후의 고도성장을 이루고 있는데, 이 같은 성장은 자본주의 역사에서 전례가 없는 일이다.

자유무역의 확산

세계화의 물결은 세계를 하나의 자유시장으로 통합하려는 국제사회의 노력으로 더욱 가속되었다. 한국은 GATT를 대체하여 1995년에 출범한 세계무역기구(WTO)의 회원국으로 무역자유화를 위한 국제규범의 제정에 적극적으로 참여하였다. 세계경제의 통합과 자유무역의 확산은 수출주도형 경제성장을 추구해 온 한국 경제에 전반적으로 유리한 여건을 조성하였다. WTO는 정부가 특정 산업에 보조금을 지급하는 행위를 자유무역을 저해하는 불공정 무역 관행으로 규정하여 원칙적으로 금지하였다. 그에 따라 한국 정부의 산업정책에도 많은 변화

세계화의 선구 도요타자동차

도요타자동차는 현재 26개국에 52개의 해외 공장이 있다. 도요타자동차의 해외사업은 1957년 미국 도요타자동차 판매주식회사를 설립하면서 시작되었다. 이후 1980년대 전반까지 판매사업을 중심으로 해외사업을 전개하였다. 1980년대 후반부터는 악화되는 수출환경 속에서 글로벌화와 현지화를 중심으로 한 생산과정의 국제화를 추진하였다. 각 생산거점의 품질 및 생산성을 일본 수준으로 높이기 위해 일본 국내 부품업체의 해외 진출을 촉진하고, 현지 부품업체와의 제휴를 발전시키고, 현지 노동자의 교육체계를 구축하였다. 2003년부터는 도요타 글로벌생산추진센터(GPC)를 설립하여, 세계 각국의 도요타 공장에서 종사하는 근로자를 일본에서 교육시킴으로써 일본 공장과 같은 수준의 품질을 유지하도록 노력하고 있다. 한편, 각 나라에 소재한 공장들 간의 상호보완체계를 강화하여 통상마찰이나 수입규제에 대응하고 있다.

가 불가피하였다.

　WTO의 출범은 한국 농업에는 시련이었다. 한국은 쌀시장 일부를 개방하여 외국산 쌀을 수입하게 되었다. 농산물시장의 개방에 따라 소비자는 싼 가격의 수입 농산물을 소비하는 혜택을 누리지만, 농민에게는 생산과 소득의 감소가 불가피하였다. 정부는 영농 방식을 개량하고 농가의 생활을 안정시키기 위해 많은 지원을 하였으나 기대한 만큼의 효과를 거두지는 못하였

한미 FTA 협상의 타결
2007년 4월 2일 한국 통상교섭본부장과 미국 무역대표부 부대표가 FTA 협상의 타결을 발표하고 있다.

다. 다국 간 협상체인 WTO와 별도로 양국간 협상으로 시장을 통합하는 자유무역협정(FTA)도 진전되었다. 한국은 2004년 칠레와, 2006년 싱가포르 및 유럽자유무역연합(EFTA)과 FTA를 체결하였다. 2007년에는 미국과의 FTA 협상을 성공적으로 끝내고 양국의 비준을 기다리고 있다.

세계화와 한국 경제

　세계화 시대를 맞아 세계 대부분 국가는 경쟁적으로 기업활동에 대한 규제를 완화하는 등 국내시장 환경을 개선하여 외국의 자본과 기업을 유치하는 노력을 기울이고 있다. 이 같은 세계화의 흐름에 대해 일자리 상실을 우려한 선진국 노동조합과 외국기업의 진출에 위협을 느낀 후진국의 시민단체가 반대운동을 펼치고 있다. 그렇지만, 세계경제의 통합은 지식기반 IT산업의 급격한 발전과 더

울주배 수출 환송식

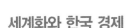 세계화와 한국농업

　한국의 농업시장 개방은 1989년 GATT 쇠고기 위원회의 결정에 의해 일정 물량의 쇠고기를 의무적으로 수입하게 됨에 따라 시작되었다. 이후 우루과이라운드(UR) 협상, 도하개발어젠다(DDA) 협상, 여러 FTA 협상을 통해 농산물의 시장개방이 확대되어 왔다. 농업시장의 개방에 대해 농민들은 강도 높게 저항하였다.

　그러나 시장개방으로 경쟁력이 사라질 것이라고 예상한 참다래(키위) 농업의 발전이 보여주듯이, 시장개방에 따른 피해가 과장된 측면이 있다. 한국 농업의 국제경쟁력은 대체로 취약한 편이지만, 부문별로는 적지 않은 잠재적 경쟁력을 지니고 있으며 경쟁력이 강화되는 추세에 있다. 예컨대 2000년과 2005년 농업센서스를 비교하면 고학력 농업경영자가 증대하고 있으며, 농업 경영 규모가 커지고 있고, 고소득을 얻을 수 있는 축산물·과일·화훼를 생산하는 농가가 증대하였다. 그뿐 아니라 과일과 화훼는 해외

시장을 개척하고 있다. 또한, 소득수준이 높아짐에 따라 친환경농산물에 대한 수요가 2000년 이후 매년 70% 이상 성장하고 있음에 대응하여 각 지역별로 다양한 작목의 친환경농산물 생산이 증대하고 있다. 산업으로서 농업만이 아니라 지역으로서 농촌을 개발하려는 전략도 지방자치단체와 농민단체에 의해 다양하게 추진되고 있다. 예컨대 2002년부터 시작된 농촌관광사업에 따라 전국 500여 곳이 관광마을로 지정되었다.

　이 같은 변화를 주도하는 주체는 생산 기반이 양호한 지역의 경영능력을 갖춘 농업인들이다. 그들은 농업의 대경영화와 고소득 작목의 재배를 통해 소득수준을 높여가고 있다. 그렇지만, 산간 지역과 같이 생산 기반이 좋지 않고 고령노동화가 진행되는 지역에서는 국내외 새로운 시장환경의 변화에 적응하기 어려운 실정이다.

불어 거역할 수 없는 역사의 흐름을 이루고 있다.

한국은 세계화가 본격적으로 진행되기 이전인 1960년대부터 수출주도형 경제개발 전략을 전개하여 자유무역의 확산과 세계경제의 통합으로부터 가장 많은 혜택을 본 나라이다. 1980년대부터는 정부주도형 발전의 부작용에 대한 반성으로 국내시장의 자유화와 개방을 적극적으로 추진해 왔다. 그로 인해 한국 경제는 이미 세계화 흐름에 상당한 수준의 적응력을 갖추고 있다. 2006년 한국 경제의 국내총생산은 867조 원으로, 달러 기준으로 전 세계 13위의 규모이다. 특히 반도체·휴대전화·조선 등의 분야에서 한국의 기업은 세계 최고 수준의 경쟁력을 갖춘 것으로 평가받고 있다.

● 한국을 대표하는 기업 : 삼성전자, 포스코, 현대중공업

2007년 7월 미국의 종합경제지인 《포춘(Fortune)》은 금융업을 포함한 전체 매출액을 기준으로 세계 500대 기업을 발표하였다. 그중에 한국 기업으로는 삼성전자(주), (주)포스코, 현대중공업(주) 등 14개가 포함되었다.

2004년 7월 9일 미국의 경제주간지 《포브스(Forbes)》는 세계적 전기전자업체인 소니(SONY)를 능가하기 시작한 삼성전자의 끊임없는 자기혁신과 개발정신을 소개하였다. 이렇듯 세계가 놀라는 삼성전자는 1969년에 삼성전자공업(주)으로 출발하였다. 그 후로 가전제품 및 통신장비를 주력 업종으로 하여 타의 추종을 불허하는 신기록을 세워 왔다.

1981년에는 흑백 텔레비전 수출실적 세계 제1위를 달성했으며, 1992년에는 세계 최초로 64메가 D램 완전동작 시제품을 개발했으며, 1998년에는 세계 최초로 고선명 디지털 VCR을 개발했으며, 1999년에는 세계 최초로 256메가 D램을 양산하고, TV폰을 개발하였다. 2000년대에 들어서도 삼성전자의 질주는 계속되었다. 2000년 9월에는 정보통신 전 제품에서 세계 최초로 TL9000 인증을 획득, 2002년 6월에는 세계 IT 100대 기업 1위에 선정되었다.

뉴욕 증권시장과 런던 증권시장에 함께 상장되어 있는 포스

삼성전자, 포스코, 현대중공업(위부터)

코(POSCO)는 1968년 포항종합제철(주)로 설립된 국내 유일의 고로(高爐)업체로서 포항제철소와 광양제철소를 보유하고 있다. 주 제품은 열간압연·냉간압연, 후판, 선재, 강편 등으로 연간 2,800만t의 철강을 생산하고 있다. 포스코는 2007년 5월 준공한 파이넥스 설비에 이어, 광양제철소의 확장으로 조강 생산량이 3,300만t으로 늘었다. 이로써 포스코는 룩셈부르크의 아르셀로 미탈(Arcelor-Mital)에 이어 일본의 신일본제철(新日本製鐵)과 함께 세계 2위권의 철강회사로 부상할 것으로 전망된다. 미국의 경제주간지 《비즈니스위크(Business Week)》는 포스코를 전 세계 철강업계에서 규모는 크지 않지만 높은 효율성과 수익성으로 가장 이익을 많이 내는 회사로 소개하였다.

세계에서 건조되는 선박의 약 15%를 만드는 현대중공업은 1973년 현대조선중공업(주)으로 발족하였다. 현대중공업은 1983년 조선 수주량 세계 1위에 오른 이래, 25년 연속 총 57척의 세계 우수 선박을 건조하는 기록을 세웠다. 또한, 2000년 국내 최초로 대형 디젤엔진 독자모델을 개발한 후 잠수함 사업에 진출했으며, 2001년 쌍축 초대형 유조선 건조 등으로 세계 최대 규모 조선소의 지위를 고수하고 있다.

❷ 국제적 위상의 제고

세계 무대로의 진출

1980년대 이후 국제사회에서 한국의 위상은 국력의 획기적인 성장에 따라 크게 높아졌다. 한국은 세계의 후진국 또는 주변부의 위치에서 완전히 벗어났다. 1980년대 말 냉전체제가 해체되자, 한국은 적극적으로 북방외교를 펼쳐 1989년에는 헝가리·폴란드와, 1990년에는 소련과, 1992년에는 중국·베트남과 국교를 맺었다. 1991년 남한과 북한은 유엔에 동시 가입하였다. 이후 한국은 높아진 국제적 위상에 걸맞게 국제사회 공통의 현안에 적극적으로 참여하고, 중요한 역할을 수행하게 되었다.

한국은 1993년에 유엔군의 일원으로서 소말리아에 평화유지군을 파견하였다. 1995년 한국은 유엔 안전보장이사회 비상임이사국으로 선임되었다. 한국인이 주요 국제기구의 수장으로 활약하는 사례도 늘고 있다. 2002년에는 유엔 산하 세계보건기구(WHO) 사무총장에 이종욱(李鍾郁)이 취임했으며, 2007년에는 반기문이 유엔 사무총장으로 선임되었다. 2002년에는 김대중 대통령이 노벨평화상을 수상하는 영광을 안았다. 그 외에 한국은 초대형 국제행사를 적극적으로 유치해 왔다. 아시안게임이 1986년에 서울에서 개최된 데 이어, 1988년에는 하계올림픽이 서울에서 열렸다. 이때 한국은 종합 4위의 성적을 거두어 뻗어가는 국력을 세계에 과시하였다.

문화와 예술 분야의 세계적 도약

세계 속의 한국은 세계적으로 명성을 떨치는 한국인이 늘어나면서 국제적 위상이 더욱 높아지고 있다. 특히 문화와 예술 분야의 활약이 두드러졌다. 음악에서는 정명훈, 조수미 등이 세계 정상급으로 활동하고 있으며, 미술에서는 백남준이 비디오 예술을 창시하여 세계적인 명성을 얻었다. 스포츠 분야에서도 골프의 박세리와 최경주 등 세계적인 선수가 배출되었다. 최근에는 첨단과학 및 기술 분야를 중심으로 한국인 학자들의 연구업적이 세계적 수준을 넘나들고 있다.

한국 문화의 세계화도 활성화되고 있다. 문화 수입국이던 한국은 1990년대 중반 이후 문화 수출국으로 변모하였다. 그 대표적인 흐름이 한류(韓流) 열풍이다. 영상물을 중심으로 중국을 위시한 동남아시아에서 시작된 한류는 점차 전 세계로 확산되고 있다. 다른 한편, 1995년에는 석굴암, 팔만대장경, 종묘 등이 유네

한·소수교
수교조약에 서명을 하는 노태우 대통령과 소련의 고르바초프 서기장

소말리아 파견 유엔 평화유지군(PKO) 공병대 환송식

김대중 대통령의 노벨평화상 수상

백남준(1932~2006)의 비디오 아트

세계적인 성악가 조수미(1962~)

세계문화유산에 등록된 해인사 팔만대장경

● 한류

한류란 1990년대 후반 이후 중국과 동남아시아에서 시작되어 세계적으로 파급된 한국 문화에 대한 호감 내지 열풍을 말한다. 중국에서 한류는 한국 TV드라마에 대한 호감에서 시작되었다. 한류를 불러일으킨 최초의 드라마는 1997년에 방영된 〈사랑이 뭐길래〉였다. 이 드라마는 당시 중국에서 방영된 외국 드라마 중 최고의 시청률을 기록하였다.

한류라는 용어 자체는 이때부터 중국 언론에서 사용되기 시작하였다. 중국에서 한류 붐이 10년 넘게 지속되고 있는 배경으로는 한국 드라마의 높은 제작 수준과 배우들의 연기력이 뛰어나다는 점 외에, 양국간의 경제 교류뿐 아니라 관광 등을 통한 대중 교류의 폭이 넓어져 서로의 문화를 이해하고 즐길 수 있는 정서적 공감대가 확장되어 왔다는 점을 들 수 있다. 중국에서 시작된 한류는 점차 동남아시아와 중앙아시아로 확산되었다.

일본에 건너간 한국문화는 김치·갈비와 같은 음식문화에서 시작되었다. 2002년 한국과 일본이 월드컵 축구대회를 공동 개최한 것은 양국간의 대중문화 교류를 활성화하는 큰 계기가 되었다. 그런 가운데 일본에서 한류가 열풍처럼 번진 직접적 계기는 드라마 〈겨울연가(冬のソナタ)〉의 방영이었다. 주인공 배용준의 용모와 연기는 중년 여성을 중심으로 현대 일본인이 상실한 낭만과 순정을 되찾는 환상으로 받아들여졌다.

전국의 상점가에 그를 모델로 한 상업광고가 붙고, 전국의 서점가에 그의 사진첩이 진열되었다.

국제적으로 한류 붐이 조성된 것은 개화기 이래 외국의 문화를 수용하기만 하던 한국인에게 민족적 자긍심을 안겨 주기에 충분하다. 그러나 넓은 시각에서 보면 한류는 세계화 추세 속에서 이루어진 한국 사회·경제 발전의 산물이다. 사회·경제 발전이 일정 수준에 이르러 한국인들은 자신의 전통문화를 되돌아보고 재창조할 여력을 갖게 되었다. 그러던 중 국제사회가 한국 문화에 공감하게 된 것이 한류라 할 수 있다.

요컨대 한류는 한국의 전통문화 그 자체가 아니라 세계화 속에서 새롭게 발견되고 재구성된 한국의 현대 문화인 것이다.

〈겨울연가〉
〈사랑이 뭐길래〉

● 한민족의 디아스포라(diaspora)

오늘날 지구상에는 모두 7,500만 명 이상의 한민족이 살고 있다. 그중에서 9%에 해당하는 678만여 명이 재외동포로서 165개국에서 살고 있다. 2008년 현재 재외동포의 거주국별 현황을 보면 중국이 276만여 명, 미국이 202만여 명, 일본이 62만여 명, 러시아가 20만여 명이다. 이들 4개국에 재외동포의 83%가 살고 있다. 이외에 5만 명 이상이 거주하는 국가로 캐나다(21만여 명), 우즈베키스탄(17만여 명), 카자흐스탄(10만여 명), 호주(9만여 명), 필리핀(9만여 명), 베트남(5만여 명), 브라질(5만여 명) 등이 있다.

2007년 9월 LA코리아 타운에서 열린 제34회 한국의 날 축제 퍼레이드

한민족의 해외이주는 그 출발이 1860년대까지 거슬러 올라가지만, 대규모 이주는 식민지 시기와 1960년대 중반 이후에 이루어졌다. 세계 각 지역에 진출한 한민족은 공동의 번영과 공동의 문화생활을 위해 다양한 조직을 결성하여 활동하고 있다. 대규모 조직으로는 1946년에 창립된 재일본 대한민국민단중앙본부(회원 40만여 명), 1950년에 창립된 워싱턴지구 한인연합회(회원 20만여 명), 1960년에 창립된 뉴욕한인회(회원 50만여 명) 등이 있다. 재일본 대한민국민단중앙본부에서는 1946년부터 주간지 《민단신문》을 발행하고 있으며, 뉴욕한인회에서는 《뉴욕한인의 밤》이라는 회지를 발행하고 있다. 이외에도 한인상공회, 한인학생회, 한인부녀회, 한인교류협회, 한글문화학교, 한인교회협의회, 한인봉사단체, 태권도협회 등 크고 작은 다양한 조직이 각 지역에 결성되어 있다. 2006년 현재 재외동포단체는 2,616개에 이르는데, 87개국에 분포되어 있다. 세계화 시대를 맞이하여 해외 한민족의 네트워크는 한국의 세계화를 촉진하는 매개자 역할을 하고 있다.

스코(UNESCO) 세계문화유산으로 등록되었다. 뒤이어 2001년에는 《조선왕조실록(朝鮮王朝實錄)》, 《승정원일기(承政院日記)》, 《직지심체요절(直指心體要節)》이 세계기록유산으로, 2003년에는 판소리가 인류구전 및 무형유산걸작으로, 2007년에는 제주도의 화산섬과 용암동굴이 세계자연유산으로 선정되었다.

생활터전의 세계적 확산

세계화 시대를 맞이하여 보통 한국인의 세계 진출도 크게 늘어났다. 1989년 이후 해외여행이 전면 자유화되었다. 2000년 이후에는 초·중·고교생 해외유학도 단계적으로 자유화되었다. 해방 후 1960년대에 시작된 한국인의 해외이민은 초기에는 그 수도 많지 않았고, 지역도 미국·독일·남미 등으로 제한되었다. 1990년대 이후 해외이민은 획기적으로 늘어났으며, 이민의 동기도 다양해졌다. 대상 지역도 미국을 포함하여 캐나다·호주·뉴질랜드·동남아 등 전 세계로 확대되었다. 오늘날 한국 교민은 전 세계 165개국에 걸쳐 678만 명에 달한다. 이들은 한민족 네크워크를 형성하여 한국의 세계화를 위한 첨병과 가교의 역할을 하고 있다. 한국 정부도 1999년 재외동포법을 제정하여 이들의 권익 보호에 적극 힘쓰고 있다.

4. 사회와 문화의 새로운 조류

❶ 사회구성의 변화

인구 구조의 변화

1960년대 이후 산업화와 도시화의 진전에 따라 한국인의 가족 형태는 전통 직계가족에서 핵가족으로 급변하였다. 이 같은 가족 형태의 변화는 1990년대 이후 이혼율의 증가, 독신 인구의 증가, 분거 가족 및 맞벌이부부의 증가로 더욱 가속하고 있다. 출산율의 감소도 가족 형태에 큰 변화를 일으키고 있다. 부부의 출산율은 1983년 이후 2명 이하로 떨어졌으며, 그 결과 2005년 가구당 평균 자녀 수는 1.08명으로 감소하였다. 이런 추세라면 2020년부터는 인구가 감소할 것으로 예측된다. 출산율의 급격한 감소는 자녀 양육비 및 교육비의 부담이 커진 가운데 부부 중심의 개인주의 문화가 발달한 결과이다.

출산율이 감소하는 대신 경제성장 효과로 평균수명이 연장됨에 따라 인구의 연령 구조에도 큰 변화가 생기고 있다. 한국은 2000년 65세 이상 인구가 총인구의 7%를 넘음으로써 고령화 사회에 진입하였다. 현재의 추세대로라면 한국은 2020년경에 이르러 고령인구가 14%를 초과하는 초고령 사회가 될 전망이다.

또한, 한국은 인종 구성의 면에서 빠르게 다인종 사회로 변화하고 있다. 국내

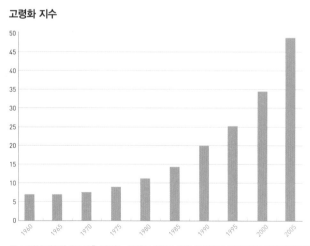

고령화 지수

주: 고령화 지수란 유소년층 인구(0~14세)에 대한 노년층 인구(65세 이상)의 비율(%)을 말한다.
출처: 1) 1960~1995년: 통계청, 《통계로 본 대한민국 50년의 경제사회상 변화》, 1998
　　　 2) 2000~2005년: 통계청 홈페이지

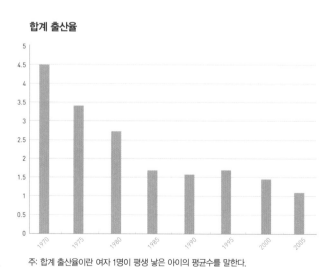

합계 출산율

주: 합계 출산율이란 여자 1명이 평생 낳은 아이의 평균수를 말한다.
출처: 1) 1970~1980년: 통계청, 《통계로 본 대한민국 50년의 경제사회상 변화》, 1998
　　　 2) 1985~2005년: 통계청 홈페이지

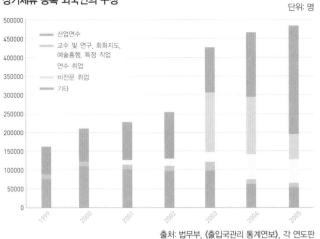

장기체류 등록 외국인의 구성

단위: 명

- 산업연수
- 교수 및 연구, 회화지도, 예술흥행, 특정 직업
- 연수 취업
- 비전문 취업
- 기타

출처: 법무부, 《출입국관리 통계연보》, 각 연도판

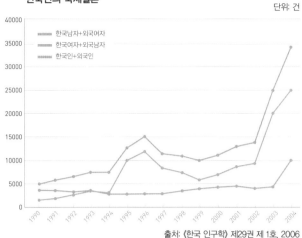

한국인의 국제결혼

단위: 건

- 한국남자+외국여자
- 한국여자+외국남자
- 한국인+외국인

출처: 《한국 인구학》 제29권 제1호, 2006

◉ "한국은 이미 단일인종이 아니므로"

2007년 7월 유엔의 인종차별금지위원회(Committee on the Elimination of Racial Discrimination)는 한국 정부에 대해 인종차별금지와 관련하여 12개의 개선 사항을 권고하였다. 주요 내용은 다음과 같다.

첫째, 유엔의 '인종차별철폐협약' 의 모든 조항과 한국의 국내법이 일치하도록 법률을 개정할 필요가 있다. 특히 한국 헌법 제11조 1항("모든 국민은 법 앞에 평등하다. 누구든지 성별·종교 또는 사회적 신분에 의하여 정치적·경제적·사회적·문화적 생활의 모든 영역에서 차별을 받지 아니한다")에 인종에 따른 차별도 받지 않음을 명시하도록 헌법을 개정할 것을 권고한다.

둘째, 한국의 현실을 볼 때 한국은 이미 단일인종이 아니므로 단일인종이라는 한국의 이미지를 극복할 수 있도록 교육·문화·정보 분야에 적절한 조치를 할 필요가 있다. 예컨대 초등 및 중등학교 학생을 위한 교육과정과 교과서에 국내에 거주하는 다른 인종 집단과 다른 국가 출신의 역사와 문화에 대한 정보를 포함시킬 것을 권고한다.

셋째, 이주노동자가 국적을 이유로 한 차별 없이 그들의 노동권을 효과적으로 향유할 수 있도록 고용계약의 연장 등을 포함한 적절한 조치를 취할 것을 권고한다. 또한, 사용자에 의한 이주노동자의 인권침해가 있으면 이들의 체류자격과는 상관없이, 모든 이주노동자의 권리가 보장될 수 있도록

효과적인 조치를 취할 것을 권고한다.

넷째, 한국인과 국제결혼한 여성이 이혼 혹은 별거하더라도, 이와 관련해 그들의 책임과 무관하게 한국에 거주할 수 있는 법적 자격이 보장되도록 적절한 조치를 취할 것을 권고한다. 또한, 국제결혼중개업소가 지나친 비용을 요구하거나, 배우자가 될 한국인에 관한 중요 정보를 알려 주지 않는 행위를 규제할 것을 권고한다. 또한, 성적 착취 및 가정 내 노예 상태를 목적으로 하는 외국인 여성의 인신매매를 방지하고, 외국인 여성 인신매매 피해자에게, 특히 이들 중 불법 체류자에게 적절한 정보와 지원을 제공할 것을 권고한다.

외국인 노동자가 밀집해 거주하는 경기도 안산시 원곡동의 외국인 거리. 외국어 간판이 즐비하다. 2만 5,000명에 이르는 외국인 거주자 대부분은 인근의 공단에 취업하고 있다.

에 거주하는 외국인은 2007년에 이미 100만 명을 넘어서 총인구의 2% 비중을 차지하고 있다. 이들 가운데 많은 수가 도시 근로자로 일하고 있는데, 국제결혼을 통한 이주자도 농어촌을 중심으로 증가하고 있다.

양성 관계의 평등화

가족 형태의 변화와 더불어 가정생활에서나 사회생활에서 남녀의 위상도 평등화 방향으로 크게 개선되었다. 1987년에는 남녀고용평등법이 제정되었다. 1990년에는 가족법이 개정되어 호주상속제를 약화시켰으며, 재산의 상속과 분배에서 남녀평등권이 크게 강화되었다. 2001년에는 모성보호관련법이 종합적으로 개정·정비되었으며, 2002년에는 남녀차별과 성희롱을 금지하는 남녀차별금지법이 발효되었다. 2004년에 성매매특별금지법이 제정되어 집창촌(集娼村)이 사실상 폐지되었다. 2008년에는 오랜 논란 끝에 호주제(戶主制)가 마침내 폐지될 예정이다.

여풍(女風)
사법연수원 수료식 장면. 양성평등 의식의 성장으로 여성의 사회·경제활동 참여가 크게 늘었으며, 특히 전문직이나 고위직 공무원으로 진출하려는 여성 수의 증가가 두드러진다.

남녀평등을 실현하기 위한 정치적·사회적 노력도 적지 않았다. 2001년에는 정부 부처의 하나로 여성부가 신설되었고, 2006년부터는 업무영역을 확대하면서 여성가족부로 바뀌었다. 최근 여성의 사회 진출은 다방면으로 더욱 확대되고 있으며, 특히 여성의 고위공직자 취임이 크게 늘고 있다. 그럼에도 아직 한국 사회에는 남성 중심의 가부장적 문화의 잔재가 많이 남아 있다. 유엔개발계획(UNDP)이 발표한 2006년 여성 권한 척도를 보면, 한국은 조사대상 75개국 가운데 53위에 머물렀다.

❷ 문화의 시대

대중문화의 발전

현대 사회에서 문화는 단순히 보존하고 소비하는 것이 아니라 새로운 산업과 부가가치를 창출하는 자원으로 중시되고 있다. 그에 따라 1990년 문화공보부에서 문화부가 분리되는 정부기구의 개편이 있었다. 이후 문화부가 주도하는 적극적인 문화정책과 지방자치체의 노력으로 각지에서 공연장, 전시장, 미술관, 박물관, 생활체육시설 등의 공공 문화시설이 크게 늘었다. 1993년에는 서울에서 예술의 전당이 세계적 수준의 공연·전시 시설로 준공되었다.

1980년 컬러텔레비전 방송이 시작된 이래 대중문화의 구심체로서 텔레비전의 위상은 더욱 확고해졌다. 1970년대만 해도 텔레비전과 경쟁하던 영화는

1980년대 내내 침체 상태에 있었다. 쇠퇴 일로의 한국 영화는 1990년대 이후 부활에 성공하여 1960년대에 이어 제2의 전성기를 누리고 있다. 〈서편제〉, 〈쉬리〉, 〈태극기 휘날리며〉 등이 대표적 작품으로 각각 수백만 명의 관객을 모았다. 이들 영화는 주로 남북 분단의 비극을 소재로 한 것으로 1990년대에 절정에 달한 한국 민족주의와 일정한 연관을 맺고 있다.

예술의 전당

1982년 야구에서 시작된 프로 스포츠는 점차 축구, 씨름 등의 분야까지 확대되어 국민에게 재미있는 볼거리를 제공하고 있다. 서울올림픽 이전까지 스포츠는 국가가 주도하는 엘리트 체육에 머물러 있었다. 그러나 서울올림픽 이후 국민의 생활체육이 크게 발달하였다. 사람들은 주말마다 테니스, 배드민턴, 수영, 축구, 야구 등의 다양한 스포츠를 즐기게 되었다. 골프는 주로 상류층의 스포츠로 1990년대 이후 급속히 보급되었다. 생활체육이 발달한 것은 소득의 증가로 다양한 형태의 여가에 대한 수요가 높아졌을 뿐 아니라, 공동 테니스장, 간이 운동장, 생활체육관 등의 공공 체육시설이 크게 늘었기 때문이다.

영화 〈서편제〉

이청준 원작, 임권택 감독의 1993년 작품으로 한국 영화 사상 처음으로 서울 지역 개봉관에서 관객 100만 명 이상이라는 흥행 기록을 세웠다. 판소리는 한국 남서부 지역의 대표적 민중 음악으로 이 지역의 슬픈 역사와 정서를 담고 있다. 영화는 몰락해 가는 민중 음악의 역사를 떠돌이 소리꾼의 삶으로 표현하고 있다.

서편제라 하면 전라도 보성, 곡성, 해남 일대 판소리를 말한다. 동편제는 임실, 구례, 남원, 운봉 쪽의 판소리이다. 동편제에 비해 서편제는 여성적으로서 슬픈 감정을 싣고 있다. 제31회 대종상 작품·감독·촬영·신인여우·신인남우·녹음상 등을 휩쓸었다.

촬영감독 정일성이 담아낸 한국의 사계(四季) 풍경도 빼어나며, 특히 김수철의 음악은 한국 영화음악의 수준을 한 단계 끌어올렸다고 평가되고 있다. 제1회 상하이 국제영화제에도 출품되어 감독상과 여우 주연상을 받았다.

천하장사 프로씨름

민속씨름은 KBS 방송사가 중계방송한 1972년 '제1회 KBS배 쟁탈 천하장사 씨름대회'를 계기로 국민의 사랑을 받는 스포츠가 되었다. 이후 씨름에 대한 관심이 고조되어, 1990년대 중반에는 8개 씨름단에 총 100여 명의 선수가 활동하였다. 그러나 이후 쇠퇴하여 현재는 2개 씨름단밖에 남아 있지 않다. 프로 스포츠 종목이 늘어남에 따라 종목 간의 경쟁이 치열해지고 있다. 우수한 선수를 양성하여 볼 만한 경기를 제공하지 않으면 스포츠 시장에서 살아남을 수 없게 되었다.

문화의 디지털화와 다양화

정보화 시대의 발전은 디지털 문화의 급속한 확산을 불러왔다. 1997년을 전후하여 사이버 시대가 본격적으로 열렸다. 인터넷 이용 인구가 2000년에 1,000만 명을 돌파함으로써 한국은 세계 최고 수준의 인터넷 강국이 되었다. 2006년에 이르러 전 국민의 80% 이상이 휴대폰을 사용하게 되었다. 이와 함께 뉴미디어를 중심으로 하는 각종 인터넷 매체가 급증하였다. 사이버 공간의 확보와 개인 미디어의 발달을 통해 커뮤니케이션 방식이 획기적으로 변화하였다. 인터넷에 의한 정보혁명은 지식의 생산과 유통을 크게 민주화하고 대중화하였다. 그 결과, 자폐적 인간의 등장, 사생활의 침해, 인터넷 공간상의 언어폭력 등 디지털 문화의 사회적 부작용이 나타나기도 하였다.

1990년대 이후 한국의 문화적 대세는 다(多)문화주의이다. 1970~1980년대의 한국 사회가 주류문화에 대항하는 모더니즘의 반(反)문화를 경험했다면, 1990년대 이후는 포스트모더니즘(post-modernism)의 다(多)문화를 경험하고 있다. 그 결과, 문화의 중심이 해체되는 대신 퓨전(fusion, 융합)과 크로스오버(crossover, 교차)가 성행하고 있다. 이와 함께 문화생활에서 생산자와 소비자의 구분이 사라지는 이른바 프로슈머(prosumer) 시대가 도래하고 있다. 문화는 점차 자기만족과 자기표현의 대상으로 변화하고 있으며, 평가에서 권위자나 전문가 대신 시장이 중요한 잣대로 작용하고 있다. 이 같은 문화의 대중화에 따라 문화의 상업화도 가속화하고 있다.

독립기념관(위)과 광복 50주년을 맞아 철거되는 옛 조선총독부 건물(아래)

민족주의의 절정과 쇠퇴

민주화 시대를 맞아 한국의 민족주의는 더욱 고양되었다. 국력의 신장과 국제적 지위의 향상에 따라 일본에 대한 민족적 자존심이 높아진 것이 기본 배경이었다. 1987년 일본 역사교과서 문제를 계기로 독립기념관이 건립되었다. 1996년에는 '국민학교'가 일제의 잔재라 하여 '초등학교'로 명칭을 바꾸었다. 1995년에는 건국 이후 중앙청과 국립박물관으로 활용되던 구(舊)조선총독부 청사를 해체하였다. 노무현 정부에 들어서는 친일반민족행위진상규명위원회가 설치되어, 1949년 초대 이승만 정부에서 미진하나마 마무리되었던 친일반민족행위자에 대한 재조사 작업에 착수하였다.

민주화 시대에 민족주의가 고양된 다른 한편의 배경은 정치적인 것이었다. 민주화 세력은 민족주의를 민주화운동의 우군으로 활용하였다. 5·18광주민주화운동 이후 한국의 민족주의는 반일을 넘어 반미 성향을 띠게 되었다. 반일·반미 민족주의는 학문과 예술 전반에 큰 영향을 미쳤다. 민족주의 역사학은 개항 이후 한국 근·현대사의 주류를 동학농민봉기, 식민지 시기의 항일무장투쟁, 4·19민주혁명, 5·18광주민주화운동, 6·10민주항쟁으로 이어지는 흐름으로 이해하고, 그러한 역사관을 역사교과서를 통해 보급하였다. 이러한 시각의 역사교육은 대한민국을 건국하고 근대화를 추진해 온 개화파 이래의 근대화 세력을 반민족으로 매도하는 경우가 많았다. 민족예술의 기치 아래에 모인 민족주의 문학·음악·미술·연극·무용 등도 이 같은 역사관을 받아들여 창작·공연·전시 활동을 하였다.

1990년대 이후 국제 공산주의체제가 해체되었다. 그와 동시에 북한 공산주의의 열악한 인권 상황과 비참한 생활 실태가 폭로되었다. 그에 따라 2000년대에 들어 북한의 반일·반미 민족주의와 자주노선을 높이 평가하면서 대한민국의 역사에 비판적이었던 학문·예술과 정치 세력의 영향력이 급속히 약화되고 있다. 정보화 시대의 전개와 포스트모더니즘 문화의 빠른 확산도 한국 민족주의가 쇠퇴하는 또 다른 배경이 되었다.

《해방 전후사의 재인식》

민족주의 관점에서 대한민국의 건국사에 비판적인 입장을 보여 온 한국 역사학을 반비판하는 학계의 움직임이 공개적으로 나타나기 시작한 것은 2000년대에 들어서부터이다.

서양에서 민족주의는 16세기 이후 성립하기 시작한 국민국가를 통합하기 위한 정치적 이념이었다. 그것은 만들어진 '상상의 공동체'였다. 이러한 시각에서 2004년 한국과 일본의 연구자들이 모여 《국사의 신화를 넘어서》(임지현·이성시 엮음, 휴머니스트)라는 책을 출간했다. 이 책은 한국의 민족주의가 초역사적인 것이 아니고 20세기 한국사의 산물이라는 주장과 더불어, 한국·일본·중국의 역사를 서로 대립적인 일국사(一國史)의 관점이 아니라 상호 통합적인 동아시아사의 관점에서 새롭게 바라볼 필요성을 제기하였다.

뒤이어 2006년에 《해방 전후사의 재인식 Ⅰ·Ⅱ》(박지향·김철·김일영·이영훈 편, 책세상)이 출간되었다. 이 책은 한국 민족주의 역사학의 수준을 대변하는 《해방전후사의 인식 1~6》(한

길사, 1979~1988)을 비판할 의도에서 편집되었다.

《해방 전후사의 재인식》에 초청된 여러 논문의 문제 의식은 한 마디로 요약할 수 없을 정도로 복잡하지만, 한국 근·현대사의 이해가 더 이상 민족주의만으로는 곤란하다는 점에서 서로 일치한다.

그동안 한국의 민족주의는 한국의 근·현대사를 지나치게 제국주의에 대한 투쟁사로 단순화하였다. 그 외의 많은 역사가 가려지고 왜곡되었다. 이러한 문제의식에서 네 명의 편집자는 국내외의 훌륭한 학술논문을 취합하여 두 권으로 묶었다. 이 책은 출간되자마자 학계와 언론계의 큰 반향을 불러일으켰다.

❸ 시민운동의 성장과 부작용

시민단체의 증가

1990년대 한국 사회는 시민운동의 급속한 성장을 경험하였다. 시민단체가 정치, 관료, 기업과 구분되는 또 하나의 주요 사회세력으로 발전한 것이다. 1980년대까지 한국의 사회운동은 노동운동을 위시한 계급운동이 중심이었다. 민주화 이후 권위주의 정치와의 투쟁이라는 목표가 종식되고, 산업화에 따라 새롭게 부각된 사회문제에 대해 좀 더 전문적이고 능동적으로 대처할 필요가 생겼다. 그에

경제정의실천시민연합 발기인대회(1989. 7)

따라 다양한 주체에 의한 다양한 형태의 사회운동이 발전하였다. 등록된 시민단체는 2008년 현재 전국적으로 약 2만 개로 추산된다. 대부분 봉사나 구호활동을 펼치는 비정부기구(NGO)이며, 약 3,000개가 시민의 권익을 대변하거나 정책을 주장하는 정치적 성향의 NGO로 분류된다. 이들은 경제, 노동, 인권, 환경, 교육, 소비자, 여성, 평화 등 다양한 사회영역에 걸쳐 활동하고 있으며, 영향력과 신뢰의 측면에서 국민으로부터 비교적 높은 지지를 얻고 있는 편이다.

시민운동의 변질

한국의 시민운동은 세력과 영향력이 커짐에 따라 적지 않은 문제점을 드러냈다. 한국의 주요 시민단체는 백화점식 조직을 특징으로 하였다. 그들은 특정 분야에 전문화하기보다는 모든 사회적 이슈를 포괄적으로 취급하는 경향을 보였다. 그 결과 시민단체의 활동이 점차 대형화되고 관료화되었다. 그에 따른 부정적 결과의 하나는 시민단체가 점차 권력기관으로 변질되기 시작했다는 점이다. 정치화한 시민단체는 2000년 국회의원 선거에서 특정 후보를 상대로 낙천·낙선운동을 벌였다가 선거법 위반으로 처벌되었다. 이후 낙천·낙선운동을 규제한 선거법 조항에 대해 위헌심판을 청구했으나, 헌법재판소는 재판관 전원일치로 기각 결정을 내렸다. 또한, 한국의 시민단체는 소수의 명망가를 중심으로 한 조직으로 '시민

합법성 논란을 불러일으킨 시민단체의 낙선운동

없는 시민운동'이라는 비판을 받고 있다. 이들 운동가의 상당수는 시민단체에서의 활동을 중앙 정치에 참여하기 위한 준비 단계로 삼고 있다. 이와 함께 최근 일부 시민단체는 정부의 지원과 특혜에 의존하는 관변조직으로 전락하면서 시민운동 취지로부터 멀어지고 있다. 오늘날 한국의 시민운동은 사회정의의 실현과 사회통합의 진전이라는 긍정적인 기능과 함께 사회갈등을 조장하고 확산하는 역기능도 함께 드러내고 있다.

❹ 삶의 질

정신문화의 빈곤

1960년대 이후 급속한 경제성장으로 한국인의 삶의 질이 크게 발전했음을 부정하기 어렵다. 2006년 유엔개발계획은 한국인의 삶의 질을 세계 26위로 발표하였다. 그렇지만, 가시적으로 측정할 수 없는 문화적·정신적 면까지 종합적으로 고려할 때, 오늘날 한국인의 삶의 질이 만족할 정도의 선진적인 수준이라고 하기는 어렵다.

1990년대 이후 한국 사회는 단기간의 고도성장에 따른 각종 부작용의 후유증을 앓고 있다. 급속한 경제성장은 물질만능주의의 풍조를 확산시켜 정신문화의 상대적 빈곤을 초래하였다. 그에 따라 한국 사회는 부정부패, 무책임, 도박, 퇴폐풍조 등 각종 비리와 타락으로부터 자유롭지 않다. 한국의 1인당 술 소비량은 세계 최고 수준이며, 윤락산업도 크게 번창하고 있다.

2000년 한국인 1인당 연간 독서량은 13.2권으로서 일본의 78.2권의 6분의 1에 불과하다. 도서관, 체육관, 미술관, 음악관 같은 문화시설의 전국적 보급은 여전히 빈약한 실태이며, 특히 지방에서 일상적으로 향유할 수 있는 문화행사는 크게 부족한 형편이다.

위험사회

압축적인 경제성장에 따른 부작용은 대형 사고로 나타나 국민의 일상생활을 위협하였다. 1990년대 중반 이후 각종 대형 참사가 집중적으로 발생했다. 성수대교 붕괴(1994), 삼풍백화점 붕괴(1995), 대구지하철 도시가스폭발사고(1995), 대구지하철 방화참사(2002) 등은 한국 사회가 안전의 측면에서 후진국에 머물고 있음을 보여준 사례다. 대형 사고는 공사의 설계자와 시설의 관리자를 포함한 사회 전반의 무책임한 이기주의와 한탕주의에 기인하고 있다.

위험사회의 또 다른 측면은 사회 전반에 걸친 불신풍토와 폭력적인 심리 상태이다. 한국인 사이의 사회적 신뢰도 대체로 낮은 수준이다. 도시인은 동창회나 향우회 등에는 열심히 참여하면서 이웃과는 대체로 소원한 관계로 지내고 있다. 1인당 민사소송 건수가 일본에 비해 수십 배라는 사실에서 알 수 있듯이, 사회적 인간관계가 일상적인 갈등과 분쟁으로 곧잘 이어진다. 인터넷의 보급에 따라 사이버 공간이 열리자 익명을 이용하여 토론 상대나 특정인의 인격을 모독하는 욕설이 난무하는 것도 한국인의 문화적 미성숙과 폭력적 심리 상태를 잘 보여준다.

안전불감증
끊어진 성수대교(위)와 무너진 삼풍백화점(가운데). 맨 아래는 대구지하철 방화참사 현장

환경문제

지구환경을 보존하려는 국제사회의 노력이 강화되면서 한국인의 환경문제에 대한 인식도 개선되었다. 환경문제에 대한 정부정책은 1980년에 환경청으로 출발한 담당 부처가 1990년 환경처를 거쳐 1994년 이후 환경부로 바뀌는 과정에서 점차 강화되어 왔다. 그사이 1991년 낙동강 페놀 오염과 같은 심각한 사건이 발생하여 기업체의 환경오염에 관한 정부의 규제가 대폭 강화되었다. 1995년부터 실시된 쓰레기 분리수거와 쓰레기 종량제는 환경문제에 대한 국민적 인식과 정책의 합리성으로 큰 성과를 거둔 것으로 평가되고 있다. 그렇지만, 여전히 도시의 뒷골목, 국립공원, 공공장소에 함부로 버려진 많은 양의 쓰레기는 환경문제에 대한 국민의 인식과 참여가 부족한 실정임을 말해 준다.

환경문제와 관련하여 개발과 보존을 둘러싼 마찰과 갈등도 적지 않았다. 새만금 간척사업이나 한국고속철도(KTX) 건설과 같은 대규모 국책사업은, 사전에 관련 부처와 민간 전문기관이 환경문제를 조사하고 대책을 강구했지만, 환경운동가와 시민단체의 개입으로 시간과 예산을 낭비한 사례로 기록되었다.

한국은 에너지 자원이 부족한 나라이지만 국민은 물·전기·휘발유 등 생활에너지를 낭비하고 있다. 한국의 주요 도시는 밤새 불야성을 이루면서 전기를 낭비하고 있다. 몇 차례 에너지 위기를 겪으면서 많이 개선되긴 했지만 에너지 절감형으로 산업구조와 생활방식을 개선하려는 정부와 사회의 노력은 충분하지 못한 실정이다.

새만금 간척사업을 반대하는 3보 1배 행진

⬤ 새만금 간척사업

전북 군산시와 부안군 앞바다를 연결하는 방대한 간척사업이다. 방조제의 길이는 33km나 되며, 조성되는 간척지는 무려 4만ha를 넘는다. 1987년 노태우 대통령후보의 공약사업으로 발표되었으며, 1991년에 착공되었다. 공사 도중인

1996년에 이르러 환경단체들이 방조제 안에 형성될 담수호의 수질 오염 가능성을 제기하면서 사업의 백지화를 요구하였다. 1999년 5월 정부와 민간의 공동 조사가 착수되면서 공사가 1차 중단되었다. 2001년 5월 정부는 친환경 개발 방침을 정하고 공사를 재개하였다. 이에 대해 환경단체는 공사중지 가처분 신청을 제기했으며, 2003년 7월 서울행정법원은 집행 중지를 선고하였다. 이 판결은 2004년 1월 서울 고등법원에 의해 취소되었다. 행정법원과 고등법원 사이의 서로 다른 판결은 2005년에도 반복되었다. 소송은 대법원에까지 이어졌다. 2006년 3월 대법원은 이 공사가 적법하다는 판결을 내렸다. 문제가 제기된 지 10년 만의 결착이었다. 그사이 두 차례나 공사가 중단되었다.

5. 21세기의 밝은 미래를 위하여

❶ 한국 현대사의 큰 성취

지난 60년간 대한민국의 역사는 현대 세계사에서 비견할 예를 찾기 힘들 정도로 큰 성공을 거두었다. 경제적으로는 6·25전쟁의 참혹한 피해를 복구하고, 1960년대부터 고도 경제성장을 이룩하여 1996년에는 선진국 경제단체인 OECD에 가입하였다. 한국의 국내총생산은 작은 영토와 빈약한 자원에도 불구하고 세계 13위의 지위에 있으며, 이를 뒷받침하는 세계 1~5위 국제경쟁력을 자랑하는 산업들을 다수 확보하고 있다.

정치적으로도 선진적인 민주주의 질서가 정착하였다. 1987년까지 권위주의 정부를 거친 다음, 지금까지 평화적으로 정권이 교체되는 가운데 국민의 기본권이 선진국 수준으로 강화되었다. 지방자치제도 착실히 운영되고 있다. 사회적으로는 가정과 사회에서 인간 관계가 가부장적이고 집단주의적 문화에서 민주적이고 개인주의적 문화로 바뀌었다. 수많은 영리단체와 자선·우애단체가 발달하여 정치로부터 상대적으로 자율적인 시민사회가 성립하였다. 문화적으로는 외래문화의 도입과 전통문화의 보존·개발을 통해 국민의 삶이 질적으로 더욱 다양하고 고급스러워졌다.

이 같은 근대화혁명이라고 부를 만한 커다란 변화와 발전은 한국 전통 문명의 수준이 높았기 때문에 가능하였다. 조선왕조 시대부터 초보적이나마 시장경제가 발달하고, 토지의 사유재산권이 성립하고, 자립적인 소농이 성숙하는 가운데 개인 및 가정경제의 합리적 선택의 능력이 축적되어 왔다. 20세기에 들어서는 식민지적 억압하에서도 근대적 교육이 보급됨으로써 기업을 경영하고 기술을 개발할 수 있는 '사회적 능력'이 광범하게 축적되었다.

해방 후 건국 과정에서는 자유민주주의의 확고한 신념을 가진 정치지도자의 역할이 중요하였다. 그들에 의해 내외 공산주의 세력의 도전을 물리치고, 국가의 이념과 제도를 자유민주주의로 확고히 할 수 있었다. 1960년대에 이르러 한국인에 축적되어 있는 성장의 잠재력이 폭발하였다. 그 과정에서 경제발전을 국정의 최우선 과제로 삼았던 정치지도자들의 역할이 컸다. 한국의 정치가와 관료집단은 자원배분과 관련하여 그들이 행사하였던 막강한 재량권에도 불구하고

세계 속의 한국 경제의 위상(2005년 기준)

분 야	순 위	내 용
영토면적	109위 (209개국)	993ha
인구	25위 (209개국)	4,850만 명
GDP규모	10위	7,875억 달러
무역액	12위	4,783억 달러
외환 보유액	4위	2,229억 달러
조선 (건조량)	1위	10,237(천 CGT)
반도체(메모리)점유율	1위	30%
LCD점유율	1위 (2004)	42%
인터넷 이용자 수(인구 100명당)	3위 (2004)	66명
4세대 통신망 와이브로 (휴대 인터넷)	1위	전매 특허국
전자 제품 생산액	4위 (2004)	903억 달러
섬유	4위 (2004)	293만 톤
석유화학	5위 (2004)	570만 톤
철강생산량	5위 (2004)	4,782만 톤
자동차 생산량	5위 (2004)	370만 대
저축률	7위 (2004)	32.8%
국민 문맹률	1위	1%
고속철도 보유 순서	5위 (2004)	5번째 보유국
세계 1,000대 은행 개수 (100대은행)	18위 (2004)	12개 (1개)
세계 500대 대학 수	12위 (2004)	8개
의사 1인당 국민 수	42위 (2004)	585명
1인당 보건비 지출액	26위 (2004)	577달러
1인당 에너지 소비량	16위	4,650 (toe)
에너지 총 소비량	7위	225 (백만toe)
석유 소비량	7위 (2004)	2.8% (세계 석유 소비 38억 톤)

출처: 통계청, 《통계로 본 세계속의 한국》, 2006

그리 심하게 부패하지는 않았다.

대한민국의 놀라운 성취는 그에 상응하는 국제적 조건이 있었기에 가능했다. 대한민국은 제2차 세계대전이 종료된 후 미국을 헤게모니 국가로 하는 자유주의진영의 일환으로 성립하였다. 한반도 전체를 공산화하기 위해 북한, 소련, 중국이 함께 일으킨 6·25전쟁도 미국의 도움으로 방어하였다.

한국 경제의 고도성장은 1960년대 이후 자유무역으로 통합된 세계시장을 상대로 원료와 부품을 도입하고 생산물을 수출하는 수출주도형 개발전략에 의한 것이었다. 크게 보면 1876년 개항 이후 서유럽에서 발생한 근대 문명이 일본을 거쳐 한국에 유입되었다. 그에 따라 개별 인간이 근대적 사권(私權)의 주체로 성립하고, 사유재산권이 확립되고, 자유시장경제가 발전하고, 자유민주주의가 도입되었다.

개항 이후의 한국 근·현대사는 한국의 우수한 전통 문명과 외래 근대 문명이 융합하면서 한국 나름의 형태로 정착하는 과정이었다. 대한민국은 이 같은 한국사의 기본 흐름에 부응하여 근대 문명을 도입하고 이식함에 있는 힘을 다하였던 개항기의 개화파에서 출발하는 독립운동 세력과 근대화 세력이 세운 국가였다.

❷ 선진화의 과제

21세기 초 한국은 선진화라는 역사적 과제를 앞두고 있다. 국제경쟁력을 갖춘 산업을 더 많이 확보하여 현재 30위권에 있는 1인당 국민소득을 10위권으로 앞당길 필요가 있다. 사회복지제도를 선진화하여 사회적 약자에 대한 공공부조를 늘리고, 국민의 노후생활에 대한 실질적인 보장이 이루어지도록 해야 한다.

한국의 정치가 민주화한 것은 사실이지만, 형식적·제도적 수준에 머물러 있다. 정당은 이념을 중심으로 한 정책정당이라기보다 유력자를 중심으로 한 인적 조직으로서의 성격이 강하다. 한국의 정치가 여전히 후진적 양상을 보이는 것은 그 바탕을 이루는 사회가 후진적이기 때문이다. 선진사회를 이룩하기 위한 한국인들의 교양 수준은 충분치 않으며, 사회적 신뢰도 빈약한 편이다. 선진화의 기본 과제는 국민 하나하나가 선진적인 교양인으로 성숙하는 것이다.

선진적인 국민교양을 갖추기 위해서는 우선 편협한 민족주의 감정에서 해방될 필요가 있다. 민족주의는 지난 20세기에서 한국사의 발전을 이끈 주요 이념이었지만, 세계 각국이 상호 밀접히 의존하고 교류하는 현대 세계에서 그것만으로 한국 사회의 선진화를 이끌기는 어렵다. 민족주의로부터 상대적으로 자유로워지는 가운데 국제주의적 협력을 강화할 필요가 있다. 2007년 현재 한국 정부가 개발도상국에 제공하는 공공개발원조(ODA)는 국민순소득 대비 0.1% 수준으로서 OECD 30개국 중에서 29위의 부끄러운 수준에 있다.

한국이 당면한 가장 중요하면서도 어려운 문제는 민족통일이다. 대다수 한국인은 통일을 가장 중요한 민족 문제로 간주한다. 그럼에도 이 문제를 둘러싸고 정치 세력 간에, 나아가 국민 상호 간에 적지 않은 대립이 생기는 것은 한국의 근·현대사에 대한 이해가 분열되어 있기 때문이다. 이 점은 하루빨리 올바른 역사교육으로 극복되지 않으면 안 된다.

역사의 진정한 주체는 자유를 본성으로 하는 개별 인간이다. 역사는 그 인간들이 사랑과 신뢰로 결성하는 가족, 촌락, 학교, 회사, 공장, 교회, 우애단체의 역사에 다름 아니며, 나아가 이들 단체들을 하나의 질서로 통합하는 국가의 역사에 다름 아니다. 이러한 시각에서 한국의 근·현대사를 개별 인간이 자신의 본성을 성취하고 발전시켜 온 역사로 올바로 서술할 때, 민족통일에 대한 올바른 전망을 기대할 수 있다. 민족통일은 '우리 민족끼리'라는 구호에 의해서가 아니라, 북한이 개인의 자유와 권리에 바탕을 둔 자유민주주의체제로 바뀌기를 기다려 이룰 수밖에 없다. 이 같은 통일의 원칙을 국민적 상식으로 정착시켜 가는 것이야말로 한국이 당면한 선진화의 과제 중에서 가장 중요한 일이다.

보론

| 1945 | 1950 | 1955 | 1960 | 1965 | 1970 | 1975 |

1962
4대군사노선 채택

1975
비동맹회의
가입

1950
6·25전쟁 도발
유엔군 참전
중공군 개입

1961
소련과 상호방위조약 체결

1949
조선노동당 설립

1960
연방제 제의

1972
7·4공동성명

1948
조선민주주의인민공화국
수립

1958
농업집단화 완료,
천리마운동 시작

1946
북조선임시인민위원회 수립,
토지개혁, 주요 산업 국유화

1956
8월종파사건

1968
푸에블로 호 납치,
무장공비 서울·울진 침투

1954
중공군 철수

1945
해방, 소군정 성립,
인민위원회 결성

1953
정전협정

1967
당내 온건파 숙청,
베트민과 무상 군사원조협정 조인

북한 현대사

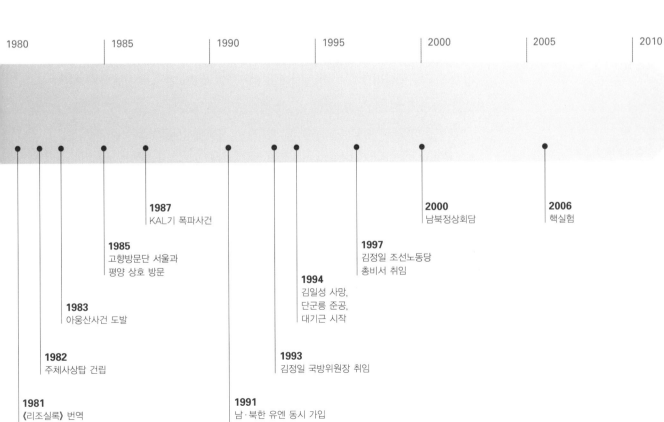

1980 | 1985 | 1990 | 1995 | 2000 | 2005 | 2010

1987
KAL기 폭파사건

1985
고향방문단 서울과
평양 상호 방문

1983
아웅산사건 도발

1982
주체사상탑 건립

1981
《리조실록》 번역

1991
남·북한 유엔 동시 가입

1993
김정일 국방위원장 취임

1994
김일성 사망,
단군릉 준공,
대기근 시작

1997
김정일 조선노동당
총비서 취임

2000
남북정상회담

2006
핵실험

1. 북한의 건국

❶ 소련군의 진주와 북한의 상황

제2차 세계대전의 종전을 며칠 앞둔 1945년 8월 9일 소련은 일본에 선전포고를 하고, 이미 전의를 상실한 일본군과 6일간의 전투를 통해 만주와 한반도 북부를 점령하였다. 소련군의 한반도 점령은 미국과 사전에 이룬 군사적 합의에 따라 38도선 이북으로 제한되었다.

소련군은 미국군이 남한에 진주하기 전인 8월 말~9월 초에 남·북한을 잇는 철도·도로·우편·전화 등을 차단하여 실질적인 분단 조치를 취하였다. 소련군은 북한 주민의 재산과 식량을 약탈했으며, 그에 저항하여 1945년 11월 신의주에서 일어난 수천 명 학생의 반소(反蘇) 시위에 기관총 사격을 가하여 학살을 자행하였다.

소련은 이미 1945년 9월 20일경에 북한에 단독정부를 수립할 결심을 굳혔다. 이날 스탈린은 북한에 독자적인 정권을 세우라는 취지의 비밀지령을 제1극동군 사령관 바실레프스키(Alexandr M. Vasilevsky)에 내렸다. 그에 따라 10월 8일부터 10일까지 평양에서 북조선5도 인민위원회 대표자대회가 소집되었다. 뒤이어 이북5도행정위원회가 설립되고 산하에 이북5도의 행정을 총괄하는 10개 행정국이 창설되었다. 그와 동시에 조선공산당 북조선분국이 창립되어 오늘날 조선노동당의 전신이 되었다.

소련은 33세의 김일성을 북한의 지도자로 선택했다. 김일성은 중국공산당 동북항일연군에 속한 사장(師長)급 인물로서, 일본 관동군의 추격을 피해 1941년부터 부하 50여 명과 함께 소련령 연해주로 넘어가 소련군의 보호를 받아 왔다. 김일성은 1945년 9월 소련 상선을 타고 원산에 입항한 뒤, 10월 14일 평양의 군중대회에 모습을 드러냈다. 조만식을 지도자로 하는 북한의 우파 민족주의 정치 세력인 조선민주당은 점차 북한의 정치에서 배제되었다. 소련군정은 북한의 민족주의자, 기독교인, 기업인 등을 탄압했으며, 1945년 말부터 수많은 북한 주민이 남한으로 탈출하기 시작하였다.

평양 군중대회에 치스차코프(Ivan M. Chistiakov) 장군과 함께 등장한 33세의 김일성

◉ 스탈린의 나라가 된 한반도 북부

스탈린

스탈린의 소련군이 한반도 북부를 점령하자, 소련은 폴란드, 루마니아, 체코 등 동유럽과 마찬가지로 북한 지역을 소비에트(soviet)식 공산주의 체제로 만들어 갔다. 일본의 식민지였던 한반도는 대일본전쟁을 이끌어 온 미국이나 영국 등 다른 나라의 공동관리 대상이 되어야 했음에도, 소련군은 점령과 동시에 북한을 소련제국의 일부로 만드는 작업을 시작하였다. 소련 제25군 사령관 치스차코프와 제1극동 방면군 군사평의회 위원 스티코프 등은 북한 전역에 소련군을 분산배치하였다. 소련군은 철도, 도로, 우편, 전화 등 남한과의 모든 교통·통신을 차단하여 실질적인 분단 조치를 취했으며 북한을 스탈린식 공산주의 체제로 만들어 갔다.

소련군은 식량뿐만 아니라 함흥, 원산 등 공업지역의 공업시설과 민간인의 재산을 강탈하기도 했다. 특히 신의주(1945. 11), 함흥(1946. 3) 등에서 벌어진 북한 주민의 저항을 기관총 사격 등으로 무자비하게 진압하여 북한 주민은 전례 없는 공포 사회를 체험하였다.

소련군은 1945년 8월 말 이후 행정지역별로 인민위원회를 조직하여 공산주의자들이 장악하게 하였다. 스탈린은 조선노동당의 명예의장으로 추대되었다. 관공서를 포함한 북한 전역의 주요 건물에는 스탈린 초상화를 걸게 하였고, 주민에게는 "스탈린 대원수 만세!"를 외치게 하였다. 학교에서는 일본 국가 〈기미가요(君が代)〉 대신 소련 군가를 배우게 하였다. 6·25 전쟁 중에도 북한군은 스탈린 초상화를 앞세우고 남한으로 진군했고, 점령지마다 스탈린 초상화를 내걸었다. 해방 후와 건국 초의 북한은 다름 아닌 스탈린의 나라였다.

스탈린과 김일성을 연호하는 북한 주민

❷ 토지개혁과 분단의 심화

1945년 12월 모스크바 3상회담의 결의에 따라 미국과 소련은 1946년 3월 서울에서 미소공동위원회를 개최하여 장차 한반도에 들어설 임시정부의 수립에 관한 논의를 시작하였다. 소련은 그 이전에 조선공산당 북조선분국에 공산주의자들이 토지개혁 등의 사회개혁을 추진하여 임시정부의 수립 과정에서 주도권을 장악하도록 지시하였다. 김일성은 소련군이 점령한 38도선 이북에서 혁명을 먼저 수행하여 북한을 '민주기지'로 만든 후에 한반도 전체로 혁명을 확대한다고 주장하였다.

1946년 2월에는 북조선임시인민위원회가 수립되었다. 이 위원회는 무상몰수와 무상분배를 원칙으로 한 토지개혁과 주요 산업의 국유화 등을 골자로 한 공

북조선임시인민위원회 수립 선포식(1946.2)
"김일성 장군의 20개 강령을 그 기초로 하여 조선임시정부를 수립하자"라고 쓰인 대형 선전물이 보인다. 마르크스, 엥겔스의 초상화와 나란히 김일성의 초상화가 걸려 있다.

산주의 개혁을 추진하였다. 토지개혁은 5정보 이상의 토지를 소유한 지주의 토지를 무상으로 몰수하여, 토지가 적거나 없는 농민에게 무상으로 분배하는 급진적인 정책이었다. 그러나 분배된 것은 토지의 경작권이지 소유권이 아니었다. 그럼에도 토지개혁은 농민의 환영을 받았다. 북한의 토지개혁으로 남·북한은 통일을 기대하기 어려운 사실상의 분단으로 치달았다. 무상몰수와 무상분배의 급진적 개혁은 사유재산권을 존중하는 남한의 미군정과 자유주의 정치 세력이 수용할 수 없는 것이었다.

토지개혁을 시행한 북조선임시인민위원회는 사실상 북한 지역을 통치하는 단독정부였다. 북조선임시인민위원회는 1946년 11월 도·시·군 인민위원 선거를 거쳐 1947년 2월 북조선인민위원회로 명칭을 바꾸었다. 북한은 남한에서 미군정과 자유주의 정치 세력이 단독정부를 세우려는 움직임을 보이기 훨씬 전에 이미 단독정부를 세운 것이나 다름없었다.

북한의 토지개혁 선전물

❸ 조선민주주의인민공화국의 수립

1947년 5월부터 제2차 미소공동위원회가 열렸지만, 미·소 간의 합의를 통해 임시정부가 수립되기를 기대하기는 어려운 상황이었다. 1947년부터 미국과 소련 사이의 냉전이 본격화하였다. 남한의 정치, 사회, 경제가 여전히 혼란을 거듭했던 것과 대조적으로, 북한의 상황은 일찍부터 안정되어 있었다. 북한의 경제는 일제가 남기고 떠난 풍부한 비축물자와 산업시설이 있었기에 해방 후의 혼란을 쉽사리 극복할 수 있었다. 북한의 소련군정은 공산주의 이외의 다른 정치 세력을 용납하지 않았다. 북조선임시인민위원회는 토지개혁을 비롯한 급진적 개혁을 일사불란하게 추진했으며, 그에 저항하는 정치 세력은 존재하지 않았다.

마침내 남한에서 대한민국이 수립된 직후, 1948년 9월 9일 조선민주주의인

민공화국이 성립하였
다. 북한 정권의 지도
부는 김일성과 같은 항
일연군 출신들, 중국공
산당에서 항일투쟁을
했던 사람들, 국내에서
지하활동을 했던 사람
들, 소련군과 함께 들
어온 소련계 한국인 등

모스크바를 방문한 길일성
이 여행에서 김일성은 스탈린에게 남침을 건의하
였다(1949. 3).

의 다양한 배경을 가진 사람들로 구성되었다. 그들은 갈등을 내포하면서도 공산
주의 이념으로 단결하는 모습을 보였다. 북한은 공산주의 이념으로 국민을 조직
하고 교화함으로써 일찍부터 전체주의적 사회를 성립시켰다. 다른 이념의 인간
상(人間像)은 북한에서 허용되지 않았다.

정부 수립 후 김일성은 남한을 무력으로 통일할 계획을 추진하였다. 김일성
의 남침 계획에는 북한의 경제력과 군사력이 남한보다 월등했다는 배경이 있었
다. 북한은 일제가 북한 각 지역에 건설한 풍부한 중화학공업시설을 인수하였
다. 북한의 중화학공업은 북한의 지하자원과 전력자원을 바탕으로 건설되었기
때문에, 일본과의 국교 단절에도 불구하고 생산활동에 큰 어려움이 없었다.

일본인 기술자들은 1948년까지 북한에 억류되어 기술을 이전하였다. 북한은
일본이 건설해 놓은 무기 제조공장에서 소총, 기관총, 박격포, 탄약과 같은 기초
화기를 생산하였다. 남한에서 그 같은 기초 화기가 생산되는 것은 중화학공업화
를 달성한 1970년대의 일이다. 일제가 침략전쟁을 위해 건설한 중화학 군수공업
은 북한이 남한을 침공하는 군사력으로 이용되었다.

해방 후 북한에 억류된 일본인 기술자
1947년 북한 흥남공업기술전문학교 전기과의 일
본인 교관과 북한인 교장, 사무관, 학생들의 단체
사진

김일성(1912~1994)

본명은 김성주(金成柱)이다. 1912년 평양시 외곽의 대동군에서 태어나 1925년 아버지를 따라 만주로 건너가 중학교에 다녔다. 1929년 좌파 학생운동에 가담하여 활동하다가 6개월간 감옥에 갔했다. 1930년 석방된 뒤 김일성(金日成)이란 가명을 쓰기 시작했다. 1931년에는 중국공산당에 가입했으며, 1933년 이후 중국공산당 산하 동북항일연군에 속한 소규모 부대를 조직하여 빨치산 활동을 시작하였다.

김일성의 항일무장투쟁 경력을 부정할 수 없다. 그러나 지나치게 과대평가하는 것은 옳지 않다. 김일성의 활동은 중국 본토와 만주에서 벌어진 다른 독립운동가들의 영웅적인 활동에 비해 미미한 것이었다. 1937년 6월 4일, 김일성이 이끄는 100명에 미달하는 소규모 부대는 압록강을 넘어 함경남도 보천보(普天堡)를 습격하였다. 당시 보천보에 일본군은 주둔하지 않고 6~7명의 일본 경찰이 있었을 뿐이었다. 김일성의 부대는 보천보를 점령한 다음, 면사무소와 소방서 등을 불태우고 한 시간 만에 철수하였다. 이 사건으로 김일성과 그의 동료들은 조선총독부의 주요 수배자가 되었다. 이후 그와 관련하여 과장된 소문들이 생겨났으며, 특히 지하활동을 하는 사람들에 의해 가공된 전설이 퍼졌다. 김일성과 그의 부대는 일본군의 추격을 받아 1941년 소련령 블라디보스토크로 피했다가 하바로프스크로 옮겨, 그곳에서 전쟁이 끝날 때까지 소련군의 보호와 지원을 받았다.

김일성은 1931부터 1945년 10월 조선공산당에 입당하기 전까지 일관되게 중국공산당의 당원으로 활동했다. 소련군의 보호와 지원을 받았던 기간에도 그의 소속은 바뀌지 않았다. 소련군의 기록을 보면 김일성과 동료들의 소속이 중국공산당이라고 표기되어 있다. 해방 후 김일성은 1946년 7월 스탈린에 의해 북한 지도자로 낙점되었다. 그 이유는 김일성이 중국공산당의 당원으로 오랫동안 당적을 유지했던 것이 중시되었기 때문으로 보인다.

이후 김일성은 북한 지역을 정치적으로 신속히 장악하고 조선노동당 내에서 확고한 입지를 굳히는 데 수완을 발휘하였다. 잘못된 정세 판단으로 6·25전쟁을 일으켜 수많은 인명 피해와 국토의 극심한 파괴를 초래했지만, 김일성은 전쟁을 자신의 권력을 강화할 수 있는 좋은 기회로 삼았다. 그는 전쟁의 책임을 물어 최대 정적인 박헌영과 남로당계를 숙청했다. 스탈린이 죽은 뒤 김일성에게 정치적 위기가 닥치는 듯했지만, 반대 세력의 미숙한 행동으로 오히려 그의 입지만 강화되었다. 이후에도 김일성은 자신의 권력을 강화하기 위한 집요하고도 과감한 노력을 계속해 1970년대에는 전제왕조를 능가하는 1인 절대권력체제를 구축하였다.

김일성의 그런 태도는 당시에는 공산주의 혁명을 위한 이념적인 투쟁으로 평가되었지만, 이후의 종합적인 평가에 의하면 개인의 권력 강화를 위한 것에 불과하였다. 이는 김일성이 공산당과 공산주의 이념을 위해 개인을 희생하고 헌신해야 하는 공산주의자로서 치명적인 결함을 안고 있음을 말해 준다.

김일성이 김정일을 후계자로 지명했을 때도 세계의 적잖은 공산주의자들은 아들이라도 능력이 있다면 후계자가 될 수 있다고 그를 옹호하였다. 그렇지만, 그것은 결과적으로 세습왕조체제의 구축에 불과하였다. 대를 이은 김일성과 김정일 정권은 북한의 인권과 경제 상황을 세계에서 가장 낙후된 국가 가운데 하나로 만들었다.

북한 인민 위에 우상처럼 군림해 있는 거대한 김일성 동상

2. 6·25전쟁과 전체주의 체제의 시작

❶ 전쟁의 피해

6·25전쟁은 북한이 우월한 군사력을 이용하여 한반도의 공산화 통일을 위해 소련의 승인과 중국의 지원을 받아 일으킨 전쟁이었다. 전쟁은 미국이 공산주의 국제세력의 공세로부터 남한을 방어하기 위해 참전하고, 뒤이어 중국이 북한을 돕기 위해 참전함으로써 국제전으로 발전하였다. 그 결과 북한에서도 남한과 마찬가지로 막대한 전쟁 피해가 발생하였다.

군인 가운데 사망·부상·행방불명자는 60만~90만 명에 달했으며, 중공군도 대략 같은 규모의 피해를 입었다. 북한의 산업 피해도 컸다. 제공권을 장악한 유엔군의 폭격으로 산업시설과 군수공업이 밀집한 평양 등 주요 도시가 크게 파괴되었다. 농업기반도 심하게 파괴되어 식량이 극도로 부족하게 되었다. 농업기반의 파괴는 전쟁이 끝난 뒤 북한이 곧바로 농업집단화를 추진한 이유 가운데 하나가 되었다. 인적 피해는 노동력의 부족으로 연결되었다. 숙련 노동력의 부족은 전후 복구에 커다란 장애로 작용하였다.

전쟁은 북한 사회에 심한 불신과 갈등을 초래하였다. 월남자의 가족과 유엔군에 협조했던 사람은 철저한 탄압과 감시를 받았다. 김일성은 남한 내의 조직

박헌영(1900~1955)

충남 예산 출생. 1919년 경성고등보통학교를 졸업하고, 1920년 중국 상하이로 건너가 이르쿠츠크파 고려공산당 지부에 입당하였다. 1922년 귀국하여 공산주의 활동을 하다가 체포되어 복역하였다. 1925년 공산당 조직을 창설하였다. 1945년 8월 공산당을 재건했으며, 1946년 9월부터 미군정의 지명수배를 받자 북한으로 도피하였다. 1948년 9월 북한의 내각 부총리 겸 외무장관이 되었다. 6·25전쟁의 도발을 적극 주장한 것으로 알려져 있다. 1953년 김일성에 의한 남로당계 숙청작업으로 체포된 후 1955년에 처형되었다.

중공군 개입
얼어붙은 압록강을 건너 참전하는 중공군(왼쪽)과 중공군 사령부를 방문한 김일성(오른쪽). 김일성의 오른쪽이 중공군 사령관 펑더화이(彭德懷)

붕괴로 정치적 기반이 약해진 남로당 지도자 박헌영을 전쟁의 책임을 물어 숙청하였다. 다른 남로당 출신자들도 대부분 큰 어려움을 겪었다. 전쟁으로 미국에 대한 북한의 적대의식은 고조되었으며, 그 결과 북한은 점차 외부 세계와 단절되어 갔다.

❷ 중공업우선정책과 농업집단화

북한의 협동농장
협동농장에서 공동으로 작업하고(위), 단체로 행동하는(가운데) 북한 주민. 함경남도 양화고개 협동농장의 염소 사육장(맨 아래)

전후 북한은 전쟁으로 인해 파괴된 산업의 복구에 많은 노력을 기울였다. 북한은 중공업 발전에 역점을 두었다. 중공업을 통해 공업화에 필요한 자본재를 생산하고 자주국방을 위한 군수공업을 일으키기 위해서였다. 김일성의 중공업우선정책은 당내의 반대에 직면하였다. 한정된 자원을 중공업에 투입하면 당장 시급한 식량과 소비재를 충분히 생산할 수 없었기 때문이다. 소련과 동유럽 공산주의국가들로 구성된 경제기구인 상호경제원조회의(COMECON)도 자본재 생산보다 농산물과 소비재 생산에 주력할 것을 권했지만, 김일성은 거부하였다.

김일성은 중공업우선정책을 관철시키고자 농촌을 협동농장으로 재편하는 집단화 정책을 추진했다. 개별 농가를 리(里) 단위의 농장으로 편입하여 공동노동과 공동분배를 시행하면, 농업생산성이 향상되어 남는 노동력과 식량을 중공업 부문으로 돌릴 수 있다는 계산에서였다. 집단화 정책에는 농촌 사회에 남아 있는 자본주의 요소를 제거할 목적도 있었다.

❸ 8월종파사건과 반종파투쟁

전후 복구를 둘러싼 당내의 갈등은 1956년에 표면화하였다. 그해 2월에 열린 제20차 소련공산당 대회에서는 오랫동안 절대 권력을 누려온 스탈린이 비판의 대상이 되었다. 이를 계기로 여러 공산주의 국가에서는 당 지도자의 우상화 작업을 중단하고 독재 요소를 줄이는 개혁이 이루어졌다. 헝가리에서는 대규모 반소·반공 시위가 벌어졌다. 북한에서도 김일성의 우상화 작업에 대한 당내의 반발이 있었다. 김일성의 중공업우선정책과 농업집단화정책에 대한 반대도 강력하였다. 1956년 8월에 개최된

조선노동당 전원회의에서 연안계의 윤공흠(尹公欽) 등이 주도하여 김일성 우상화를 비판하고 김일성의 산업정책에 대한 책임을 물었다(8월종파사건). 하지만, 김일성 세력이 다수를 점하였기 때문에 이들의 도전은 역부족이었다.

전원회의 직후 이들은 중국이나 소련으로 망명하거나 숙청되었다. 이듬해부터는 이른바 '반종파투쟁'이라 하여 8월종파사건에 연루된 반대파 세력의 주변 인물은 물론, 6·25전쟁 당시에 월남한 사람의 가족까지 숙청하였다. 전쟁 직후 숙청된 남로당의 잔존세력까지 이 시기에 모두 숙청되었다. 이후 북한의 지도부에는 거의 김일성 계열의 빨치산 세력만 남게 되었다.

❹ 집단체제의 성립과 경제성장

비판세력을 제거한 김일성은 중공업우선정책과 농업집단화정책을 강력히 추진하였다. 1958년 농업집단화가 완료되어 1946년 토지개혁을 통해 분배받은 소농들의 토지는 협동농장으로 편입되었다. 이전까지 북한은 자신을 인민민주주의 국가로 규정했었다. 그러다가 북한은 토지소유의 집단화가 완성되면서 스스로 사회주의국가로 부르기 시작하였다. 명칭이야 어쨌든 북한은 조선노동당의 일당독재, 소유의 집단화, 김일성의 절대권력을 통해 서서히 전체주의적 공산주의 체제로 변해 가기 시작했다.

이후 북한은 1930년대의 소련과 같은 경제발전을 추구하였다. 1958년 소련의 스타하노프운동(Stakhanovskoe Dvizhenie)을 모방한 천리마작업반운동을 시작하였다. 이는 작업반 단위로 생산량을 경쟁적으로 늘리기 위한 노력동원운동이었다. 천리마운동은 1956년부터 착수한 5개년 경제발전계획을 1년 앞당겨 달성하는 결과를 낳았다.

천리마운동 선전물

특히 공업 분야에서는 괄목할 만한 성장률을 기록하였다. 4년 동안 공업생산은 3.5배 늘었으며, 연평균 공업성장률은 37%에 달했다. 그러나 이 운동은 제한된 자원과 초보적 기술수준에서 노동력을 최대한 동원하는 방식이었기 때문에 곧바로 한계에 봉착할 수밖에 없는 성장 전략에 불과하였다.

3. 국방·경제의 병진과 주체사상의 등장

❶ 중소분쟁과 등거리외교

스탈린 격하
소련 공산당 대회에서 서기장으로 선출된 흐루시초프가 스탈린의 철권통치를 비판함으로써 기존의 노선을 고수하는 중국과 분쟁이 시작되었다.

문화혁명
대약진운동 실패 후 몰락의 위기감을 느낀 마오쩌둥이 벌인 급진 좌파적 반체제 운동. 10년간 계속되면서 중국의 정치와 경제가 사실상 마비 상태에 빠졌다.

1956년 제20차 소련공산당 대회에서 스탈린을 격하함으로써 집권한 흐루시초프(Nikita Khrushchev)는 미국과 평화공존 외교노선을 밝혀 중국으로부터 수정주의라는 비판을 받았다. 이에 대해 소련은 중국을 교조주의라고 비난함으로써 중소분쟁(中蘇紛爭)이 시작되었다.

북한은 내심 중국의 입장을 지지했지만, 소련의 경제지원이 필요했기에 이를 노골적으로 드러낼 수 없었다. 중소분쟁이 격화되면서 북한은 점차 중국을 편들었다. 김일성을 비롯한 조선노동당 간부들은 중국공산당 출신이고, 또한 6·25전쟁에서 함께 피를 흘린 중국의 입장을 외면할 수 없었다. 그런데 1964년부터 전면전으로 확대된 베트남전쟁에서 중국이 북베트남에 대한 지원에 소극적인 모습을 보이자 북한은 중국에 실망하였다. 1966년부터 진행된 중국의 문화혁명(文化革命)에서 홍위병(紅衛兵)들이 중국공산당의 당권파를 공격하고 당중앙위원회를 전복하는 등의 혼란을 보이자, 북한은 이러한 풍조가 북한에 전파되는 것을 두려워하여 중국과 거리를 두기 시작하였다. 중국의 문화혁명 세력은 김일성의 이러한 태도에 배신감을 느끼고 김일성을 심하게 비판했는데, 이로써 북한과 중국은 냉랭한 관계가 되었다. 이때부터 김일성은 자주노선을 내걸고 중국과 소련 사이에서 등거리외교를 추구하였다.

❷ 4대군사노선과 군사주의화

중소분쟁을 계기로 북한은 6·25전쟁 때 양국이 보냈던 지원을 더 이상 기대하기 어렵다는 판단하에 군수공업 건설에 박차를 가하였다. 이와 함께 전 인민의 무장화, 전 국토의 요새화, 전군의 간부화, 군장비의 현대화라는 4대 군사노선을 기치로 내걸었다. 이 노선에 따라 북한은 점차 군사 체제로 변하였다.

1962년 북한은 경제와 국방의 병진정책을 내걸었다. 그런데 조선노동당 내에는 경제건설에 부담을 주지 않을 정도로만 국방 투자를 확대해야 한다는 현실주의적 온건파와 경제건설에 상당한 손실을 감수하고서라도 국방력 강화에 우선적으로 힘을 쏟아야 한다는 강경파의 대립이 있었다.

1967년까지 박금철(朴金喆), 이효순(李孝淳) 등 실용주의적 온건파가 노동당의 핵심 위치에 있었기에 군사비는 급격히 증대하지 않았다. 그러나 온건파가 숙청되자 군사비가 급격히 늘어 1967년 북한의 군사비가 정부예산에서 차지하는 비율은 이전의 20% 미만에서 30% 선으로 급증했다. 남한에 대한 군사도발도 강화되었다. 1968년 북한은 청와대 기습사건, 푸에블로호 납치사건, 울진·삼척 무장공비침투사건을 감행하였다.

❸ 주체사상의 대두

김일성은 1964년 소련에서 흐루시초프가 축출되고 1966년 중국에서 마오쩌둥과 당권파 사이의 권력투쟁으로 문화혁명이 일어나자 위기감을 느꼈다. 1967년 김일성은 국방우선론을 내걸고 군부를 자기편으로 끌어들인 다음, 경제건설 우선론을 주장하는 당내 2인자 박금철을 비롯하여 많은 지도급 간부를 숙청하였다.

1969년 김일성은 남한에 대한 1968년의 군사도발이 실패로 돌아간 책임을 물어 민족보위상 김창봉(金昌奉) 등 군부의 강경파 지도자들을 대거 숙청함으로써 유일 절대권력을 확립하였다. 1960년대 후반의 권력투쟁에서는 김일성의 동생 김영주(金英柱), 장남 김정일(金正日), 빨치산 동료 김일(金一), 최현(崔賢), 오진우(吳振宇) 등이 중요한 역할을 했는데, 이들은 이후 요직을 맡았다.

김일성의 절대권력이 성립함에 따라 북한을 정치적으로 통합하는 새로운 이념으로 주체사상이 부상하였다. 북한이 주체사상을 모색하기 시작한 것은 1961년 제4차 노동당대회부터이다. 노동당대회에서 당의 기본 노선으로 사상에서의 주체, 정치에서의 자주, 경제에서의 자립, 국방에서의 자위가 제기되었다. 이때만 해도 주체사상은 체계적인 철학이론을 갖추지 못했고 마르크스·레닌주의의 부속물에 불과하였다.

그런데 당 서기실의 황장엽(黃長燁)이 이를 철학이론으로 발전시켜 1970년대 초 마르크스·레닌주의와는 완전히 다른 독자적인 사상으로 성립하였다. 황장엽의 주체사상은 점차 김일성의 절대권력을 정당화하는 이론으로 변질되었다. 주체사상은 수령과 당과 인민을 하나의 영생하는 사회정치적 생명체로 규정하고,

황장엽(1923~)
평남 강동 출생. 1949년 소련에 유학하였다. 1954년 10월 김일성종합대학 철학강좌장이 되었고, 1963년 김일성종합대학 총장에 임명되었다. 김일성의 주체사상을 이론화하는 데 주도적인 역할을 하였다. 1997년 2월 12일 베이징에서 한국대사관 영사부에 망명을 요청하여, 4월 20일 서울에 도착하였다.

김일성종합대학(1946. 10 개교)

그 유기적 상호관계를 수령은 최고 뇌수(腦髓)에, 당은 몸체에, 인민은 수족에 해당하는 것으로 설명하였다. 수령은 인민에게 사회정치적 생명을 부여하는 아버지와 같은 존재이며, 인민은 생명의 근원이신 수령을 목숨을 걸고 지키고 섬기지 않으면 안 된다. 이렇듯 주체사상은 북한 주민에게 김일성의 절대권력에 대한 절대복종을 강요하였다.

❹ 1960년대 북한의 사회와 문화

이승기(1905~1997)
전남 담양 출생. 1931년 일본 교토(京都)대학을 졸업하고, 1937년 교토대학 조교수가 되었다. 1939년에 '합성 1호'라고 불렸던 비날론의 발명에 관한 내용으로 교토대학에서 공학박사 학위를 취득하였다. 1945년 11월 귀국하여 서울대학교에 응용화학과를 세우고 초대 공과대학장에 취임하였다. 6·25전쟁 직후 월북하여 1952년부터 북한과학원 산하 화학연구소 소장, 1961년에 북한과학원 함흥분원의 화학연구소장, 1981년에는 과학원 함흥분원 원장을 역임하였다.

가파른 경제성장으로 1960년대 초·중반의 북한은 사회 전반에 걸쳐 활기가 넘쳤고 문화활동도 활발하였다. 주민은 어느 정도 통제를 받았지만 정부를 신뢰했고, 미래에 큰 기대를 걸고 있었다. 문학, 미술, 영화 등 각 분야의 예술활동이 통제 속에서도 활발하게 이루어졌다. 학문 영역에서도 연구가 활발하여 북한과학원 화학연구소의 이승기(李升基) 박사는 비날론(Vinalon)이라는 의료 신소재를 개발하여 1961년 이를 처음 생산하였다.

이러한 분위기는 1967년 김일성이 실용주의적 온건파의 노동당 간부들을 대대적으로 숙청하면서 완전히 달라졌다. 학문과 예술에 대한 통제는 매우 심해졌다. 학교에서는 외국어 교과서, 외국어 사전, 어학실습용 테이프 등을 모두 불태웠다. 김일성종합대학 총장이자 당 서기실의 철학 담당으로서 주체사상을 이론화한 황장엽조차 1966년에 쓴 논문 때문에 몇 년 동안 고초를 겪었다. 이후 모든 분야의 지식인들이 어려움을 겪었다. 이때부터 북한 지식인들의 창의적인 열정은 완전히 꺾이고 말았다. 사회 전반에 걸쳐 통제가 극심해지고, 정치범 수용소가 급격히 확대되고, 수용소 내의 통제가 강화된 것도 이때부터이다.

함흥 비날론 공장
1961년에 준공된 후 대량의 비날론 섬유를 생산해 북한의 의복생활에 큰 변화를 가져왔다.

4. 권력세습과 김정일 시대의 개막

❶ 대중동원의 일상화와 후계자 권력의 공고화

북한은 1973년부터 3대혁명소조운동을 벌였는데, 이는 중국 문화혁명의 홍위병과 하방운동(下放運動)을 북한식으로 변형한 것이었다. 3대혁명은 사상혁명, 기술혁명, 문화혁명을 가리켰다. 이 운동은 주로 대학생을 소조(小組)로 편성하여 각급 공장이나 협동농장에 보내 현장에서 배우게 하고, 노동자와 농민은 학생들로부터 자극을 받으라는 취지였다. 그렇지만, 이 운동은 생산현장에서 혼란만 야기했을 뿐 아무런 성과를 거두지 못하였다. 1977년부터는 천리마운동을 변형한 3대혁명붉은기쟁취운동을 벌였지만, 이미 본격적으로 침체하기 시작한 경제와 사회를 다시 활성화하기에는 역부족이었다. 이 두 운동은 김정일이 주도했는데, 이는 김정일의 권력 승계와 밀접한 연관이 있었다.

1960년대 말부터 김일성의 장남인 김정일, 동생 김영주, 처 김성애(金聖愛) 사이에 후계자 자리를 놓고 권력투쟁이 벌어졌다. 김성애는 자기 아들 김평일(金平一)을 후계자로 밀었다. 김정일은 건강이 악화된 김영주와, 공산당의 내부 정치를 이해하지 못하고 권세만 부리려 했던 김성애를 물리치고 1974년 후계자의 자리를 차지하였다. 이후 김정일은 주요 권력기관과 정보기관을 실질적으로 장악하여 후계자 자리를 확고히 굳혔으며, 1980년대 중반에는 김일성을 제치고 사실상 최고 권력자의 위치에 올라섰다.

김정일(1942~)
김일성의 아들. 1942년 2월 소련령 하바로프스크 와츠코예에서 출생하였다. 북한은 김정일이 백두산 밀영에서 태어났다고 선전하고 있으나, 이는 사실이 아니다. 1974년 2월 혁명 1세대의 제의에 의해 김일성의 후계자로 추대되었다. 1980년 10월 6차 당대회에서 후계자의 지위가 공식화되었다. 이후 북한의 정치와 경제를 직접 주도하였다. 1994년 김일성이 죽은 뒤 1998년 국방위원회 위원장에 취임하였다. 이후 선군정치를 강화하고 핵무기 개발에 주력하였다. 그 과정에서 북한 주민 300만 명이 아사하는 대규모 참극을 빚었다.

❷ 경제의 침체와 제한적 개방 시도

북한 경제는 1967년 경제건설의 우선을 주장하던 당 간부들이 숙청되고 군수산업을 위한 중화학공업 위주로 경제정책이 급속히 바뀜에 따라 큰 충격을 받고 이후 몇 년간 마이너스 성장을 기록하였다. 1970년부터 북한 경제는 다소 호전되었지만, 1970년대 중반 이후 김일성·김정일의 유일독재체제가 강화됨에 따라 전반적으로 활기와 창의력을 잃고 모든 방면에서 침체하기 시작했다. 1975~1985년에 북한의 공식적인 경제성장률은 평균 4%이지만 실질적으로는

나진항

2% 정도로 추정되며, 1986~1989년에는 평균 0~1% 정도의 경제 성장을, 1990년대에는 마이너스 성장을 한 것으로 보인다.

1984년 북한은 외국인의 투자를 허용하는 합영법을 공포하였다(朝鮮合作經營法). 이로 인해 북한도 중국을 뒤따라 개혁·개방의 길로 들어선 것이 아닌가 하는 낙관적인 기대가 외부 세계에서 형성되었다. 그러나 북한은 실질적인 개혁조치를 취하지 않았다. 이후 1992년 말까지 외국인과의 합영회사가 140여 개 세워졌지만, 대부분 일본 조총련계의 자본이었으며 규모도 크지 않았다. 1991년 북한은 중국의 경제특구를 본떠 나주·선봉지구를 자유경제무역지대로 개방했지만, 이 역시 북한 사회를 실질적으로 개방하지 않았기 때문에 외국의 자본과 기술을 끌어들이는 데 실패하였다. 김정일은 자신의 권력기반이 약화될 것을 우려하여 개혁에 반대했으며, 오히려 개혁을 주장하는 사람들을 탄압하였다.

❸ 수령유일 체제와 가계우상화

1980년대에 걸쳐 북한에서는 김일성·김정일의 수령유일체제가 극에 달하였다. 다양한 매체와 교육기관은 김일성·김정일의 위대성을 끊임없이 선전하여 국민을 세뇌하였다. 경제가 침체하여 생활이 곤란해지고 있었지만 대부분의 사람은 김일성·김정일의 위대성에 대해 의문을 품지 않았으며, 거의 종교적인 신앙으로 두 사람을 받들었다. "위대한 수령 만세!"와 "친애하는 지도자 만세!"를 제외하고는 마음대로 할 수 있는 정치적 발언이 거의 없었다. 심지어 자연과학이나 공학 분야에 관한 설명도 수령의 위대성과 연결시키지 않으면 안 되는 분위기였다. 예술은 철저하게 수령유일체제의 선전도구로만 인식되었으며, 그에 조금이라도 어긋나는 예술가는 살아남기 어려웠다.

김정일은 김일성뿐 아니라 그의 생모인 김정숙을 비롯하여 김씨 일가의 여러 사람을 위

금강산 바위에 새겨진
'김일성 장군의 노래' 가사

대한 인물로 조작하였다. 김정숙은 소규모 빨치산 부대에서 취사와 세탁을 담당한 병사에 불과했는데, 김정일은 그녀를 백두산 3대 장군의 한 명으로 치켜세우며 우상화하였다. 김일성의 아버지 김형직과 어머니 강반석뿐 아니라 삼촌 김형권과 증조부 김응우까지 우상화의 대상이 되었다. 그들의 이름을 딴 지역, 학교, 기업이 생겨났으며, 그들의 동상이 각지에 무수히 세워졌다. 라디오와 텔레비전은 그들의 조작된 영웅담을 끊임없이 내보냈다.

● 북한의 헌법과 법체계

북한과 같은 공산주의국가에서는 법 위에 공산당과 공산주의 이념이 있다. 따라서 법치라는 개념이 약하고 법률에 대한 관심도 적다. 특히 북한은 다른 공산주의국가보다 김일성과 김정일의 절대적 지배체제가 오랫동안 지속되어 김일성과 김정일의 말 한마디가 법보다 몇 배나 중요하게 대접을 받으면서 법은 늘 무시되는 사회가 되었다. 북한에서는 김정일의 교시가 국가통치의 가장 위에 있고, 그다음이 조선노동당의 결정 사항이며, 그 아래 헌법과 각종 법률이 있다.

북한의 헌법은 다양한 해석이 가능한 추상적인 조항들로 구성되어 있어서 헌법으로 기능하기가 무척 힘들다. 북한의 최고통치기관은 김정일이고, 김정일 밑에 조선노동당이 있고, 그 밑에 의회 격인 최고인민회의와 각종 행정기관과 재판소 및 검찰소 등이 있다. 북한에서는 의회나 법원도 김정일과 노동당의 지시를 무조건 들어야 하며, 그 지시를 거부할 때는 목숨을 부지할 수 없다. 따라서 3권분립이 전혀 이루어지지 않고 있다. 이러한 내용은 헌법 11조에 "조선민주주의인민공화국은 조선노동당의 령도 밑에 모든 활동을 진행한다"라고 간단하게 규정되어 있다.

북한의 형법도 헌법과 마찬가지로 법으로서 제 역할을 하지 못하고 있다. 일반적으로 형벌은 재판소의 재판을 거치는 것으로 되어 있지만, 재판소의 재판을 거치지 않은 형벌도 많이 있다. 김정일이 재판소의 판결을 거치지 않고 직접 사형집행을 주관하거나, 정치범수용소나 교화소에서 재판을 거치지 않고 관리들의 재량으로 사형이 집행되는 사례가 많이 보고되고 있다. 가장 가혹한 형벌의 하나인 정치범수용소의 수감은 대부분 재판을 거치지 않고 이루어지고 있다. 또 북한에서는 정치범의 경우 연좌제를 실시하고 있다. 가족 중 한 명이 정치범이 되면 나머지 가족도 정치범수용소에 갇히는 것이 일반적이다. 이 역시 재판을 거치지 않고 있다.

북한의 민법도 법률로서 제 기능을 못 하고 있다. 원래 민법은 '사적 자치의 원칙'과 '소유권 절대의 원칙'에 입각하여 개인의 인격권과 재산권을 규정하고 보장하는 법인데, 공산주의 체제에서는 이 두 원칙이 존중되지 않기 때문이다. 재산권에 대해 북한의 민법 제8조는 "집단주의 원칙에서 재산관계를 설정하고 실현하도록 한다"라고 규정하고 있다. 이는 민법의 기본 원리가 공산주의의 집단주의 원칙하에서 제대로 기능하지 못하고 있음을 단적으로 보여주고 있다. 인권의 개념이 결여된 북한의 법체계에서 오래전부터 상습적으로 일어나는 것이 이른바 공개처형이다. 최근의 한 가지 예를 소개한다.

2007년 8월 평남 순천 비날론 공장의 한 무역회사 사장(73세)이 공개처형되었다. 그해 식량 부족으로 공장 노동자들이 굶어 죽자 식량을 구입해 주려고 설비를 팔아넘긴 것이 문제가 되었다. 당국의 조사 결과, 설비를 팔아넘긴 죄뿐만 아니라 그동안 치안대 경력을 감춘 사실이 새로이 드러났다. 치안대란 6·25전쟁 중 미국군과 한국군이 북한 지역을 일시 점령했을 때, 미국군과 한국군에 협조했던 민간 무력조직을 일컫는다. 순천 비날론 공장은 카바이트가 없어 생산이 중단된 지 오래이다. 이에 다른 공장처럼 설비의 일부를 파철로 팔았다. 설비 판매는 무역회사 사장 단독으로 할 수 있는 일이 아니다. 당정간부·보위부원의 협조가 있었다. 당국의 조사가 시작되자, 모두 줄줄이 엮여 들어가게 되었다. 이에 무역회사 사장의 치안대 경력을 조작하여 그에 초점을 맞추면서 공개 총살로 사건을 마무리했던 것이다(《오늘의 북한소식》 99호, 2007).

● 북한의 정치범수용소

"노친네 남편 강태휴는 우리 민족과 조선민주주의인민공화국 앞에 씻을 수 없는 죄를 졌소. 그래서 지금부터 동무네 전 재산을 몰수할 것이오. 또 살림 나간 자식들은 어쩔 수 없지만, 여기 있는 전 가족도 압송하갔소. 자, 이제부터 재산몰수등록사업을 시작할 테니 협조하시오."(강철환, 《수용소의 노래》, 31쪽)

이것은 1977년 북한 평양에서 강철환의 할아버지 강태휴가 정치범으로 체포된 후 보위부원들이 그의 집에서 재산몰수와 가족압송을 선고하는 장면이다. 이처럼 북한에서는 법률로 절차가 규정된 재판을 받을 권리와 재판의 결과에 대해 재심을 요구할 권리가 인정되지 않는 가운데, 정치범의 재산을 몰수하고 전근대적 연좌제를 적용하여 전 가족을 수용소로 압송하고 있다. 현재 20여만 명의 정치범이 북한 각지에 분포한 수용소에 수감 중인 것으로 추정된다. 이후 강철환의 가족은 함경남도 요덕군에 위치한 정치범수용소에 10년간이나 수감되었다. 수용소를 나온 강철환은 남한방송을 청취하고 압록강을 건너 중국으로 탈출한 뒤 1992년 대한민국에 정착하였다. 현재 조선일보 기자와 북한민주화위원회 부위원장으로 활동 중이다. 2002년 수용소 생활의 체험을 생생하게 기록한 《평양의 어항(Aquariums of Pyungyang)》이란 책을 출간하여 국제사회에 북한 정치범 수용소 내의 극도로 열악한 인권 상황을 고발하였다. 이 책은 2005년 《수용소의 노래》라는 제목으로 국내에서도 출간되었다.

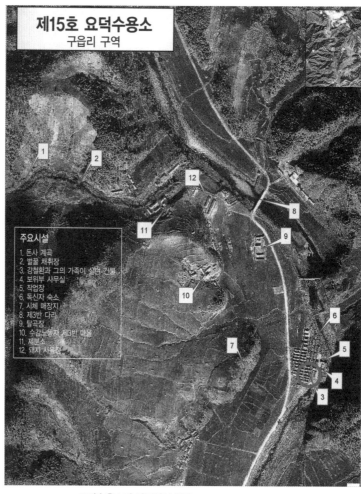

요덕수용소의 인공위성 사진
(2001년 11월 25일 촬영, 미국 북한인권위원회 제공)
정치범수용소는 험준한 산악지대의 깊은 계곡의 입구를 막고, 그 안에 각종 생활시설을 조성한 것을 말한다. 내부에서 자급자족이 가능한 폐쇄적 생활공간으로 탈출은 불가능하다. 강철환의 증언에 의하면, 요덕수용소도 입구 표지판에 '조선인민경비대 2915부대'라고만 쓰여 있어 외부에서는 수용소라는 것을 전혀 알 수 없다. 오른쪽 아래 3번 건물이 강철환 가족이 살던 곳이다.

백악관을 방문한 강철환(2005. 6)
부시(George W. Bush) 미국 대통령은 탈북자 출신으로 《평양의 어항》의 저자인 강철환을 백악관에 초청하여 40분간 환담하였다. 부시 대통령은 강철환의 책을 읽고 감동했으며 많은 사람이 읽고 북한의 실상을 알았으면 좋겠다고 말했다.

5. 탈냉전 시대의 도래와 북한의 위기

❶ 공산주의권의 몰락과 경제난

1989년 동유럽의 헝가리, 체코, 폴란드, 동독, 루마니아 등의 공산주의 국가들이 연이어 붕괴했으며, 1991년에는 소련마저 해체되었다. 중국은 이미 1978년부터 개혁·개방 노선으로 전환하여 기존의 공산주의 체제를 해체하고 시장경제체제로 이행하기 시작하였다. 북한은 외부 세계와 철저히 차단되었기 때문에 주민의 동요에 따른 체제의 직접적 위기는 없었다. 그러나 경제적 지원을 제공하고 군사적, 정치적으로 보호막이 되었던 소련이 사라지자 매우 어려운 처지가 되었다. 1992년 중국마저 한국과 수교함으로써 북한의 위기감은 더욱 고조되었다.

북한의 경제난은 내부 모순이 쌓이면서 심화된 것이지만, 국제환경의 악화는 북한 경제를 더욱 곤두박질치게 만들었다. 1990~1998년에 북한 경제는 마이너스 성장을 했으며, 공장가동률은 20%를 밑돌았다. 협동농장은 노동의 유인이 없어 생산성이 매우 낮았기 때문에, 식량 부족이 극심해졌다.

북한 당국은 이전부터 식량증산을 위해 산지를 밭으로 개간하였다. 그에 더하여 1990년대 이후 농민들은 협동농장에 속하지 않은 주변의 산지를 뙈기밭으

황폐한 북한의 산
뙈기밭이 산정상까지 올라가 있다.

기근으로 아사의 위협에 처한 북한 아이들

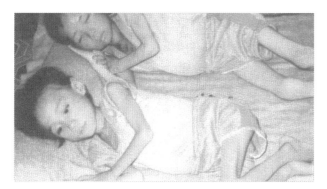

로 개간하기 시작하였다. 뙈기밭의 소출은 농민의 개인 소유였다. 산지의 개간과 뙈기밭의 확장으로 북한의 산지는 헐벗기 시작하였다. 연료난으로 나무를 함부로 벌채한 것도 산림을 황폐하게 한 또 하나의 요인이었다. 산림이 황폐해지자 적은 양의 비에도 홍수가 발생하고 토사가 흘러내려 논밭을 덮었다.

1992년부터 식량배급량이 급격히 줄어들었고 1994년부터 몇 년 동안은 거의 식량배급이 끊어졌다. 북한 주민들은 그때까지 대부분의 식량을 배급에 의존해 왔기에 배급이 중단되자 많은 사람이 굶어 죽었다. 1990년대에 북한에서 굶어 죽은 사람의 수는 300만 명에 달하는 것으로 알려졌다. 이 같은 대규모 기근과 아사는 오로지 북한 정치·경제 체제의 모순에서 비롯된 것이었다.

❷ 김일성의 사망과 김정일 체제

북한에서 신과 같이 군림하던 김일성은 1994년 82세의 나이로 사망하였다. 김일성 사망 이후 몇 주간 북한 전역은 울음바다로 변했다. 세뇌교육을 받아 김일성을 신적인 존재로 생각하고 슬퍼하는 사람도 많았지만, 슬프지 않은데 사상을 의심받지 않기 위해 억지로 우는 사람도 많았다.

김일성의 시신은 영구보존 처리되어 금수산 의사당에 안치되었다. 김정일은 금수산 의사당에 화강석 70만 개를 깔고 주요 시설을 순금으로 치장하는 데 9억 달러를 투입하였다. 그 정도는 당시 굶어 죽어가던 대부분 사람을 먹여 살릴 수 있는 큰돈이었다.

김정일은 북한의 최고 권력직인 조선노동당 총비서 자리와 국가원수인 주석 자리를 김일성의 3년상을 명분으로 비워 두었다가 1997년 조선노동당 총비서 자리만 승계하였다. 국가원수인 주석 자리는 1998년 헌법을 개정하여 김일성이 주석이라며 영원한 공석으로 만들어 버렸다. 김정일은 김일성의 사망 전부터 사실

김일성 사망
영구보존 처리되어 금수산 의사당에 안치된 김일성의 시신(왼쪽)과, 김일성의 장례에서 통곡하는 북한 주민(오른쪽)

● 북한의 신정체제 - 구호목과 광명성 전설 -

1987년 11월 7일 북한의 당 역사연구소는 백두산 일대에서 김일성의 지도하에 무장투쟁을 전개한 항일전사들이 밀림의 나무에 항일 슬로건을 새긴 '구호목(口號木)'이 발굴되었다고 발표했다. 이후 본격적인 발굴이 시작되어 《노동신문》의 보도에 의하면 1989년 2월까지 확인된 구호목은 3,050그루에 달하였다. 발굴 지역도 북한 전역으로 확대되어 비무장지대 바로 위인 개성시 일대에서도 구호목이 발굴되었다.

구호목에 새겨진 구호는 처음에는 '민족의 태양 김일성'을 찬양하는 것이었으나, 김일성의 처 김정숙을 찬양하는 구호목도 발굴되고, 1989년 2월 김정일의 생일을 앞두고는 김정일을 찬양하는 구호목이 대량으로 발굴되었다. 김정일은 "민족의 태양 김일성 장군, 그 태양광을 계승하는 백두광명성"으로 찬양되었다. 구호목이 발굴되기 이전부터 북한 당국은 김정일이 백두산 밀영의 통나무집에서 태어났다고 선전하면서 밀영을 조성하여 북한 주민의 참배를 강요하였다. 실제로 김정일은 1942년 2월 16일 소련령 하바로프스크 와츠코예에서 태어났다. 1987년부터 발굴된 구호목은 이 같은 조작을 정당화하기 위한

또 하나의 조작이라고 할 수 있다.

조작은 전설과 신화의 형태로까지 발전하였다. 1992년 북한의 대중잡지 《천리마》에 실린 몇 편의 '광명성전설(光明星傳說)'이 좋은 예이다. 그해 5월호의 《천리마》는 백두산 기슭의 사슴촌에 사는 소년 고랑쇠의 전설을 소개하고 있다. 고랑쇠의 아버지는 일제가 경영하는 백두산 벌목장에서 일하다가 통나무에 깔려 중상을 입었다. 어머니도 충격에 몸져누웠다. 이웃집 노인이 고랑쇠에게 백두산에 만병통치의 꽃이 있다고 알려준다. 고랑쇠는 만병초를 따기 위해 백두산에 오른다. 고랑쇠는 기도한다. "별님, 별님, 밝은 별님, 만병초가 어디에 있는지 가르쳐 주세요." 그러자 하늘의 장수성(長壽星)과 수많은 별이 찬란한 빛을 뿜으면서 백두산을 비추었다. 훈훈한 바람이 불면서 금빛 사슴이 나타나 길을 안내하였다. 사슴을 따라간 고랑쇠는 백두산 장군봉 아래에서 만병초를 땄다. 약초 덕분에 아버지와 어머니는 병이 나았다. 이웃 노인이 말하였다. "백두산에 걸출한 위인이 태어난 것이 분명하다." 그날은 1942년 2월 16일, 김정일이 태어난 날이었다.

상 최고 권력자로 군림해 왔기 때문에 주석이란 공식 직함에 연연할 필요가 없었으며, 오히려 거추장스럽게 생각했다. 죽은 김일성이 북한의 영원한 주석이 되었다는 사실에서 북한이 현대 세계의 문명사회와 얼마나 동떨어진 신정체제(神政體制) 국가인지를 단적으로 확인할 수 있다.

김일성 사망 후에도 그를 '영원한 수령'으로 기리는 선전탑

❸ 선군정치와 핵개발

오늘날 북한의 정치와 경제를 지배하는 중심이념은 선군정치이다. 선군정치란 "군을 앞세우는 통치방식", "군을 중시하는 정치"이다. 선군정치의 이념은 "사탕알(경제)보다 총알(군사)을 더 중시해야 한다"라는 김정일의 말에 집약되어 있다. 선군정치에 따라 국가예산의 절반 이상이 군에 배정되고 있으며, 많은 인력과 자금이 핵무기 개발과 신형 미사일 개발에 투입되었다. 선군이란 말은

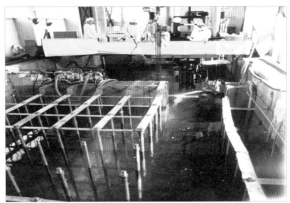

선군정치와 핵개발
선군정치를 상징하는 북한군의 퍼레이드(위). 미국 에너지부가 2003년 1월 27일에 공개한 북한의 폐연료봉 밀봉작업(아래)

1988년에 처음 등장하였는데, 지금까지 점점 강화되어 왔다. 그에 따라 1970~1980년대 북한의 주요 이념이던 주체사상은 사실상 포기되었다. 1997년 주체사상을 정립한 황장엽이 한국으로 망명하자 주체사상은 북한에서 자취를 감추었다. 이후 북한은 어떠한 통합적 정치이념도 존재하지 않는 가운데 오로지 군에만 의존하는 폭력국가로 변질하였다.

북한은 1956년 핵물리학자 30명을 소련 핵연구소에 파견하여 연수를 받게 했다. 뒤이어 1964년 영변에 원자력연구소를 설치하면서 핵무기 개발의 의지를 다졌다. 미국과 소련 간의 냉전이 종식되고 양국의 핵무기 감축이 추진되면서 북한의 핵무기 개발은 국제적인 우려의 대상이 되었다.

1989년 미국 정찰위성이 영변의 플루토늄(plutonium) 재처리 시설을 확인하고, 1993년 북한이 핵확산금지조약(NPT)을 탈퇴하면서 미국과 북한 간에 군사충돌 위기가 고조되었다. 1994년 미국과 북한 간에 제네바기본합의서가 타결되어 북한은 NPT에 복귀하고 핵시설을 동결하였다. 그 대신 미국은 북한에 매년 중유 50만t을 제공하고 경수형 원자로 발전소를 건설해 주기로 하였다. 그렇지만, 2002년 북한이 원심분리 방식의 핵무기 개발 사실을 시인하면서 제2차 핵 위기가 발생하였다. 미국의 북한에 대한 중유 지원과 경수형 원자로 발전소의 건설도 중단되었다. 북한은 다시 NPT를 탈퇴하고 핵시설을 가동하기 시작하였다. 중국의 중재로 2003년 한국, 북한, 미국, 일본, 중국, 러시아가 북한 핵 문제를 해결하기 위한 6자회담을 개최하였다. 이 회담은 북한이 미국의 대북한 금융제재에 반발하면서 중단되었다. 그 사이 2006년 10월 북한은 핵실험을 강행하였다. 이후에도 주변 국가들은 북한 핵 문제를 평화적으로 해결하고자 노력하고 있다.

❹ 이어지는 탈북행렬

1990년의 심각한 식량난으로 많은 사람이 자기 집에서 굶어 죽었지만, 또한 많은 사람이 심한 규제를 무릅쓰고 식량을 구하러 각지로 뛰어다녔다. 사람들 사이에는 중국에 가면 식량이 풍부하다는 소문이 돌았고, 목숨을 걸고 중국으로 나가는 사람들이 생기기 시작하였다.

이러한 현상은 1996~1997년에 절정에 달했는데, 당시 중국에 단기나 장기로 체류하는 탈북자는 20만~30만 명이나 되었다. 처음에 북한 당국은 탈북자를 심하게 고문하고 정치범수용소에 보내는 등 가혹하게 처벌했지만, 탈북자들이 줄지 않고 국제사회의 여론이 나빠지자 1개월 내지 2년 정도의 징역형으로 가볍게 처벌하였다. 1998년 이후 식량 위기가 완화되어 탈북자 수는 줄었지만, 낙후되고 억압적인 북한체제에 염증을 느끼고 탈출하는 사람들의 행렬은 지금까지 이어지고 있다.

중국으로 탈출한 사람 중에는 여성이 더 많은데, 이들은 인신매매의 표적이 되기도 한다. 인신매매범들은 북한이나 중국 정부의 보호를 받지 못하는 이들의 처지를 악용해서 노예와 같은 삶을 강요하고 있다. 탈북자들은 멀리 동남아시아나 몽골을 거쳐 한국으로 오기도 하고, 치외법권 지역인 중국 주재 외교공관에 들어가서 보호를 받다가 한국에 오기도 하며, 간혹 미국 등 제3국에 정착하는 사례도 있다.

2007년 현재 남한에 정착한 탈북자는 1만 2,000명에 달한다. 한국 정부는 이들의 정착을 돕기 위해 정착교육을 하고, 정착자금을 지원하고 있다. 일부 적응하지 못하는 사례가 있지만, 대부분의 탈북자는 자유로운 남한 사회에서 나름대로 꿈을 실현하면서 열심히 생활하고 있다.

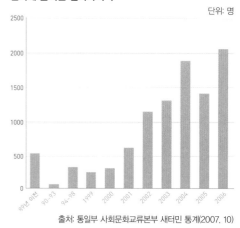

한국에 들어온 탈북자의 수

단위: 명

출처: 통일부 사회문화교류본부 새터민 통계(2007. 10)

끌려 나오는 탈북자
2002년 중국 선양(瀋陽) 주재 일본 총영사관으로 망명을 시도한 탈북 일가족이 중국 공안에 의해 끌려 나오는 모습

❺ 국가 주도의 범죄활동

북한에서는 국가가 마약을 만들어 몰래 해외에 팔고 있다. 마약의 생산과 판매는 1970년대부터 소규모로 이루어졌는데, 1992년 김정일이 '백도라지 사업'이라고 이름 짓고 국가 공식 사업으로 부각시키면서 규모가 커지기 시작했다. 김정일은 마약을 100만 달러 이상 판매하는 사람에게 '백도라지 영웅' 칭호를 부여하였다. 북한제 마약 가운데는 청진의 나남제약공장과 함흥의 흥남제약공장에서 생산한 마약이 양도 많고 질도 좋기로 유명하다. 북한은 마약을 수출하기 위해 중국이나 일본 등 외국의 범죄조직과 손을 잡기도 하였다.

또한, 북한은 달러 위조지폐를 제작하여 유통시키고 있다. 1989년 필리핀에서 북한 외교관의 외교행낭에서 북한산으로 보이는 위조지폐가 처음 발견되었다. 1994년 이후는 거의 매년 북한 지도부가 관여한 것이 확실한 위조지폐가 적발되었다. 1996년 3월에는 일본 적군파(赤軍派) 출신으로 북한에 망명한 사람이 북한 외교관 여권을 소지하고 동남아에서 위조지폐 300만 달러를 유통시킨 혐의로 체포되었다. 2005년 미국은 중국계 범죄조직을 단속하면서 북한산 100달러짜리 위조지폐 400만 달러 상당을 압수하였다. 2006년 미국 의회의 연구소는 북한이 매년 약 1,500만~2,500만 달러에 이르는 위조지폐를 찍고 있으며, 지금까지 적어도 4,500만 달러 이상의 북한산 위조달러가 적발되었다고 보고하였다.

북한은 외국 상표를 도용한 가짜 담배도 대대적으로 생산하고 있다. 북한의 10~12개 담배공장에서 생산된 연간 20억 갑의 가짜 담배가 공해상에서 밀수선에 선적되어 세계 각국으로 나가고 있다. 이러한 국가 주도의 각종 범죄활동을 통해 북한은 연간 10억 달러를 벌어들이는 것으로 추산되고 있다. 정상적인 수출액이 1년에 20억 달러가 채 되지 않는 북한에서 이는 매우 큰돈이다.

❻ 무너지는 수령체제

북한의 장마당

장마당은 오래전부터 있었다. 협동농장에서도 가구마다 30평 정도의 텃밭이 부여되었다. 북한 주민들은 여기서 생산되는 채소 등의 부식품을 장마당에서 유무상 통하였다. 그러던 장마당이 배급제가 해체된 이후 전면적으로 발전하여, 현재 북한 주민의 생활자료는 대개 장마당을 통해 확보되고 있다. 여기서 거래되는 공산품은 대개 중국산으로서 수입품이다. 간혹 한국 제품도 거래되지만, 그에 대해 북한 당국은 엄격하게 단속하고 있다. 장마당에서 거래되는 재화의 가격은 수시로 변하고 있다. 예컨대 2007년 5월 초순 북한 청진에서 입쌀은 1kg당 950원(북한원)이었는데, 5월 말에 1,050원으로 올랐다(《오늘의 북한소식》 72, 74호, 2007). 이로부터 수요와 공급에 따라 가격이 변동하는 시장경제가 북한에서 초보적 형태로나마 부활했음을 알 수 있다. 사진은 장마당을 떠도는 북한의 아이들이다. 구걸, 절도 등으로 생활하고 있어 흔히 꽃제비라고 불린다.

1990년대에 수백만 명이 굶어 죽은 참사를 겪은 이후 북한 사회에는 적지 않은 변화가 생겼다. 사람들은 너나없이 장사에 종사하여 필요한 생계소득을 확보하고 있다. 노동자들도 소속 공장에 출근하지 않고 일정액을 공장에 상납한 다음 장사에 종사하고 있다. 각급 관료도 자신의 직책을 이용하여 장사를 하거나 상인과 결탁하여 돈 버는 일에 몰두하고 있다. 김정일을 비롯한 최고 수뇌부도 각기 국가재산을 사유재산으로 삼아 외국과의 무역에서 번 돈으로 개인 금고를 채우고 있다. 북한에서는 현재 저급한 수준의 황금만능주의와 관직을 이용한 부정부패가 극에 달해 있다.

오늘날 북한 주민의 생활자료는 장마당이나 도시의 종합시장을 통해 공급되고 있다. 시장에서 거래되는 상품은 북한의 공업생산이 마비되어 대개 중국에서 수입한 것이 주종을 이루고 있다. 북한에서는 허물어진 배급제를 대신하여 초보적 수준의 시장경제가 정착해 있다. 그럼에도 김정일 권력은 북한의 개혁·개방을 추진하지 않고 있다. 김정일 권력은 경제활동의 자유와 재산권을 인정하지 않으며, 지속적인 감시와 단속을 통해 외부로부터 새로운 정보와 상품이 북한에 유입되는 것을 제한하고 있다. 중국식의 개혁·개방이 결국 북한체제의 해체로 이어질 것을 경계하는 것이다.

북한 주민은 태어나면서부터 "수령님과 장군님은 인민의 어버이로 위대하다"라고 세뇌교육을 받는다. 종교집단과 같은 이러한 국가체제는 1990년대 초까지는 그런대로 유지되어 왔다. 그러나 어버이 수령만 믿고 있던 수백만의 사람이 굶어 죽은 후 이러한 신뢰는 근본적으로 흔들리기 시작하였다. 중국과 남한의 발전상에 관한 정보들이 여러 갈래로 들어오면서 사람들은 조금씩 자신의 불우한 처지를 인식하고 있다. 부정부패가 극심해지면서 국가와 관료에 대한 불신도 깊어지고 있다.

아직은 국가안전보위부나 정치범수용소와 같은 탄압기관들이 기능을 유지하고 있기에 사람들은 겉으로는 "장군님 만세!"를 외치고 있지만, 속으로는 등을 돌리고 있는 실정이다. 현재 북한체제를 떠받치는 유일한 힘은 선군정치의 폭력이다. 이러한 폭력국가는 장기적으로 존속할 수 없다. 북한체제의 불안정은 한반도만이 아니라 동북아 전체의 평화에 심각한 위협 요소가 되고 있다.

● 북한의 남한인식과 대남정책의 전개과정

북한은 공산주의자들에 의해 건국되었고 공산주의 이념에 의해 국가목표가 설정되었다. 공산주의의 궁극적 목표는 전 세계의 공산화지만, 북한의 공산주의자들은 한반도 전체의 공산화를 일차적인 목표로 설정하였다. 북한은 당초 남한을 미국의 가난하고 부패한 식민지로 보았다.

이에 미국과 싸워서 남한을 해방시킨 다음에야 공산화가 가능하다고 믿었다. 이러한 인식과 논리에서 6·25전쟁이 일어났으며, 이후에도 수많은 무력도발과 대남공작이 있었다. 한국을 공산혁명과 민족해방의 대상으로 보는 북한의 공식적인 입장은 표면적으로는 60년이 지난 지금까지도 변함없이 이어지고 있다.

북한의 대남정책은 일관되게 "모든 수단과 방법을 동원한 남조선 해방"이었다. 그러나 시기에 따라 대남정책의 구체적인 양상은 달랐다. 6·25전쟁 직후에는 남한이나 북한이나 내부 사정이 좋지 않았기 때문에 서로에 대해 크게 관심을 기울이기 어려웠다. 북한의 대남공세가 선전, 무력도발, 지하조직의 모든 면에서 활성화되는 것은 1960년대부터이다. 1968년의 청와대 기습사건이나 울진·삼척지구의 무장공비사건 등이 이 시기 북한이 벌인 대표적인 무력도발이었다. 같은 해에 남한에서 적발된 통일혁명당은 이 시기 북한이 사주한 대표적인 지하조직사업이었다.

북한은 1971년에 남북회담에 응하고 7·4남북공동성명을 발표했지만, 북한의 각종 문건을 보면 남한을 공산혁명과 민족해방의 대상으로 보는 기본 입장에는 어떠한 변화도 보이지 않았다. 그 점은 그때부터 대남공격용 땅굴을 파기 시작했다는 사실에서도 입증되었다. 1983년 10월 북한은 미얀마를 공식방문 중인 전두환 대통령 일행에 테러 공격을 감행하였다. 나아가 1987

년 12월에는 1988년 서울올림픽을 방해할 목적으로 바그다드발 서울행 KAL기를 미얀마 상공에서 공중폭발시켰다.

1988년에 출범한 노태우 정부는 소련, 중국, 북한과의 관계개선을 내용으로 하는 북방외교를 추진하였다. 그 일환으로 남북 간에 몇 차례의 총리회담이 열렸고, 남북기본합의서가 채택되었다. 남북기본합의서의 채택은 남북관계의 발전에 희망을 주었지만, 곧바로 북한에 의한 핵 위기가 발생하면서 낙관적인 분위기는 깨어졌다. 남북관계는 제네바합의로 핵 위기가 봉합된 이후에도 회복되지 않았다. 북한은 1980년대와 1990년대에도 기존의 대남 선전사업과 지하공작을 계속했지만, 관성적인 방식을 벗어나지 못하였다.

1989년 동유럽 공산주의국가들이 무너지고 1991년 소련마저 붕괴되자 북한에 심각한 경제 위기가 발생하였다. 이후 남한을 미국의 식민지로 보는 북한의 남한 인식은 사실상 철회된 듯이 보인다. 그런 가운데 북한의 대남정책은 체제 붕괴의 불안 때문에 수세로 전환하여 대남방첩과 체제안보에 더 많은 관심을 쏟았다.

2000년대에 들어서 두 차례의 남북정상회담이 열리고 그에 따라 다양한 교류사업이 전개되고 있지만, 북한은 여전히 한국을 체제안보의 최대 위험요소로 간주하면서 수세적인 입장을 취하고 있다. 이른바 '햇볕정책'이라는 한국 정부의 노력에도 불구하고 남북관계의 발전이 매우 더딘 것은 김정일을 위시한 북한의 지도부가 개혁·개방을 하면 북한체제가 붕괴할 수밖에 없다는 것을 잘 알면서 남한의 평화공세에 대해 끝내 수세적 자세를 바꾸지 않기 때문이다.

한국
현대사 연표
1945~2006

주요 참고문헌

이만열 엮음, 《한국사 연표》, 역민사, 1985

한국정신문화연구원 지음, 《한국사 연표》, 동방미디어, 2004

다홀 편집실 편, 《한국사 연표(북한·세계사 포함)》, 다홀미디어, 2007

통계청, 《광복 이후 50년간의 경제일지》, 1995

주: 연월은 모두 양력이다. 괄호는 월 표기이다. 양력으로 정확히 바꿀 수 없는 경우는 '음'이라고
　　표기하였다. 괄호가 없는 것은 정확한 월을 알 수 없는 경우이다.

●한국 근·현대사 연표(1864~2006)

연 대	
1945	포츠담선언, 한국 독립 재확인(7)
	일본 패망(8)
	여운형, 조선건국준비위원회(건준) 발족. 조선공산당 발족. 소련군 평양 진주(8)
	맥아더, 38도선을 경계로 미·소 양군 분할점령 발표(9)
	건준, 조선인민공화국 수립 선포. 미 극동사령부, 남한에 군정 선포(9)
	김일성 등 북한에 들어옴(9)
	송진우, 한국민주당 결성(9)
	이승만 귀국(10)
	소작료 3·1제 실시(10)
	《조선일보》 복간(11)
	김구 주석 등 충칭 임시정부 요인 귀국(11)
	조선노동조합전국평의회 결성(11)
	모스크바 3상회담, 한국 5개년 신탁통치 방침 발표(12)
	《동아일보》 복간(12)
1946	무역허가제 실시(1)
	반탁운동 확산. 조선공산당, 찬탁 선언(1)
	대한독립촉성국민회 결성(총재 이승만)(2)
	평양에서 북조선임시인민위원회 발족(위원장 김일성)(2)
	남한 좌익진영, 민주주의민족전선 결성(의장 여운형)(2)
	미군정, 미곡수집령 발동(2)
	북조선임시위원회, 토지개혁 실시(3)
	제1차 미소공동위원회 개최, 결렬(3~5)
	한국독립당 개편(위원장 김구)(3)
	전국 콜레라 창궐(6~9)
	국립서울종합대학안(국대안) 발표(6)
	북조선노동당 결성(위원장 김일성)(7)
	학생들, 학교별 국대안반대투쟁위원회 조직(8)
	미군정, 공산당간부 박헌영 등 체포령. 이후 공산당은 지하조직화(9)
	전평 총파업(9)
	대구 10·1폭동사건(10)
	남조선노동당 결성(위원장 허헌)(11)
	이승만 도미, 남한 단독정부 수립 주장(12)
	남조선과도입법의원 개원(의장 김규식)(12)
1947	반탁투쟁위 조직(위원장 김구)(1)
	안재홍 민정장관 취임(2)
	3·1절 기념행사에서 좌·우익 충돌
	이승만, 미소공동위원회 불참 선언(5)
	제2차 미소공동위원회 개최(5)
	조선환금은행 설립(6)
	민전, 반탁단체를 미소공동위원회에서 제외할 것과 이승만 해외추방 주장(7)
	제2차 미소공동위원회 결렬(7)
	여운형 피살(7)

연 대	
1947	미국, 유엔총회에 한국 문제 상정 제의(9)
	유엔총회, 한국총선거안과 유엔한국임시위원단 설치안 가결(11)
1948	의무교육제도 실시(1)
	유엔 한국임시위원단 내한. 소련 측, 위원단 입북 거부(1)
	유엔 소총회, 유엔 한국임시위원단 접근 가능 지역에서만 선거 결의(2)
	김구·김규식, 총선거 반대, 남북협상 제의(3)
	제주도 4·3사건 반발(4)
	김구·김규식 입북, 남북대표자연석회의 참석(4)
	남한, 5·10총선거 실시(5)
	북한, 남한 송전 중단(5)
	제헌국회 개원(의장 이승만)(5)
	제헌국회, 국호를 대한민국으로 결정, 대한민국헌법 선포, 대통령 이승만, 부통령 이시영 선출(7)
	대한민국 수립 선포(8)
	국방경비대를 육군, 해양경비대를 해군으로 개편(9)
	반민족행위자처벌법 제정(9)
	국군 제14연대, 여수·순천에서 반란(10)
	국가보안법 제정(10)
	한미경제원조협정, 경제안정 9원칙 이행(12)
1949	미국, 한국 정부 승인(1)
	주일대표부 설치(1)
	농지개혁법 공포(6)
	김구 피살(6)
	반민특위 종식(8)
	법원조직법 공포(9)
	귀속재산법 공포(12)
1950	제1회 국전 개최(1)
	단일환율제 채택(4)
	농지개혁 실시(4)
	한국은행 발족(6)
	6년제 의무교육 실시(6)
	6·25전쟁 발발. 유엔안보리, 침략으로 규정하고 철퇴 요구, 한국 원조 결의. 서울 함락, 정부 대전으로 이전(6)
	유엔군 부산 상륙. 한국군, 유엔군에 편입. 정부 대구로 이전(7)
	정부 부산으로 이전(8)
	유엔군 인천상륙작전. 서울 수복(9)
	유엔군 북진, 평양 점령. 정부 서울로 환도. 중공군 전쟁 개입(10)
1951	정부 부산으로 이전. 중공군 서울 점령(1)
	부산에서 전시연합대학 개강(2)
	국군, 거창 양민학살(2)
	6·3·3·4제 신학제 실시(3)

1951
서울 재수복(3)
국회, 국민방위군사건 폭로(3)
내무부, 전국 피난민 571만여 명으로 발표(6)
정전회담 시작(7)
각지에서 정전반대 국민대회(8)
도쿄에서 한일 예비회담. 제1차 한일회담(10)
자유당 발족(12)

1952
이승만라인 선포(1)
부산 정치파동(5)
제1차 개헌 통과(발췌개헌), 대통령 직선제 성립(7)
한미합동경제위원회 설치(7)
정·부통령 선거, 대통령 이승만, 부통령 함태영(8)
역사학회, 《역사학보》 창간(9)

1953
화폐개혁(100 대 1 교환, 환 단위 채용)(2)
정부, 독도 영유 선언(2)
노동기본법 제정, 단결권·단체교섭권·단체행동권 보장(3)
제2차 한일회담 개최(4)
《사상계》 창간(4)
타스카 사절단 내한(4)
이승만, 미국에 정전협정 불수락 통고(5)
근로기준법 공포(5)
반공포로 석방(6)
변영태 외무부 장관, 정전협정에 한국 불참 언명(7)
판문점에서 정전협정 성립(7)
한미상호방위조약 조인(8)
정부 서울 환도(8)
제3차 한일회담, 구보타 망언으로 결렬(10)

1954
산업은행 발족(4)
제네바에서 한국 문제로 19개국 회의(4). 변영태 한국 대표,
　14개항 통한 방안 제시(5)
제네바회의 결렬(6)
경제부흥 5개년계획 수립(7)
학술원·예술원 개원(7)
제2차 개헌(사사오입개헌), 초대 대통령 중임제한 철폐(11)
불교 비구승·대처승 암투 폭발(11)

1955
한미군사원조협정 조인(1)
한미잉여농산물원조협정 조인(5)
정부, 한국인 일본 왕래 금지, 대일 무역 중지(8)
한국, 국제통화기금(IMF)·국제부흥개발은행(IBRD) 가입(8)
증권거래소 개장(8)
비구승 합법대회, 전국 사찰 장악(8)
야당 민주당 창당(9)
충주비료공장 기공(10)

1955
축첩 군인 파면(10)
사창 단속 시작(10)
국사편찬위원회, 《조선왕조실록》 간행 착수(10)

1956
한미원자력협정 조인(2)
농업은행 설립(5)
민주당 대통령후보 신익희, 유세 도중 급서. 제3대 정·부통령
　선거, 대통령 이승만(자유당), 부통령 장면(민주당)(5)
첫 TV방송국(HLKI) 개국(5)
진보당 창당(위원장 조봉암)(11)

1957
농업협동조합 설립(2)
일본, 재한재산청구권 포기 선언(3)
어린이헌장 제정(5)
조봉암·장건상, 혁신세력 대동통일운동 추진(8)
문경시멘트공장·인천판유리공장 준공(9)
《우리말 큰사전》 30년 만에 완간(10)
한·일, 일본의 재한재산청구권 포기 및 억류자 상호석방 등
　각서 조인(12)
국회, 동성동본 결혼금지안 채택(12)

1958
진보당 위원장 조봉암 등 7명, 간첩 혐의로 구속(1)
진보당 등록 취소(2)
원자력법 공포(3)
제4차 한일회담 개최(4)
조봉암·양명산 징역 각 5년 선고(7)
고등법원, 조봉암·양명산 사형 선고(10)
국가보안법 신안 국회 제출, 보안법파동 시작(11)
농업협동조합 발족(11)
국회, 신국가보안법 통과(12)

1959
일본 재일교포 북송 결정(2)
《경향신문》 폐간(4)
교포 북송으로 대일 교역 중단(6)
조봉암 사형 집행(7)
진단학회, 《한국사》 전5권 발간(7)
태풍 사라호 피해(9)
북송교포 제1진 975명 니가타항 출발(12)
공무원연금제도 실시(12)

1960
민주당 대통령후보 조병옥, 미국에서 병사(2)
제5대 정·부통령 선거, 대통령 이승만, 부통령 이기붕(3)
3·15부정선거
마산에서 부정선거 규탄 시위(4)
4·19민주혁명
고려대 학생, 부정선거 규탄 시위. 2만 명 이상 대학생 시위. 경찰
　발포, 142명 사망. 각 대학 교수단 시위. 이승만 대통령 하야,

1960
대통령권한대행에 허정 외무부 장관 취임. 이기붕 일가 자살(4)
《경향신문》 복간(4)
이승만, 미국 하와이로 떠남(5)
한국교원노조연합회 결성(5)
내각책임제 개헌안 통과(6)
민의원·참의원 총선거(7)
국회, 대통령 윤보선, 국무총리 장면 선출, 장면 내각 성립(8)
민주당 신·구파 분열. 구파, 신민당 창당(11)
경무대를 청와대로 개명(12)

1961
혁신계, 반공법 반대 시위(3)
민족통일전국학생연맹, 남북 학생 판문점회담 개최 결의(5)
5·16쿠데타 발발. 장면 내각 총사퇴. 군사혁명위, 노동쟁의 금지,
　　정당 및 사회단체 해체, 강패 및 용공인사 대량 검거. 《민족일보》
　　폐간(5)
국가재건최고회의법·중앙정보부법·농어촌고리채정리법 공포(6)
국가재건최고회의 발족, 의장 박정희, 내각수반 송요찬(7)
경제기획원 설립(7)
농협·농은 통합, 농업협동조합 발족(8)
한국노동조합총연맹 결성(8)
중소기업은행 설립(8)
부정축재처리위원회 활동 종결(9)
5개 시중은행 국유화(10)
조달청 설립(10)

1962
연호를 단기에서 서기로 변경(1)
제1차 경제개발 5개년계획 발표(1)
울산공업센터 계획 발표(2)
윤보선 대통령 사임, 박정희 의장 대통령권한대행 취임(3)
농촌진흥청 설립(3)
불교계, 분쟁 8년 만에 새 종단 구성(4)
제2차 통화개혁(10 대 1로 교환, 환을 원으로)(6)
김종필 중앙정보부장, 오히라 일본 외무장관과 국교 정상화
　　일괄 타결(11)
개헌안 국민투표 통과(12)
한일회담 예비회담에서 청구권 문제 타결(12)

1963
부산, 직할시로 승격(1)
KBS TV, 유료 광고방송 실시(1)
민주공화당 창당(2)
동아방송(DBS) 개국(4)
민정당 창당, 대통령후보 윤보선(5)
박정희 예편, 공화당 입당
대통령 선거, 공화당 박정희 후보 당선, 윤보선과 15만 표 차(10)
국회의원 선거, 공화당 압승(11)
영친왕 이은 귀국(11)
박정희 제5대 대통령 취임. 제6대 국회 개원(12)

1963
광부 1진 123명 독일로 출국(12)

1964
전 야당 및 각계 대표, 대일 굴욕외교 반대 범국민투위 결성(3)
제6차 한일회담 개막. 전국 대학생, 굴욕외교 반대 시위(3~5)
서울 일원 비상계엄령 선포(6·3사태)(6)
한국·베트남, 베트남 지원을 위한 국군 파견에 관한 협정 체결(10)
박정희 대통령 서독 방문(12)
동양방송(TBS) 개국(5), 동양텔레비전방송국 개국(12)

1965
제7차 한일회담(1)
단일변동환율제 실시(3)
한일협정 정식 조인(6)
전투사단 파월안 국회통과. 한일협정 비준안 국회통과(8)
《중앙일보》 창간(9)
한일협정비준서 교환, 한일 국교 정상화(12)

1966
계간 《창작과 비평》 창간(1)
국무회의, 국군 베트남 증파 의결(2)
국세청·수산청 설립(3)
한미행정협정 조인(7)
경제기획원, 제2차 경제개발 5개년계획 발표(7)
한국비료의 사카린 원료 밀수사건. 이병철, 한국비료 국가
　　헌납 성명(9)
간호원 251명 독일로 출국(10)

1967
한국외환은행 발족(1)
통합야당 신민당 발족, 대통령 후보 윤보선(2)
서울시, 무허가건물 2만여 동 철거 방침(2)
구로동 수출공업단지 준공(4)
GATT 가입(4)
제6대 대통령 선거, 박정희 후보 110여만 표 차로 당선(5)
신라 문무왕릉 발견(5)
제7대 국회의원 선거, 공화당 압승, 개헌선 돌파(6)
경제기획원 조사통계국, 컴퓨터 최초 도입(IBM1401, 16KB)(7)
중앙정보부, 동베를린 거점 북한 대남공작단사건 발표(7)
주택은행 설립(7)
동베를린사건 피고인 전원 유죄 선고(12)

1968
무장공비 31명 서울 침투(1)
미국 정보함 푸에블로 호, 원산 앞바다에서 북한에 피랍(1)
경부고속도로 기공(2)
향토예비군 창설(4)
대법원, 동베를린사건 중형 12명 원심 파기 환송(7)
중학입시제도 폐지 발표(7)
중앙정보부, 통일혁명당 간첩단사건 발표, 73명 송치(8)
주민등록증 제도 시행(10)
무장공비 100여 명 울진·삼척 침투(11)

연 대	

1968
서울 전차 철거(11)
자본시장육성법 제정(11)
국민교육헌장 선포(12)
광화문 복원 준공(12)
한국신탁은행 발족(12)

1969
남고생·남대생에 군사교련 실시 결정(1)
가정의례준칙 공포(3)
김수환 대주교 추기경 서임(3)
동베를린사건 관련 윤이상 형집행정지, 출국(2~3)
국토통일원 발족(3)
경제기획원, 제3차 경제개발 5개년계획 발표(5)
신민당과 재야, 3선개헌 반대 범국민투쟁준비위 결성. 3선개헌 반대
학생시위 시작(6)
경인고속도로 개통(7)
한국수출입은행 설립(7)
MBC 개국(8)
3선개헌안 국회 통과(9)
개헌안 국민투표 통과(10)
수출자유지역 설치(10)

1970
포항종합제철 기공(4)
서울 와우시민아파트 붕괴(4)
경부고속도로 개통(7)
김지하, 담시 〈오적〉 필화사건 공판(7)
계간 《문학과 지성》 창간(8)
경찰, 장발 677명 단속, 408명 삭발(8)
관세청 설립(8)
신민당, 대통령 후보 김대중 지명(9)
《사상계》 등록 취소(9)
전태일, 근로조건 개선 요구하며 분신자살(11)
4대강유역 종합개발계획 확정(12)

1971
한·미, 주한미군 감축과 한국군 현대화계획 합의(2)
대학 교련 필수과목 지정(2)
미군 제7사단 철수(3)
한국개발원(KDI) 설립(3)
각 대학 교련반대 시위 확대(4)
제7대 대통령 선거, 박정희 후보 당선
제8대 국회의원 선거(5)
충남 공주서 무령왕릉 발굴(7)
경기도 광주대단지 소요사건 발생(8)
한미섬유협정 체결, 섬유류 수출 자율 규제(10)
서울 일원 위수령 발동. 교련반대시위 주동 학생 174명 제적,
　강제 입영
박정희 대통령, 국가비상사태 선언(11)
파월부대 첫 철수(11)

연 대	

1971
대통령에 비상대권을 부여하는 국가보위법 국회 통과, 근로자
　단체교섭권·단체행동권 규제(12)

1972
새마을운동 개시
대일민간청구권 최종집계, 14만 건 39억 원(4)
파리에서 《직지심경》 발견(4)
남·북한, 자주평화통일원칙 합의(7·4남북공동성명)
경제의 안정과 성장에 관한 긴급명령, 기업의 사채 원리금 상환
　동결(8·3조치)
남북적십자회담 평양에서 개막(8)
박정희 대통령 특별선언, 국회 해산, 전국 비상계엄 선포(10월유신)
헌법개정안 국민투표 통과(11)
유신헌법 공포. 박정희 제8대 대통령 취임(12)
기업공개촉진법 제정(12)

1973
박정희 대통령, 중화학공업화 선언(1)
제9대 국회의원 선거(2)
한국방송공사(KBS) 발족(3)
포항제철 준공(7)
경주 155호 고분에서 신라시대 금관 출토(7)
김대중 피랍사건(8)
북한, 남북대화 중단 성명(8)
전국 장발족 단속(9)
석유수출국기구(OPEC), 석유가 12월까지 2배 인상(제1차
　석유파동)(10)
서울대학교 문리대생, 첫 유신반대 시위(10)
소양강 다목적댐 준공(10)
김종필 총리 방일, 김대중사건 유감 표명(11)
호남·남해고속도로 개통(11)
장준하 등, 개헌청원 1백만인서명운동 시작(12)

1974
대통령긴급조치 1호(헌법논의 금지), 2호(비상군법회의 설치),
　3호(국민생활 안정을 위한 조치) 선포(1)
대통령긴급조치 4호(민청학련 관련활동 금지) 선포(4)
민청학련사건 선고공판, 7명 사형, 7명 무기 선고, 후에 감형(7)
재일교포 문세광, 박정희 대통령 저격 실패, 대통령부인 육영수
　피살(8)
서울지하철 1호선 개통(8)
일본 진사특사 내한(9)
천주교 정의구현전국사제단 구성(9)
북한이 판 비무장지대 땅굴 발표(10)
민주회복국민회의 창립(12)
중화학공업화를 위한 국민투자기금 설치(12)

1975
대통령긴급조치 7호 선포, 고려대에 휴교령(4)
대법원, 인혁당사건 상고자 원심 확정, 선고 당일 8명 사형 집행(4)
종합무역상사제도 실시(4)

207

1975
대통령긴급조치 9호 선포, 유신헌법 반대 · 개정 주장 금지(5)
여의도 새 국회의사당 준공(9)
한국종합금융회사 설립(11)
중동진출 촉진 방안 마련(12)

1976
윤보선 · 김대중 등, 민주구국선언 발표(3·1명동사건). 김대중 등
    11명 구속(3)
경제기획원, 제4차 경제개발 5개년계획 발표(6)
신용보증기금 설립(6)
판문점 도끼만행 사건. 북한 김일성 유감 표명(8)
양정모, 몬트리올올림픽 레슬링 금메달 획득(8)
안동 다목적댐 준공(10)
신안 앞바다 해저유물 대량 인양(10)

1977
미국 카터 대통령, 주한 미 지상군 철수계획 발표(3)
고리원자력 1호발전기 점화(6)
부가가치세제 시행(7)
직장의료보험제 시행(7)
고상돈 에베레스트 정복(9)
각 대학교 대학생, 반유신 시위 격화(10)
구마고속도로 개통(12)
수출 100억 달러 달성(12)

1978
세종문화회관 개관(4)
제2대 통일주체국민회의 대의원 선거(5)
여천석유화학공단 준공(5)
중소기업진흥공단 설립(6)
통일주체국민회의, 제9대 대통령 박정희 선출(7)
자연보호헌장 선포(10)
제10대 국회의원 선거(12)
박정희 제9대 대통령 취임(12)
야당 · 재야인사 · 대학생 반유신투쟁 격화

1979
동해고속도로 개통(1)
경주 보문관광단지 개장(4)
정부, 경제안정화종합대책 발표(4·17대책)
중화학투자조정 계획, 무리한 투자 연기(5)
김영삼 신민당 총재 당선(5)
제2차 석유파동(7)
YH무역 여공, 신민당 당사에서 농성. 경찰 강제해산 중 1명
    사망(YH사건)(8)
국회, 김영삼 야당 총재 제명(10)
부산 · 마산 시위(부마사태)(10)
김재규 중앙정보부장, 박정희 대통령 시해. 전국 비상계엄
    (10·26사태). 최규하 총리, 대통령권한대행 취임(10)
통일주체국민회의, 제10대 대통령 최규하 선출(12)
전두환 보안사령관, 정승화 계엄사령관 연행(12·12사태)

1979
최규하 제10대 대통령 취임(12)

1980
윤보선 · 김대중 등 678명 복권(2)
강원도 사북탄광 광부 유혈폭동(4)
전국 대학생, 민주화 요구 가두시위(5)
정부, 비상계엄 전국으로 확대. 김영삼 연금, 김대중 등 체포.
    전남 광주에서 학생 · 시민 시위. 계엄군 과잉 진압, 시민
    봉기, 민간인 166명, 군인 23명, 경찰 4명 사망(5·18광주
    민주화운동) 정부, 국가보위비상대책위 설치(위원장 전두환
    중앙정보 부장)(5)
경찰, 최초로 음주운전 단속(6)
국보위, 대입본고사 폐지, 졸업정원제 실시(7)
계엄사, 김대중 등을 내란음모죄로 군사재판에 기소, 대학교수
    80여 명 해직(7)
《창작과 비평》 · 《문학과 지성》 등 172개 정기간행물 등록
    취소(7)
최규하 대통령 하야(8)
컬러TV 시판 개시(8)
제1차 중화학공업 투자조정(발전설비 · 자동차 · 건설중장비
    부문) 완결(8)
전두환, 통일주체국민회의에서 제11대 대통령 선출(8)
전두환 제11대 대통령 취임(9)
육군 보통군법회의, 김대중 사형 선고(9)
대통령 7년 단임, 선거인단에 의한 대통령 간선제 등의 헌법 개
정안
    국민투표 확정(10)
제2차 중화학공업투자조정 완결(10)
언론기관 통폐합(11). 언론기본법 제정(12)
컬러TV방송 개시(12)
독점규제 및 공정거래에 관한 법률 제정(12)

1981
민주정의당 창당, 대통령 후보 전두환 추대(1)
전두환, 대통령선거인단 선거에서 제12대 대통령 당선(2)
전두환 제12대 대통령 취임(3)
제11대 국회의원 선거(3)
공정거래위원회 발족(5)
광주사태 및 김대중사건 관련자 특별사면 · 형집행정지 · 가석방
(8)
국제올림픽위원회(IOC), 서울을 1988년 하계올림픽 개최지로
결정

1982
중고생 교복 · 두발 자율화 결정(1)
심야통행금지 전면 해제(1)
부산 미 문화원 방화(3)
정부, 일본 역사교과서 왜곡 시정 요구(7~8)
서울국제무역박람회(9)

1990	전두환 전 대통령 부부, 백담사에서 서울 자택으로 귀환(12)
	국회, 지방자치 3개법 통과(12)
1991	낙동강 페놀오염사건(3)
	시·군·구의회의원 선거 실시(3)
	고르바초프 소련 대통령 방한(4)
	광역의회의원 선거(6)
	남북한, 유엔 동시 가입(9)
	새 민간방송 서울방송(SBS) 개국(12)
	한국정신문화연구원, 《한국민족문화대백과사전》 전27권 완간(12)
1992	전국에서 쌀시장 개방 반대 시위(1)
	남북한, 화해와 불가침 및 교류협력에 관한 합의서, 비핵화에 관한 공동선언 발표(2)
	제14대 국회의원 선거(3)
	쌀을 제외한 모든 농산물 시장 개방 계획(4)
	황영조, 바르셀로나올림픽 마라톤 우승(8)
	과학위성 '우리별1호' 발사(8)
	중국과 수교(8)
	노태우 대통령, 중국 방문(9)
	제14대 대통령 선거, 김영삼 민자당 후보 당선(12)
	베트남과 수교(12)
1993	김영삼 제14대 대통령 취임(2)
	북한, 핵확산금지조약(NPT) 탈퇴(3)
	정부, 북핵문제 해결 때까지 대북한 경제협력 중단(3)
	영화 〈서편제〉 상영(4)
	국무회의, 소말리아 유엔 평화유지군에 공병부대 파견 의결(4)
	대전 엑스포 개막(8)
	금융실명제 실시(8)
	정부, 경부고속철도의 차종을 프랑스의 테제베(TGV)로 확정(8)
	한·미, 쌀시장 개방안 타결(12)
1994	북한, 국제원자력기구 핵사찰 수용(2)
	전교조 해직교사 1,000명 복직
	북한, 국제원자력기구 탈퇴 선언, 전쟁위기 고조(6)
	미국 카터 전 대통령, 평양 방문(6)
	남북한, 김영삼 대통령 평양 방문 합의(6)
	북한, 김일성 주석 사망(7)
	수도권 공장총량 규제 실시(8)
	정부, 기존의 직할시를 광역시로 명칭 변경(10)
	서울 성수대교 붕괴(10)
	국군 포로 조창호, 북한 탈출, 귀국(10)
	국민은행 민영화(12)
1995	쓰레기종량제 실시(1)

1995	이집트와 수교(2)
	북한 핵문제 해결 목적으로 한반도에너지개발기구(KEDO) 발족(3)
	대구지하철 공사장 가스폭발사고, 사망 100명(4)
	북한 지원을 위한 쌀수송선 동해항 출발(6)
	지방자치단체장 선거(6)
	서울 삼풍백화점 붕괴, 사망 418명, 실종 246명, 부상 408명(6)
	무궁화1호 위성 발사(8)
	광복 50주년 기념 경축식에서 구조선총독부 건물 중앙 돔 상부 첨탑 철거(8)
	한국, 유엔 안전보장이사회 비상임이사국 피선(11)
	중국 장쩌민 주석 방한(11)
	대검찰청, 노태우 전 대통령 뇌물수수 혐의 구속(11)
	검찰, 12·12사건 및 5·18내란죄 전면 재수사(11)
	전두환 전 대통령 구속(12)
	국회, 5·18민주화운동 등에 관한 특별법 의결(12)
	1인당 국민소득 1만 달러 돌파(12)
1996	국민학교를 초등학교로 명칭 변경(1)
	검찰, 유학성 등 12·12사건 및 5·18사태와 관련 전두환 정부 주요 인사 구속(1)
	중소기업청 발족(2)
	제15대 국회의원 선거(4)
	서울지검, 전두환·노태우 전 대통령에 사형·무기징역 구형(8)
	강릉 앞바다 좌초 북한 잠수정 1척 발견. 11명 자폭, 1명 생포(9)
	한국, 경제협력개발기구(OECD) 가입(10)
	김구 암살범 안두희 피살(10)
	국무회의, 북한 탈출 주민의 보호 및 정착 지원에 관한 법률안 의결(11)
	구조선총독부 건물 철거(11)
	고종 황세손 이구, 일본에서 영주하기 위해 귀국(11)
	서울고법, 전두환·노태우 전 대통령 무기징역과 징역 17년 선고(12)
1997	황장엽 전 북한노동당 비서, 베이징 주재 한국대사관에 망명 요청, 서울 도착(2)
	한보건설 부도, 외환위기 시작(3)
	대법원, 전두환·노태우 전 대통령 무기징역과 징역 17년 선고
	울산, 광역시 승격(7)
	진로그룹 부도(9)
	기아자동차그룹 화의 신청(9)
	외환위기 발생. 김영삼 대통령, 경제난에 대한 대국민 사과(11)
	정부, 국제통화기금(IMF)과 긴급 자금지원 합의(12)
	제15대 대통령 선거, 국민회의 김대중 후보 당선(12)
	전두환·노태우 전 대통령 등 19명 사면, 석방(12)
1998	재정경제원, 10대 종금사 영업인가 취소(2)

연 대	
1998	현대그룹 정주영 명예회장, 소 500마리와 함께 판문점 방북(6)
	금융감독위원회, 5개 시중은행 1차 퇴출 대상 확정(6)
	현대그룹, 북한과 금강산 유람선 관광사업을 위한 합영회사 설립 계약 체결(8)
	김대중 대통령, 광복절 경축사에서 제2의 건국 제창(8)
	정부, 교원노조 단결권·단체교섭권 인정(11)
	전국 실업률 7.1%(12)
	제일은행, 미국 뉴브리지캐피털 투자컨소시엄에 매각(12)
1999	외환위기 책임 규명을 위한 국회 경제청문회 개시(1)
	서해상에서 남북 함정 교전(6)
	대우그룹 해체(9)
	정부, 동티모르 유엔 평화유지군 참여 결정(9)
2000	남북정상회담 개최 발표(4)
	제16대 국회의원 선거(4)
	삼성자동차, 프랑스 르노사에 매각(4)
	김대중 대통령, 북한 평양 방문, 김정일 국방위원장과 6개항 공동선언문 발표(6·15선언)
	의약분업 실시(8)
	현대그룹 정몽헌 회장 방북, 개성을 공단부지 및 관광지로 합의(8)
	1차 남북이산가족 상봉, 서울·평양 각 100명 방문(8)
	미전향 장기수 92명, 판문점 통해 북한 송환(9)
	포항제철 민영화 완료(9)
	김대중 대통령, 노벨평화상 수상 결정(10)
	아시아·유럽정상회의(ASEM) 서울에서 개최(10)
	대우자동차 부도 처리(11)
2001	교육부, 2002년부터 중학교 의무교육 전국 확대 발표(1)
	대우자동차, 1,750명 정리해고(2)
	인천국제공항 개항(3)
	정부, 새만금 간척사업 계속 추진 결정(5)
	북한, 평양에서 남북 첫 8·15민족통일대축전 개최(8)
	정부, IMF 차관 상환 완료(8)
	서울 월드컵경기장 개장(11)
	대진고속도로(대전~진주) 개통(11)
	국가인권위원회 출범(11)
	중앙고속도로(대구~춘천) 개통(12)
	정부, 주5일근무제 시행방안 확정(12)
	서해안고속도로(인천~목포) 전 구간 개통(12)
2002	탈북자 25명, 중국 주재 스페인 대사관 진입, 한국 송환 요구, 서울 도착(3)
	비무장지대 내 경의선 도라산역 개통식(4)
	대우자동차, 미국 제너럴모터스(GM)에 매각(4)
	한일 공동개최로 한국축구팀 월드컵 4강 진출(5~6)
	남북한 공동 8·15서울민족통일대회 개막(8)

연 대	
2002	부산아시안게임 성화, 한라산과 백두산에서 동시 채화(9)
	부산아시안게임 조직위원회, 부산에 인공기 첫 공식 게양(9)
	제14회 부산아시안게임 개최, 한국 종합 2위(9~10)
	북한, 개성공단 경제특구 지정(11)
	제주 4·3사건 희생자 1,715명 명예회복(11)
	북한, 핵동결 해제 및 재가동 발표(12)
	주한미군 훈련 중 여중생 사망. 서울시청 앞 대규모 촛불시위(12)
	제16대 대통령 선거, 민주당 노무현 후보 당선(12)
	북한, 국제원자력기구 사찰관 추방(12)
2003	북한, 핵확산금지조약(NPT) 탈퇴(1)
	이종욱 박사 세계보건기구(WHO) 사무총장 피선(1)
	김대중 전 대통령, 대북송금 문제로 대국민 사과 담화문 발표(2)
	대구지하철 방화사건, 193명 사망(2)
	노무현 제16대 대통령 취임(2)
	노무현 대통령, 대북송금특검법 공포(3)
	국회 이라크 파병동의안 가결(4)
	북한, 베이징 3자회담에서 핵무기 보유 인정(4)
	환경단체연합, 새만금간척사업 반대 3보1배 시위 65일 만에 종료(5)
	군사분계선에서 경의선·동해선 연결식(6)
	대북송금의혹사건 특별검사팀 수사 발표, 5억 달러 송금 확인(6)
	개성공단 기공식(6)
	서울시, 청계천 복원 기공식(7)
	서울행정법원, 새만금 간척사업 집행 중지 결정(7)
	남북한 및 미·일·중·러, 베이징에서 북한핵 관련 6자회담 개막(8)
	한국과학기술원 인공위성센터, 과학기술위성 1호 발사, 첫 교신 성공(9)
	경복궁 근정전 복원공사 준공(11)
	국군포로 전용일, 52년 만에 북한 탈출, 귀국(12)
2004	한미동맹회의, 주한미군 용산기지 평택 이전 합의(1)
	국회, 한·칠레 자유무역협정(FTA) 의결(2)
	국회, 노무현 대통령 탄핵소추안 의결. 고건 국무총리, 대통령 직무 대행(3)
	경부고속철도 개통(3)
	제17대 국회의원 선거(4)
	자민련 총재 김종필, 총선 결과에 책임 지고 정계은퇴 선언, 3김시대 종식(4)
	광주지하철 1호선 개통(4)
	헌법재판소, 노무현 대통령 탄핵심판사건 기각 결정, 노무현 대통령 업무 복귀(5)
	정부, 신행정수도 후보지를 충남 연기군 공주시 일원으로 발표(8)
	헌법재판소, 행정수도 이전 위헌 결정(10)

2005
제일은행, 영국계 스탠더드차타드(SC) 은행에 매각(1)
헌법재판소, 호주제 헌법불일치 결정(2)
국회, 호주제 개정안 및 동성동본 혼인금지제도 폐지안 의결(3)
한국전력, 북한 개성공단에 전력 공급(3)
정부, 176개 수도권 공공기관 지방 배치 방안 발표(6)
마지막 황세손 이구 사망(7)
대법원, 여성도 종중 회원이 될 수 있다고 판결(7)
서울시, 청계천 복원 기념식(10)
국립중앙박물관 용산에 이전 개관(10)
부산 아시아·태평양경제협력체(APEC) 정상회담(11)
헌법재판소, 행정도시특별법 합헌 결정(11)
서울고등법원, 새만금 간척사업 재개 판결(12)

2006
정진석 대주교 추기경 서임(2)
대법원, 새만금간척사업 계속 추진 확정판결(3)
새만금방조제, 15년 만에 세계 최장 33㎞ 연결 완료(4)
한미 자유무역협정(FTA) 본협상 시작(6)
친일반민족행위자 재산조사위원회 출범(8)
반기문 외교부 장관 유엔 사무총장 내정(10)
북한, 핵실험 성공 발표(10)
북한, 6자회담 복귀 선언(10)
한미 FTA 저지 범국민궐기대회, 폭력시위로 확대(11)

찾아보기

● 찾아보기

● 사진자료 제공처

경북도청

경향신문사

국가기록원

국정홍보처

국회 헌정기념관

박정희대통령기념사업회

삼성전자(주)

연합뉴스

우리은행 은행사박물관

이화장

조선일보사

책세상

포스코

한국증권예탁원

현대중공업

Corbis

LG

◆ 본문에 삽입된 도판 가운데 확인하지 못한 저작권을 보유한 분은 본사로 연락바랍니다.

● 도표 및 지도 목록

● 집필(가나다순) **김광동** 나라정책연구원 원장

  김세중 연세대학교 국제관계학과 교수

  김영호 성신여자대학교 정치외교학과 교수

  김영환 《시대정신》 편집위원

  김용직 성신여자대학교 정치외교학과 교수

  김일영 성균관대학교 정치외교학과 교수

  김재호 전남대학교 경제학부 교수

  김종석 홍익대학교 경영학과 교수

  박효종 서울대학교 윤리교육과 교수

  이영훈 서울대학교 경제학부 교수

  주익종 낙성대경제연구소 연구위원

  전상인 서울대학교 환경대학원 교수

● 책임편집 **이영훈** 서울대학교 경제학부 교수

● 감수 **이인호** 서울대학교 서양사학과 명예교수

  이주영 건국대학교 사학과 명예교수

  차상철 충남대학교 사학과 교수

  복거일 작가

● 편집디자인 **조의환**

● 표지 그림 **유영국** 110. WORK, 1984, 캔버스에 유채, 유영국미술문화재단

한국 현대사

1판 1쇄 발행일 2008년 12월 10일

1판 3쇄 발행일 2009년 1월 20일

지은이 ㅣ 교과서포럼

펴낸이 ㅣ 안병훈

펴낸곳 ㅣ 도서출판 기파랑

등록 ㅣ 2004년 12월 27일 제300-2004-204호

주소 ㅣ 서울 종로구 동숭동 1-49 동숭빌딩 301

전화 ㅣ 763-8996(편집부) 3288-0077(영업부)

팩스 ㅣ 763-8936

e-mail ㅣ info@guiparang.com

ISBN ㅣ 978-89-91965-32-4 03900